ケンブリッジ式 経済学ユーザーズガイド

経済学の95%はただの常識にすぎない

ECONOMICS

The user's guide

ハジュン・チャン 著 / 酒井泰介 訳
Ha-Joon Chang Taisuke Sakai

東洋経済新報社

Original Title:
Economics: The User's Guide
by Ha-Joon Chang

Japanese translation published by arrangement with
Ha-Joon Chang c/o Mulcahy Conway Associates through
The English Agency (Japan) Ltd.

はじめに――どうして経済学なんて学ばなければならないの？

経済学があまりソソらないのはなぜ

本書を手に取られたからには、あなたは経済学に少なくともいくらか興味はあるはず。とはいえ、難しそうだな、物理学ほどではないにしてもちょっと……と及び腰だろうか。あるいはマスコミに登場するエコノミストの話に首を傾げながらも、何しろ相手は専門家、それにひきかえ自分はちゃんとした経済書の一冊も読んだことがないのだからと物怖《ものお》じしているだろうか。

だが経済学って、本当にそんなに難しいもの？

平易にきちんと論じられていれば、別にそんなことはない。筆者は前著『世界経済を破綻させる23の嘘』で、経済学の95％は常識である、ただ専門用語や数式などを使って難しく見せかけてあるだけだ、とあえて言い切った。

門外漢を脅すのは経済学に限らない。配管工事であれ薬学であれ少しでも技能を要する業界の用語は、部外者を怖《お》じ気づかせる。さらに皮肉を言うなら、どんな専門職も実態以上に複雑に見せかけ、高い料金を正当化したいものだ。

そのうえで言うが、経済学ほど一般人をうまく敬遠させているものはない。気候変動、同性婚、イラク戦争、原子力発電所などさまざまなことについて、人々は詳しく知りもしないのに一家言ある。だが経済問題については多くの人が意見するどころか素通りだ。欧州共通通貨（ユーロ）、中国の格差、米国製造業の今後などの問題について、あなたは議論しているだろうか？　いずれも暮らしに大きな影響をもたらし、どこの誰にとっても、雇用情勢、給与、果ては年金にまで善し悪しの影響を及ぼすのに、おそらくろくに気にかけてもいないはず。

経済学に正解はないのなら……

そんな奇妙な状態を、経済学は恋愛、異常事態、死、戦争などのように情感に訴えないからと片づけるわけにはいかない。むしろ主因は、特にこの数十年、経済学は物理学や化学などのような「科学」であり、そこには唯一の「正解」があり、だから素人は「専門家のコンセンサス」を盲信する他ないと思わされているからだ。

ハーバード大学の経済学教授であり経済学の代表的教科書の一つを執筆したグレゴリー・マンキューは言う。「エコノミストは科学者ぶりたがる。実際、私自身もよくそうしている。学部生への講義では、意識的に経済学を科学分野として話し、曖昧な学問領域に踏み出そうとしていることから学生の目をそらしている」(1)

だが本書を読み進めるうちに明らかになるように、経済学は決して物理学や化学と同列の科学ではない。経済学理論には各種あり、いずれもが複雑な現実の特定の面を強調し、さまざまな道徳的／政治的価値判断を下し、多種多様な結論を引き出す。それ以上に、経済学理論は、その主力分野についてさえ予測を外し続けている。主な理由は、人間は化合物の分子や物体と違い、自らの意思で動くからだ。[2]

経済学に正解がないのなら、それを専門家だけの手に委ねておくことはできない。つまり、責任感のある全市民は経済学を学ばなければならないはずだ。といって別に、分厚い教科書を手に何らかの経済学理論を身につけなければならないというわけではない。経済学理論にはさまざまな流派があることを知り、ある経済環境においてどれが道徳的価値や政治的目的に最も適うか（「正しいか」ではないことに留意）を考えられるようになることが大切だ。そのためにはこれまでにないタイプの本が必要であり、それが本書の目指すところだ。

本書はどこが新しい？

本書は他の入門書とどこが違うのだろう？

一つには、読者に真っ向から向き合うことだ。本書はいくつかの深遠な真理を概説するものではない。何種類かの経済学的分析方法を紹介するが、それは読者にもさまざまなアプローチの違いが十分にわかると信じているからだ。本書では経済学の最も原理的な問題を扱うことも辞さない。経済学とはそもそもいったい科学なのか、とか、倫理的価値は経済学にどう働いているのか

（また働くべきか）、などである。できるだけさまざまな経済学理論の底流となる仮定を明かし、その現実性や確からしさの判断を読者に委ねる。さらに経済学的データはどうやって得られるのかを述べ、象の体重やポットのお湯の温度のような客観的なものではないことを明かす。[*1]要するに、何を考えるかではなく、どう考えるかを説明するのだ。

そんな深い思考を促すからといって、本書は難解ではない。ここには、少なくとも中等教育を受けた読者なら理解できないことは何も含まれていない。読者にお願いしたいのはただ、知的好奇心と一度に数パラグラフを読み進める忍耐を持つことだけだ。

本書と他の経済学入門書のもう一つの違いは、さまざまな実例を収録してあることだ。本書にはさまざまな国の情報が収められている。どの国も一律に扱うとは言わないが、他書のように一、二国に絞ったり、富裕国と貧困国など特定の分類に限ることはしない。情報の多くは数値である。世界の経済規模、そのうち米国やブラジルが占める割合、中国やコンゴ民主共和国は生産のどれだけを投資に回しているか、ギリシャやドイツの労働者はどのくらい働いているのかなどだ。だがそれらのデータは、制度的議論、歴史的背景、典型的な政策など質的な情報によって補完されている。読了後に、経済が現実世界でどう働いているのかわかった気がしてもらえればうれしい。『空飛ぶモンティ・パイソン』流に言えば「さて、今やすっかり様変わりだよ……」と。

＊1　だが科学者に聞けば、こうしたデータさえも完全に客観的なものではないと答えるだろう。

●本書の読み方について

すべての読者が、少なくとも読み始めてすぐに、隅々まで精読できるわけではないことは心得ている。だから割ける時間によって、いくつかの読み方を提案したい。

10分しかない場合

章の表題と最初の頁を読んでほしい。ひょっとすると、あと数時間ほど読んでもいいかなと思うかもしれない。

数時間ほど割ける場合

第1章と第2章、さらに「おわりに」を読んでほしい。その他は飛ばし読みでかまわない。

半日を割ける場合

見出しを拾い読みしてほしい。数パラグラフごとに挿入されている各種の見出しなどもだ。速読家なら、導入部と各章の結び部分も読めるだろう。

読み通す時間と根気がある場合

どうぞそうしてください。それが何よりだし、著者としても報われる。だがそんな読み方をするのでも、あまり興味がない部分を飛ばしたり、見出しだけ拾って読んでもらって構わない。

目次

第5章 経済的アクターって誰？――配役表

第2部…使ってみよう経済学

第10章

働くことの経済学——仕事と失業 319

第11章

全体主義、それとも哲人王？——国家の役割 347

第1部……… 習うより慣れろ

第 1 章

生命、宇宙
そして万物の学問?

——経済学って何?

経済学って何だろう?

このテーマになじみがない人は、経済学とは経済についての学問だと思っているかもしれない。なにしろ化学といえば化学作用を学ぶものだし、生物学といえば生き物を学ぶものだし、社会学とは社会を学ぶことだ。だからきっと、経済学は経済を学ぶものに違いない——。

だが昨今のベストセラー経済学書群によれば、経済学とはそれにとどまらず、究極の疑問——生命、宇宙そして万物——についてのものだという(ダグラス・アダムス著のカルト的人気を博したSF『銀河ヒッチハイク・ガイド』からの借用。2005年にはマーティン・「ホビット」・フリーマン主演で映画化された)。

『フィナンシャル・タイムズ』のジャーナリストで好著『まっとうな経済学』の著者ティム・ハーフォードは、経済学とは生命についてのものだとし、2冊目の題名を*The logic of life*(訳書は『人は意外に合理的——新しい経済学で日常生活を読み解く』)とした。

確かにいまだかつて経済学とは宇宙についてのものとしたエコノミストはいない。いまのところ宇宙は物理学者の縄張りにとどまっており、物理学者こそ大半のエコノミストが何世紀ものあいだ規範と仰ぎ、経済学もそんな本物の科学であれかしと願った。[*1] だがなかにはそれにせまるように、経済学は「世界」についてのものだとするエコノミストらもいる。ロバート・フランクの一般向け経済学書「エコノミック・ナチュラリスト」シリーズの第二作は、『世界をわかりやすくする経済学』（未訳）と題され、万物を広く浅く扱っている。この本の副題は「暮らしの論理が明かす万物のニュー・エコノミクス」。当代きっての有名経済学書を著したスティーヴン・レヴィットとスティーヴン・ダブナーは、『ヤバい経済学』の副題で「悪ガキ教授が世の裏側を探検する」としている。ロバート・フランクも、主張ははるかにまっとうなものとは言え、それに同調する。「エコノミック・ナチュラリスト」シリーズ原書第一作の副題は、「なぜ経済学はほぼすべてを説明できるのか？」（訳書のタイトルは『日常の疑問を経済学で考える』）というものだ。

つまり経済学とは（おおむね）生命、宇宙そして万物についてのものらしい。[*2] 素人がエコノミストの仕事の中心と思う経済の説明とは著しくかけ離れているようだ。

2008年のリーマンショックと以降の金融危機まで、経済学徒の大半は世界に高説を垂れていた。市場はめったに間違いは犯さない、現代経済学は市場のしわも伸ばせるのだ、と。1995年にノーベル経済学賞[*3]を受賞したロバート・ルーカスは、2003年に「不況予防の問題は解決された[(1)]」と宣言している。だから大半のエコノミストにとって、2008年のグローバル

*1　これを「物理学への羨望」と言う。
*2　ついでながら、このおかげでエコノミストの仕事は大幅に楽になるはずだ。答えはすでに、「42」とわかっているからだ（アダムスの『銀河ヒッチハイク・ガイド』でコンピュータが750万年かけてたどりついた究極の疑問の答え）。まあこの話題はひとまず置いておくことにしよう。

な金融危機は青天の霹靂《へきれき》だった。*4 それどころか、その後の混迷にも、まともな対策一つ見出せなかったのだ。

となると、経済学はまるで重度の誇大妄想狂のようでもある。自分の縄張りさえ満足に説明できないような学問が、いったいどうして（ほぼ）万物を説明できるのか。

経済学とは、人間の合理的な選択の学問である……

これらはいずれも競争の激しい一般書で版元や著者も空騒ぎするのが常、まともな学術的論考では「万物」を語るなどと大風呂敷は広げないものだって？

他書の題名は確かに誇大宣伝だ。だが問題はその方向性である。「経済学は経済についてのすべてをどう説明できるか」ならまだしも、「経済学は経済のみならず万物をもどう説明できるのか」としてしまっているからだ。

それは、現在の経済学派の主流をなす新古典派による経済学の定義に起因する。その定義とは（異型は今も用いられているが）、1932年にライオネル・ロビンズが著書『経済学の本質と意義』（東洋経済新報社、1957年）で記した、「（経済学は）人間行動を、目的と、希少な汎用的手段との関係として研究する科学」というものだ。

この見方では、経済学はその対象ではなく方法によって定義されていることになる。経済学とは

合理的な選択を学ぶもの、すなわち希少な手段を用いて最大限に目標を達成するための慎重かつ組織的な計算に基づいた選択である、というものだ。計算の対象は、1992年にノーベル経済学賞を受けたシカゴ学派の著名経済学者ゲイリー・ベッカーが記したように、結婚、子作り、犯罪や薬物中毒など何でもいい。さらに、素人が想起しがちな雇用、貨幣、国際貿易などの「経済学的な」問題に限らなくともよい。ベッカーは1976年の著作を『人間行動への経済学的アプローチ』（未訳）と題し、大風呂敷どころか経済学とはまさしく万物についてのものと宣言した。

この経済学の方法を万物に応用する傾向は「経済学的帝国主義」と謗《そし》られもするが、最近の『ヤバい経済学』などのような書籍で頂点に達した。実際には『ヤバい経済学』の内容は、一般的に経済学的問題とされるものをほとんど含んでいない。扱っているのは、相撲の力士、米国の教師、シカゴの麻薬ギャング、テレビの人気クイズ番組の参加視聴者、不動産仲介業者、クー・クラックス・クランなどだ。たいていの人は（実は共著者も認めているとおり）、これらは（不動産仲介業者と麻薬ギャング

＊3　実はノーベル経済学賞は本物のノーベル賞ではない。スウェーデンの工業家アルフレッド・ノーベルが19世紀末に設立した当初のノーベル賞（物理学賞、化学賞、生理学・医学賞、文学賞、平和賞）とちがい、経済学賞はスウェーデン国立銀行が1968年に設立したもので、正式にはアルフレッド・ノーベル記念経済学スウェーデン国立銀行賞と呼ばれている。

＊4　だが故ジョン・ケネス・ガルブレイス（1908年〜2006年）は別に驚かなかっただろう。彼はかつて「経済的予測の唯一の役割は、占星術を尊敬の対象にすることだ」と言い放った。

はともかく）経済学とは関係ないと思うだろう。だが今日の経済学の視点からは、日本の力士の八百長も、米国の教師が高査定めあてに生徒の答案を改ざんすることも、ギリシャがユーロ圏にとどまるべきかどうかも、サムスンとアップルがスマホ市場でどう戦うかも、スペインの若年失業率（本書執筆時には55％）をどう下げるかなどと同様に、まっとうな研究対象とされる。こうしたエコノミストにとっては、これらの「経済学的」問題も単に経済学が説明できる多くの物事（万物？）の一部にすぎない。なぜなら、彼らは研究対象によってではなく、方法によって経済学を定義しているのだから。

……これって経済学の研究？

当然考えられる経済学のもう一つの定義は、それは経済についての学問だとするものである。だが経済って何だろう？

経済とは金《カネ》についてのもの……だよね？

たいていの読者にとって最も直感的な答えは、経済とは金《カネ》についての万事、というものだろう。金を持っていないこと、稼ぐこと、使うこと、使い果たすこと、貯めること、借りること、そして返すことなどだ。万全の答えではないが、経済と経済学を考察するうえで良い出発点になる。

さて、経済とは金についてのものだというのは、別に物理的な貨幣そのものを意味しているわけではない。物理的な金とは、銀行券であれ金貨であれ太平洋の島々で通貨として用いられる重い巨石であれ、象徴にすぎない。金とはあなたが属する社会の他者があなたに負っているものの象徴、あるいはあなたが社会の資源の特定の量を所有しているとする主張である。(2)

金や他の金融的権利請求——後述する株、デリバティブ、複雑な金融商品など——は、金融経済学と呼ばれる経済学の一大分野で生み出され、売買される。今日では多くの国で金融業界が支配的であるため、経済学と金融経済学を同一視する向きも多いが、後者は前者の一分野にすぎない。

あなたの金や資源に対する権利請求は、さまざまな方法で生み出される。そして経済学の多くはこれについてのものであり、またそうあるべきである。

金を得る最も一般的な方法は職を得ること

資産家の家に生まれつくのでもなければ、金を得る最も一般的な方法は、職を得て（自営業を含む）金を稼ぐことだ。だから経済学の多くは雇用についてのものだ。雇用については多面的に考察されている。

雇用は、個々の労働者の観点から理解できる。職を得られるか、報酬をいくら得られるかは、あなたの持つスキルとそれにどれだけの需要があるかによって決まる。例えばサッカー選手のクリスチアーノ・ロナウドのような稀有《けう》な技能を持っていれば、非常に高額の報酬が得られる。一方、あなたの仕事を100倍も速くできる機械が発明されれば、ロアルド・ダール原作で2005年に映画化された『チャーリーとチョコレート工場』で練り歯磨きのキャップ取り付けの仕事をしていたバケット氏のように、クビになることもあるだろう。[*5] あるいは例えば中国からの安価な輸入品の攻勢で社業が傾いたために賃下げや労働条件の切り下げを強いられることもある。だから雇用について理解を深めたいと思う人は、スキル、技術革新、国際通商について知る必要がある。

賃金と労働条件も、労働市場の規模と特徴そのものを変える「政治的」判断に深く影響されている（「政治的」とカッコつきにするのは、経済学と政治学の境界はつまるところ曖昧だからだ。これは第11章で扱う）。東欧諸国が欧州連合に参加したことは、西欧の労働者の賃金と行動に大きな影響を与えた。足元の労働市場に、突如として膨大な労働力が供給されたからだ。その逆に19世紀末から20世紀初頭にかけて児童労働が禁止されたときには、労働市場を縮小させる効果があった。膨大な潜在的労働力が労働市場からみるみる消滅したからだ。労働時間制限、労働環境基準、最低賃金法なども、それよりは小ぶりだが「政治的」判断の例である。

経済には他にもさまざまな金の移転がある

職を得ること以外に、**移転**によっても金を入手できる。つまり単純に与えられることだ。これは現金によることも、財（食料など）やサービス（基礎教育など）の現物支給によることもある。現金か現物支給かによって、こうした移転はさまざまなかたちを取る。

知り合いからの移転もある。親が子どもを養育したり、家族が老人の面倒を見たり、娘の結婚の際に近所の人々が贈り物をくれるなどだ。

慈善による贈与もある。見知らぬ相手に対して自発的に行われる移転だ。人は、個人的にも集団（企業を通じても自発的組織を通じても）でも、他者を助けるために善意を寄せることがある。だが量的には、慈善による贈与よりも、政府が一部の人々から徴税して他の人々を助成する額の方が、何倍も大きい。だからさまざまな経済学分野が自然とこれを対象にしている。それが公共経済学だ。

最貧国でさえ、最も弱い人々（高齢者、障害者、飢餓難民など）に対する現金や現物（穀物の無料配給など）の給付制度がある。だが富裕国とりわけ欧州では、対象もはるかに広く額も気前が良い。これが**福祉国家**という現象で、**累進課税**（稼ぎの多い人は収入のより高い割合を徴税される）と**国民皆福祉制度**（最貧層や障害者に限らず誰もが最低賃金や健康保険や公共教育などの基本サービスを与えられる資格があること）に基づいている。

＊5　原作の小説ではバケット氏が職を失うのは機械に仕事を奪われたためではなく、工場が倒産したからである。

稼ぎや移転によって得られた資源が財やサービスに消費される

就業によってであれ移転によってであれ、ひとたび資源が手に入るようになると、次は消費する。私たちは物理的存在として、最低限の食料、衣服、エネルギー、住居、その他の**財**を基本的な必要を満たすために消費する。さらに、より「高次」な精神的必要を満たすために、書籍、楽器、運動用具、テレビ、コンピュータなど他の財をも消費する。さらにバスの乗車、散髪やレストランでの夕食、海外休暇旅行などの**サービス**も購入する。(3)

だから**消費**についての経済学も盛んである。人々がさまざまな種類の財やサービスにどうお金を割り振っているのか、同じ商品のさまざまな種類からどう選択しているのか、広告によってどう操られたり情報を得たりしているのか、企業はどのようにお金を使って自らの「ブランドイメージ」を築いているのか、などである。

つまるところ財とサービスは生産されなければならない

消費するためには、そもそも財やサービスが生産されなければならない。財だったら農場や工場で、そしてサービスならオフィスや商店で、だ。これは生産の領域で、この領域は1960年代に交換と消費に重点を置く新古典派が支配的になってからというもの、比較的おざなりにされている。

標準的な経済学の教科書では、生産はまるで「ブラックボックス」扱いで、**労働**（人間の働き）と**資本**（機械や道具）が合わさって財やサービスが生産されるとされている。この考え方では、生産とは労働と資本と呼ばれる抽象的な量の結合にとどまらず、さらにさまざまな勘所を含むことが、ほとんど正しく認識されていない。そしてこれらは、経済にとって非常に重要であるにもかかわらず、大半の読者が通常は経済に関係しているとは考えない物事だ。例えば、工場内がどう組織されているか、労働者をどう管理し産業別労働組合をどう扱っているか、研究開発を通じて技術を組織的に改善しているか、などである。

たいていのエコノミストは、これらに関する研究をいそいそと「他者」すなわち技術者や経営者や管理職などの手に委ねている。だが考えてみれば、生産とはいかなる経済においても根本となるものだ。実際、生産領域での変化こそ通常、最も強力な社会変化の源になる。現代社会は、産業革命いらいの生産に関わる技術や制度の一連の変化によって形作られてきた。経済学を生業《なりわい》とする者、そしてその者らの仕事によって経済への考え方を知らされるその余の人々は、生産にずっと大きな目配りをしなければならない。

結び――経済の学問としての経済学

筆者は経済学とはその方法や理論的アプローチによって定義されるべきではなく、他のあらゆる学問分野と同じように、対象によって定義されるべきだと信じている。経済学の主題は経済であるべきであり、そこには金《カネ》、仕事、技術、国際通商、税その他の財やサービスの生産、その過程で生まれた所得の配分やそうして生まれたモノの消費などが含まれるべきだ。多くのエコノミストが言うような、「生命、宇宙そして（ほぼ）万物」などを対象とすべきではない。

経済学をこうして定義することで、本書は大半の経済学本とは根本的に異なる。大半の経済学書は、経済学をその方法によって定義しているため、唯一の正しい「経済学の方法」すなわち新古典派のアプローチを所与のものとする。

だが本書は経済学をその対象に基づいて定義することによって、さまざまな流派があること、その各々が強調する点、盲点、強みと弱みなどに光を当てる。つまるところ、われわれが求めているのはさまざまな経済学的現象の最善の説明であって、ある特定の経済学理論なら経済ばかりか万物を説明できるのだという不断の「証拠」ではないのだ。

第2章

PinからPINへ
――1776年と2014年の資本主義

PinからPINへ

経済について初めて書かれた話題は何だろう？　金、土地、それとも国際通商？

答えはピンである。

と言っても、クレジットカードの暗証番号（ピン・ナンバー）ではない。長い髪を留めるか洋裁でもしない限りたいていの人には縁のない金属製の小物だ。

ピンの製造方法こそ、初めての経済書と一般に思われている（実は違う[1]）書籍の最初の章の主題である。すなわちアダム・スミス（1723年～1790年）が著した『国富論』だ。

スミスは、富を増やす源泉は**分業**（生産過程を多くの小段階に分けること）化によって生産性を向上させることだという議論から始め、分業が生産性を向上させる理由を三つ挙げている。まず一つ～二つの仕事を繰り返し行うことで、労働者が仕事により習熟する（「習うより慣れろ」）。第二に、特定の仕事に専門化することで、さまざまな仕事の間を物理的にも精神的にも移動せずに済む（「取引コスト」を減らす）。最後に（といっても重要な理由だが）、仕事を細かく分解すると各々の仕事を自動化しやすく、人間には及びもつかないスピードで実行できる（機械化）。

そしてこの点を説明するために、スミスは10人の労働者がピンづくりの過程を分解して日量4万8000本（一人あたり4800本）のピンを生産できる例を挙げている。一方、分業せずに各々がすべての工程を一人でやっていれば、一人あたりせいぜい日量20本しか作れない、とも指摘している。

スミスはピンづくりは「ささやかな」例にすぎないとし、他の物品のはるかに複雑な分業についても言及しているが、10人がかりで1本のピンを作ることが先進的だった時代を生きていたことは否めない。少なくともそれが先端技術の枠だったのだ。

それからの2世紀半は劇的な技術進歩の時代で、機械化と化学処理がピン産業以外でも原動力になった。スミスから2世代を経て、単位労働者あたりの生産量はほぼ倍増した。スミスの例に倣い、19世紀の数学者でコンピュータの概念的父親とされるチャールズ・バベッジは、１８３２年にピン工場を見学した。[*1] そこでは労働者一人あたり８０００本のピンを日産していた。それからさらに１５０年経つと生産性はまた１００倍増し、労働者一人あたり日量80万本を製造している（１９８０年のケンブリッジ大学のエコノミスト故クリフォード・プラッテンによる報告[(2)]）。

効率改善は、ピンのような画一的な製品の製造にとどまらない。今日、私たちはスミスの時代には夢物語だったさまざまな物品――航空機など――を製造している。あるいはマイクロチップ、コンピュータ、光ケーブル他のＰＩＮ（暗証番号）を使うために必要な、彼らが夢にも思わなかっ

＊1　バベッジの最初のコンピュータは階差機関《ディファレンスエンジン》と呼ばれ、それがウィリアム・ギブスンとブルース・スターリング共著の古典的スチームパンクSFの一つ『ディファレンス・エンジン』（早川書房、２００８年）のタイトルになった。

た事々を。

すべてが変わった——資本主義の主体や規則の変遷

アダム・スミスの時代から変わったのは生産技術だけではない。経済活動に携わる**経済的主体**や、生産その他の経済的活動を統べる**経済的規則**も様変わりした。

スミスの時代の英国経済——彼自身は「商業社会」と呼んだ——は、今日の大半の経済といくつかの特徴を共有していた。さもなければ、彼の研究も時代遅れになっていただろう。当時の大半の社会と違い（例外はオランダ、ベルギー、そしてイタリアの一部）、英国はすでに「資本主義者」の社会だった。

では資本主義者の経済、あるいは**資本主義**とはいったい何だろう？　自家消費（食べ物を自分で栽培する**自給農業**）や政治的義務（封建社会や社会主義経済のように、貴族階級や中央計画当局などの政治的権威が生産を指図する）のためにではなく、利益を追求して生産が整う経済だ。

利益とは、市場で何かを売って得た額（営業収益もしくは単に**収益**と呼ばれる）と、その商品を生産するために投入したすべての**費用**の差である。ピン工場の場合、利益はピンを売って得た金額と、それを製造するために発生した費用との差だ。費用とは、ピンに加工される針金の代金、労働者の賃金、工場の賃料などである。

資本主義は資本家によって、あるいは**資本財**の所有者によって整えられる。資本財とは**生産手段**とも呼ばれ、生産過程への耐久的な投入を言う（例えば機械などであるが、原材料などは違う［訳注：生産手段を労働手段と労働対象に分け、労働対象は主に原料などを指す場合もある。この場合、著者の言う「資本財」＝「生産手段」は労働手段に相当する］）。日常的な用語として、「資本」を事業に投資する金とすることもある。[*2]

資本家は生産手段を直接・間接的に所有する。今日より一般的であるのは、こうした生産手段を所有する企業の**株式**すなわち会社の価値総額の部分的所有権を持って間接的に所有することだ。資本家は他人を雇ってこうした生産手段を運転させる。雇われた人は**賃労働者**あるいは単に労働者と呼ばれる。資本家は財を生産し、それを財やサービスが売買される場である市場で売って利益を得る。スミスは、売り手の間の競争が、利益を追求する生産者をして可能な限り低い費用で生産させることになり、ひいては誰もを潤すと考えていた。

だがスミスの時代の資本主義と今日のそれの間の類似性は、おおむねこうした基本的な面にとどまる。これら本質的な特徴——生産手段の私有、利益追求、賃労働や市場における交換——の実情では、二つの時代には大きな違いがある。

＊2　経済理論では、これを貨幣資本とか金融資本と言う。

資本家も変わった

アダム・スミスの時代は、大半の工場（や農場）は一個人資本家や、気心の知れた少人数のパートナーシップによって所有されていた。こうした資本家たちはたいてい自らも生産に関わり、えてして工場で自ら働いたり、労働者を差配したり、彼らを怒鳴りつけたり殴打することさえあった。

今日では、大半の工場は法人という非自然的存在すなわち企業によって所有されている。それが法「人」であるのは法的な意味に限られ、また、それは大勢の個人によって所有されている（それらの個人は株を買って企業を部分所有している）。だが株主になることは古典的な意味で彼らを資本家にするものではない。発行済み株数3億株のフォルクスワーゲン株を300株持っているからと言って、いつでも工場に立ち入って100万分の1の所有者として労働者に指図できるわけではない。大企業においては、企業所有と経営はおおむね分かたれている。

大半の大企業の所有者は**有限責任**を負っているだけである。有限責任会社（LLC）と公開有限会社（PLC）では、もし社業が傾いても、株主はその会社に投資した金を失うだけである。スミスの時代は、たいていの企業の所有者は無限責任を負っており、事業が失敗したら個人資産を売り払ってでも負債を償還しなければならず、それができなければ投獄された。[*3] スミスは有限責任の原則に反対していた。自らが所有しない有限会社を経営する者は、「他人の金」（彼自身の言葉であり、1991年公開のダニー・デヴィート主演映画『アザー・ピープルズ・マネー』の由来となった）をもてあそんでおり、自分の全財産を賭けている人々ほど用心深くならないという主張だった。

所有形態はさておき、企業の成り立ち方もスミスの時代とは大きく変わっている。スミスの時代、大半の企業は小規模で、生産場所も一カ所に限られ、職長と一般労働者、そしておそらく「管理人（当時、雇われ管理職はそう呼ばれた）」からなる単純な指揮系統を持っていた。今日、多くの企業は巨大であり、しばしば従業員数も数万人規模、なかには全世界に100万人規模の従業員を抱える企業もある。ウォルマートの従業員数は210万人、マクドナルドではフランチャイズ雇用分も含めれば180万人が働いている[*4]。内部構造も複雑で、さまざまな部門や収益源、独立採算的部門を持ち、複雑な職務規定と給与階級に応じて人々を雇い、複雑かつ官僚的な指揮系統を持っている。

労働者も変わった

スミスの時代、たいていの人は賃労働者として資本家のために働いていたのではなかった。当

＊3　国家的重要性を持つ危険な事業に取り組むごく一部の企業（英国やオランダの東インド会社など）や大規模な銀行などだけが、有限責任で設立することを許された。

＊4　フランチャイズとはより大きな企業にブランドと供給を負う独立企業であり、その大企業が自ら操業する支店ではない。

時資本主義が最も発展していた西欧[3]においてさえ、大半の人は相変わらず農業に従事していた。彼らのごく一部は農業資本家のために賃労働者として働いていたが、多くは零細な自給農家であるか、貴族的**地主**の**小作農**（土地を借りて収穫の一部で支払いをする）だった。

　この時代、資本家のために働く者の多くは賃労働者ではなく、奴隷だった。奴隷はトラクターやウシやウマなどと同じように資本家に所有される生産手段であり、南米、カリブ海地域、ブラジル他のプランテーション地主にとってはとりわけそうだった。英国で奴隷制が廃止されたのは『国富論』の刊行から2世代を経た１８３３年のことである。米国では『国富論』刊行からほぼ１世紀と血なまぐさい南北戦争を経た１８６２年のこと。ブラジルがそれを廃したのは、ようやく１８８８年になってからである。

　資本家のために働いていた労働者の大半は賃労働者ではなかったが、当時の賃労働者の多くは今日では賃労働者になることは許されないだろう。子どもだったからだ。その頃、子どもを雇うことを悪いと考える者は、ほとんどいなかった。『ロビンソン・クルーソー』の著者ダニエル・デフォーは、１７２４年に上梓《じょうし》した『英国全土旅行記』（未訳）で、１７００年に珍重されていたインド製綿製品とりわけキャリコ輸入が禁止された結果[4]、綿織物専業の中心地だったノリッジでは「4、5歳を過ぎた子どもはみな、自分の食いぶちを稼ぐことができる」と朗らかに記している。その後、児童労働は大幅に制限され、やがては禁止された。だがそれはアダム・スミスが没した１７９０年から何世代も経ってからのことである。

今日、英国をはじめ他の富裕国では様相は大幅に異なる。*5 新聞配達などごく限られたことを短時間だけ行うのを例外として、子どもは働くことを禁じられている。今や奴隷は完全に違法である。成人労働者のうちざっと10%は自営業者であり、15%から25%が公務員、そして残りの賃労働者が資本家のために働いている。(5)

市場も変わった

スミスの時代、市場はおおむね地元か自国内を対象としていた。例外は、国際通商される主要日用品（砂糖、奴隷、香辛料など）か、限定的な製造物（絹、綿、毛織物など）だけだった。こうした市場の供給者は多数の中小企業であり、そのため今日エコノミストが**完全競争**という状態にあった。つまり、そこではいかなる単独の売り手も価格に影響を及ぼすことはできなかった。スミスの同時代人にとって、企業が当時のロンドンの人口（1800年時点で80万人）の倍もの従業員を雇用し、当時の英国領土（およそ20カ所）を6倍も凌ぐほどの地域（マクドナルドは120カ国以上に事業展開）で操業するなど、想像することさえできなかっただろう。(6)

今日、大半の市場は大企業によって占められ、えてして操られている。彼らの一部は唯一の供

---

*5　大半の途上国では資本主義は未だ発展途上で、状況はスミスの時代の西欧からそれほど変わっていない。最貧国では児童労働は今も一般的で、一方、多くの労働者は半封建的地主の下で働く小作農である。こうした国では労働力の30%から90%もが自営と言え、その多くは自給農業に携わっている。

給者（**独占**）だが、数社の供給者（**寡占**）であることの方が多い。一国どころか、ますます地球規模でそうなりつつある。例えばボーイングとエアバスは、世界の民間航空機の90％近くを供給している。企業はまた唯一の買手（**買手独占**）か数社の買手（**買手寡占**）になることもある。

アダム・スミスの時代の中小企業と違い、独占／寡占的企業は市場を動かすことができる。これがエコノミストがいう**市場支配力**である。独占的企業は供給量を意図的に絞って利益を最大化するまで価格をつり上げられる（技術的な面については第11章で後述）。寡占的企業は独占的企業ほどは市場を操れないが、安売り競争に陥らないよう結託できるかもしれない。これを**カルテル**という。その結果、今日の大半の国では**公正競争法**（**独占禁止法**とも）を整備し、こうした**反競争的行為**に対抗している。独占状態を分割（例えば米国政府は1984年にAT&Tを分割した）したり、寡占的企業間の共謀も禁止している。

数十年前でも、独占もしくは寡占的企業は理論的な興味の対象になっていた。今日、経済を形作るうえで、さらに重要性を増している企業もある。ウォルマート、アマゾン、テスコ、カルフールなどの企業は、特定の製品の限られた買い手としての力を時にグローバルに行使することで、何をどこで手に入れるか、誰が利益のどれだけを手に入れるか、消費者は何を買うのかなどに、大きな影響を与え、時にはそれを規定している。

金《カネ》も変わった[7]

今日では、米国の連邦準備銀行や日本銀行のように、国が銀行券（と硬貨）を発行する唯一の**中央銀行**を持つことは当たり前になっている。だがアダム・スミスの時代の欧州では、たいていの銀行（そして一部の豪商さえも）がそれぞれ独自の紙幣を発行していた。

こうした紙幣は、今日の紙幣とは違う。いずれもが特定の人物によって発行され、独自の価値を持ち、発行した出納係によって署名されていたからだ。[8] イングランド銀行が固定額面紙幣を発行したのはようやく１７５９年になってからである（このときは10ポンド。５ポンド紙幣が発行されたのは、スミスの死後３年を経た１７９３年）。受取人と発行した出納係の署名のない完全な印刷紙幣が発行されたのは、スミスの死後２世代を経た後の１８５３年だった。だがこうした固定額面紙幣でさえ、今日の紙幣とは異なる。その価値が、発行者が保有する金や銀などの貴金属で明確に裏づけられていたからである。これを**金本位制**（あるいは銀でも何でも）と言う。

金（銀）本位制とは、中央銀行が発行した紙幣を具体的な重量の金（あるいは銀）と自由に交換できるという貨幣制度である。中央銀行は、発行済み紙幣と同価値分ではないまでも、紙幣を金に**兌換**《だかん》できるよう大量の金を準備しておかなければならなかった。例えば連邦準備銀行では発行した通貨の40％相当分の金を保有していた。この結果、中央銀行は発行できる通貨量について、ほとんど裁量性を持てなかった。金本位制が初めて採用されたのは１７１７年の英国においてで、生みの親は王立造幣局の局長だったアイザック・ニュートンだった。[*6] やがて1870年代に、他の欧州各国もそれに続いた。この制度はそれから2世代の資本主義の発展に非常に重要な役割を果たしたが、それについては第3章で後述する。

銀行券の使用と、銀行との間で金銭を貸借する銀行業こと**バンキング**は別である。当時、銀行業の発展はさらに後れていた。銀行の利用者はごく一部で、フランス国民の4分の3は、『国富論』刊行からほぼ1世紀後の1860年代まで銀行に縁がなかった。フランスよりもはるかに銀行業界が発展していた英国でさえ、20世紀に優に入ってからも業界は群雄割拠で、利率も地域によってまちまちだった。

企業の株が売買される**株式市場**は、スミスの時代の2、3世紀前からあった。だが株を発行する企業がないに等しいだけに(前述のとおり有限責任会社はごく限られていた)、株式市場は萌芽期の資本主義劇場の余興にすぎなかった。さらにいけないことに、多くの人は株式市場など賭場に毛の生えたようなものと思っていた(今日でもそう言う人はいるが)。証券市場の規制も最低限で、ろくに執行されていなかった。株式仲買人は、売っている株の発行企業についてさしたる情報を開示する義務も負っていなかった。

他の金融市場はさらに原始的だった。**国債**は誰にでも譲渡可能で、金を借りる政府が発行するものだったが、発行していた国は英国、フランス、オランダなどに限られていた。**社債**市場は英国でさえほとんど発展していなかった。

今日では、非常に発展した（発展過剰とさえいわれる）金融産業がある。銀行業のみならず証券市場や債券市場もあるし、金融デリバティブ（先物、オプション、スワップ）などの市場もますます比重を増している。MBS、CDO、CDSなど（第8章で後述）の金融商品の組み合わせもそうだ。金融制度を最終的に裏づけているのは中央銀行で、**最後の貸し手**として行動し、誰も融資したがらない金融危機の際には青天井で金を貸す。実際、スミスの時代には中央銀行がなかったことで金融危機対策が非常に困難だった。

スミスの時代と違い、今日では金融市場で誰が何をしてよいかについてさまざまな規制がある。株式資本の何倍まで貸してよいか、株の発行企業はどんな情報を開示しなければならないか、さまざまな金融機関はどんな種類の資産を保有することが許されているか（例えば年金基金は危険な資産は持てない）などである。にもかかわらず金融市場はあまりに多様で複雑となっていて、2008年のグローバルな金融危機の際に思い知ったように、規制が困難になっている。

結び——現実世界の変化と経済学理論

これらの対照性が示しているように、資本主義は過去2世紀半の間に大きく変化してきた。ス

＊6　科学者のニュートン本人だが、彼は同時に錬金術師でもあり株式投機人でもあった。

ミスの基本的な原則のなかには今なお有効なものもあるが、それはごく一般的な水準においてだけである。

例えば、スミスの理論通り、営利企業間の競争は今も資本主義の根本的な原動力である。だがそれは、小さな無名の企業が消費者の好みを捉え、任意の技術を導入して戦い抜くようなものではない。今日の競争は、巨大な多国籍企業間のそれで、彼らは価格に影響を及ぼせるばかりか、短期間に技術を塗り替えることもできる（アップルとサムスンの間の戦いを見るとよい）し、ブランドイメージの構築や広告を通じて消費者の好みを醸成することもできる。

どれほど優れた経済理論でも、有効性は時と場合による。だから経済理論をうまく用いるには、分析対象の市場や業界を特徴づける技術的知識や規制などをよく知る必要がある。さまざまな経済理論を正しく理解するためには、資本主義がどう発展してきたかを知らなければならないのはこのためである。この課題は次章に譲る。

第3章
資本主義小史
——来し方を振り返る

ミセス・リノット　歴史とは何ですか、ミスター・ラッジ？
ラッジ　正直に言っていいですか？　ぶたない？
ミセス・リノット　身の安全は保証しましょう。
ラッジ　歴史とは何かですって？　愚行の数珠つなぎだというだけですよ。

アラン・ベネット原作　映画『ヒストリーボーイズ』（日本未公開）

愚行の数珠つなぎ——歴史の価値って？

おそらく多くの読者は、『ヒストリーボーイズ』の若きラッジに同感だろう。２００６年に映画化されたアラン・ベネット原作の戯曲で、シェフィールドの優秀だが恵まれない若者たちが歴史を学ぶためにオックスフォード入学を目指すという筋書きだ。

多くの人が、経済発展の来し方を記す**経済史**を、特に的外れと考えている。自由貿易が経済成長を促すこと、重税が富の創出を妨げること、官僚主義を排せば企業活動が促されることを知るために、2〜3世紀前に何が起きたかをわざわざ知る必要が本当にあるのか？　こうした現代の経済学的英知は、緻密な理論から生まれ、今日の膨大な統計学的エビデンスに裏打ちされているのではないのか？

大半のエコノミストは、これらの疑問にうなずくだろう。経済史は１９８０年代まで多くの経済学大学院教育において必修とされてきたが、今では多くの学校で講座さえ提供されていない。より理論志向なエコノミストのなかには、経済史をせいぜい鉄道オタクのような毒にも薬にもならない暇つぶし、悪くすれば数学や統計学などの「難解な」領域に歯が立たない凡才の逃げ場と考える向きもある。

だが私は資本主義の小史（というにはちょっと長いが）を提供したい。今日の経済学的現象を十分に理解するには、その歴史をいくらか知る必要があるからだ。

事実は小説より奇なり――なぜ歴史が大切なのか

歴史は現在に影響する。現在に先立っているからだけではなく、歴史が（あるいは人々が知っているつもりのそれが）判断に影響するからである。政策提案の多くは過去の例を引き合いに出すが、それは人を説得するのに実例ほど――成功譚か失敗譚かは別として――有効なものはないからである。例えば、自由貿易の推進論者は決まって英国と当時の米国との自由貿易のおかげで二国が世界的大国になったのだという。もしそんな歴史観が不正確であると教えられていれば（後述）、彼らだって自由貿易主義をそれほど買いかぶらないだろう。

さらに歴史は、私たちが当然視していることに疑問を突き付ける。今日では売買できない多くの物事――人間（奴隷）、児童労働、公職や官業――がかってはまったく自由に売り買いされていたと知れば、「自由貿易」の領域は普遍的な科学によって規定されているわけではなく、書き換えられることがわかるだろう。先進資本主義経済が最も急成長していたのは規制が多く重税が課された1950年代から1970年代だったと知れば、経済成長を促すには減税と行政改革が必要だという考えに疑問を持つようになるだろう。

歴史は、経済学理論には限界があることを明かす。事実は空想よりも強し。歴史をひもとけば、国家、企業、個人などさまざまな段階におけるさまざまな経済学的成功が、いかなる単一の経済学理論によっても完全には説明できないことがわかるだろう。

例えば、『エコノミスト』や『ウォール・ストリート・ジャーナル』のような経済紙誌しか読んでいなければ、シンガポールの自由貿易政策や外資誘致の国策しか知らないだろう。そのためシンガポールの経済的成功は、自由貿易と自由市場が経済発展のために最善であることの証明と思い込むだろう。だがそれも、シンガポールではすべての土地が政府によって所有され、住宅の85％が政府の住宅開発委員会《ハウジング・デベロップメント・ボード》によって供給され、国民生産の22％は国営企業によって生み出されている（国際的な平均はおよそ10％）と知るまでだ。

経済理論には新古典派、マルクス経済学、近代経済学などさまざまな流派や学派がある。だがいずれも、自由市場主義と社会主義のコンビネーションの成功を説明できるものではない。こうした例を考えれば、経済学理論の有効性とそこから政策的結論を引き出すことの両面について、もっと慎重になってしかるべきだ。

歴史を学ぶべき最後の、しかし小さからぬ理由として、「人体実験」をできる限り避ける道義的義務が挙げられる。かつての社会主義ブロック圏の統制経済（とそれらの資本主義への「ビッグ・バン」的回帰）から、大恐慌以後の欧州の「緊縮財政」計画の大失敗、そして１９８０年代から１９９０年代の英米の「トリクルダウン経済」の失敗に至るまで、歴史には多くの人々を死に至らしめた過激な政策実験の例がいくらでもある。歴史を学べばそんな失敗を絶対に避けられるとは言わないが、暮らしに関わるような政策を立案する前に、そこから教訓を汲む努力をするべきである。

もしこれらのいずれかの要点に納得していただけたら、本章を読み通してほしい。知っていたつもりの歴史的「事実」に疑問を持つようになるかもしれないし、願わくは資本主義の理解が少しでも変わるかもしれない。

カメ対カタツムリ　資本主義以前の世界経済

西欧の発展は実に遅かった……

資本主義が始まったのは西欧で、特に16世紀から17世紀頃の英国と低地帯と呼ばれる今日のベルギーとオランダあたりにおいてだった。どうしてそこで始まったのか、なぜ別の地域、たとえばそれまで経済発展の水準が同等だったインドや中国などではなかったのかについては、長らく激論が交わされている。その説明もさまざまで、中国の官僚が実務的な物事（商業や産業など）

を疎んじたこと、南北アメリカ大陸の発見、英国の炭鉱埋蔵の分布などが挙げられている。だがそんな議論がどうであれ、事実、資本主義は西欧において最も早く発展したのである。

資本主義の勃興まで、西欧社会もすべての前資本主義社会と同じく、変化は実に緩慢だった。それは基本的に農業社会で、事実上数世紀も同じ技術を用い、他には商業や手工業がいくらかあっただけだった。

中世の1000年から1500年までの間、西欧の**単位人口あたり所得**すなわち国民一人あたりの所得は、年率0・12％で伸びていた。[1] ということは西暦1500年の収入は1000年に比べてわずか82％高いだけということになる。2002年から2008年まで年率11％で経済成長した中国なら、わずか6年で達成した数字だ。つまり、物質的な成長としては現代中国の1年は中世西欧の83年に等しいことになる。そして中世西欧の83年間とは、平均余命がわずか24年間だったことを思えば、3世代半という時間軸である。

……だがそれでも世界のどこよりも速かった

そのうえで言うが、前資本主義時代の西欧の成長は、アジアや東欧（ロシアを含む）に比べれば俊足だったと言うほかはない。これらの地域の経済成長率は、西欧の3分の1程度の0・04％と推計されている。ということは、500年経っても彼らの収入はわずか22％しか増えなかったことになる。西欧の歩みもカメのようだったかもしれないが、他の地域はカタツムリのようだった。

資本主義の夜明け［1500年から1820年］

資本主義の誕生　だがごくゆっくりと

16世紀、資本主義は生まれた。だがその誕生はあまりに緩慢で、おいそれと数字で裏づけが取れない。1500年から1820年にかけて、西欧においての一人あたり所得の伸び率はやはりわずか0・14％に過ぎなかった。どう見ても1000年から1500年のそれ（0・12％）と実質的に変わらなかった。

だが英国とオランダでは、18世紀後半から目に見えて成長が速まり、特に綿製品と製鉄産業でそうだった。[2] その結果、1500年から1820年にかけて、英国とオランダでは一人あたり経済成長率がそれぞれ0・27％と0・28％に至った。現代の標準からは非常に遅い成長だが、それでも西欧全体平均の倍の速度である。その背後には、さまざまな変化があった。

新たな科学、技術、制度の台頭

まず世の中を理解するためにより「合理的」なアプローチを取るような文化的変化があり、それが現代数学と科学の発展を促した。こうした考えの多くは当初、アラブとアジアからの借りものにすぎなかったが、[3] 16世紀と17世紀に、西欧も独自のイノベーションを付け足し始めた。近代的科学と数学の生みの親であるコペルニクス、ガリレオ、フェルマー、ニュートン、ライプニッツらは、この時代の人々である。科学の発展はすぐに経済を拡大したわけではなかったが、やがて知識の体系化を可能にし、それが技術革新を非属人的にしてより伝えやすくし、すると新技術が普及しやすくなって経済成長を促した。

18世紀に生まれたいくつかの新技術は機械的生産制度の嚆矢《こうし》となり、特に繊維産業、製鉄業、化学などでそれが進んだ。*1 19世紀初頭から、アダム・スミスのピン工場のように、連続的な組み立てラインの採用など高度な分業が進んだ。こうした新生産技術の台頭の主原動力となったのはもっとたくさん売ってもっと儲けたいという願望だった。言い換えれば、資本家流生産の拡散である。スミスが分業理論において主張したように、生産が増えればより高度な分業が可能になり、するとそれが生産性ひいては生産量を向上させるという、生産量の伸びと生産性向上の「好循環」が生まれる。

資本家的生産の新たな現実に即して、新しい経済制度も生まれた。市場における取引が普及するにつれて、銀行はそれを促すように進化した。投資案件が増えたことで大富豪でさえ賄いきれないほどの資本が必要となり、会社（コーポレーション）が発明された。それは有限責任会社であり、こうして株式市場が発達した。

植民地的拡大の始まり

15世紀初頭から、西欧諸国は急激に発展し始めた。「大発見時代」と婉曲《えんきょく》に言われるこの拡大は、植民地主義による新たな土地、資源、そして労働力にするための現地人探しも伴っていた。

15世紀後半のポルトガルのアジア進出とスペインの両アメリカ大陸進出を手始めとして、西欧諸国は容赦なく覇権を広げ始めた。18世紀半ばには、北米は英国、フランス、スペインに分割領有されていた。1810年から1820年頃までには、南米の大半の国はスペインとポルトガルのものとされた。インドは英国（主にベンガルとビハール地方）、フランス（南東岸）、ポルトガル（各地の沿岸部とりわけゴア）によって分割領有された。オーストラリアへの植民がはじまったのも、この頃だった（初めて流刑植民地が設定されたのは1788年）。アフリカ大陸の大半は未だ影響を受けていなかったが、沿岸部にはポルトガル（かつて無人だったカーボベルデ諸島やサントメ・プリンシペ島）やオランダ（17世紀のケープタウン）の小さな植民地が散在していた。

植民地主義は資本主義原則に則っていた。それを象徴するかのように、1858年まで英国のインド統治は、政府ではなく企業（東インド会社）によって担われていた。こうした植民地は、欧州に新たな資源をもたらした。当初の探検の目的は貨幣を鋳造するための貴金属（金銀）とス

＊1　繊維産業における飛び杼《ひ》（1733年）、ジェニー紡績機（1764年）、製鉄におけるコークス製錬（1709年）、化学産業における各種の大規模な硫酸製造処理などがある。

パイス（特にブラックペッパー）だった。やがて主にアフリカからの奴隷を用いるプランテーションが新たな植民地に設立されるようになった。特に米国、ブラジル、カリブ海地域がそうで、サトウキビによる砂糖、ゴム、綿、タバコなどの新たな作物を栽培して欧州に輸出するためである。新世界原産の植物のなかには欧州やそれを越えた地域に定着したものもあった。フィッシュ・アンド・チップスのなかった頃の英国、トマトやポレンタ（スイートコーンの粥）のなかった頃のイタリア、トウガラシがなかった頃のインド、タイ、朝鮮半島などを想像するのは難しい。

大きな傷跡を残した植民地主義

16世紀から18世紀にかけての植民地からの資源——貨幣に鋳造された貴金属、ジャガイモや砂糖などの食料、綿のような工業原料——がなかったら資本主義は発展し得たか否かは、長らく議論されている。(4) 宗主国がこれらから莫大な富を得たことには疑問の余地がないが、各国はおそらく、植民地からの産品がなくとも資本主義を発達させられただろう。しかし植民地主義が現地社会を破壊したことにはまったく疑いの余地がない。

原住民は皆殺しにされるか辺境に追いやられた。土地もその地上や地下の資源もろとも奪われた。地元民を疎んじる傾向は余りに著しかったので、２００６年の選挙で当選したボリビアの大統領エヴォ・モラレスは、南米を欧州人が侵略した１４９２年以降、わずか２人目の原住民系指導者だ（最初は１８５８年から１８７２年までメキシコの大統領だったベニート・フアレス）。

膨大な数のアフリカ人（通説とされる推計では1200万人）が、欧州人とアラブ人によって捕えられ、奴隷船で運び出された。これは奴隷にされた人々にとって悲劇であったばかりか（仮に彼らが苦難の旅を生き抜くことができたとして）、多くのアフリカ社会で労働者を枯渇させ、社会組織を破壊した。国家は無から専横的に国境を引いて作られ、今日に至るまでそれが内外政に影を落としている。アフリカでは国境がえてして直線であることがその証左である。通常、自然発生的な国境は川や山脈などの地理的な特徴に沿うものだから、決して直線にはならない。

植民地主義はしばしば、経済的に先進的な地域にすでにあった生産活動を意図的に破壊することを意味した。さらに重要なことに、第2章で既述のとおり、1700年に英国は自国の綿織物産業を振興するためインドからの綿製品（キャリコ）の輸入を禁止した。インドの綿織物産業は大打撃を受け、19世紀半ばまでには、すでに機械化されていた英国の綿織物産業製品の大量流入によって駆逐されてしまった。植民地だったインドは、関税他の手段で英国製品の攻勢から自国の産業を保護することができなかった。1835年、インド総督だったベンティンク卿は、「インドの地平は綿織り子の骨で真っ白」[5]と有名な報告を残している。

産業革命［1820年から1870年］

加速する経済――産業革命の始まり

資本主義が本当に勢いづいたのは1820年頃である。西欧全域と当時「西岸」と呼ばれた北米とオセアニアで目に見えて経済成長が速まった。その成長のすさまじさを受けて、1820年からの半世紀を一般的に産業革命時代[6]と呼ぶ。

この半世紀を通じて、西欧の一人あたり所得は年率1％で伸びた。これは今日の成長率からみると緩慢なものだ（1990年代の「失われた十年」の日本でもこのくらいの成長率である）。だが1500年から1820年にかけての0・14％に比べれば、加速化された経済成長と言える。

平均余命17年、週80時間労働、つのる窮状

だがこの一人あたり所得の急伸は当初、多くの人にとって生活水準の低下を伴った。古い技術の熟練労働者である綿織物の職人などは職を失い、より安価な未熟練労働者――その多くは児童――が運転する機械に押しのけられていった。なかには、子どもに運転させるため最初から小さく作られた機械さえあった。工場やそこに納品する物を作る零細な作業場に雇われた者たちは、長時間を働いた。週70時間から80時間労働は当たり前で、なかには週100時間労働で休みは日

曜日の半日だけという例もあった。

労働環境も劣悪だった。英国の綿織物産業労働者の多くは、生産過程で発生する塵芥《じんかい》による肺疾患で死亡した。都市の労働者階級は、時にはひと部屋に15人から20人もを詰め込む過密環境で暮らしていた。数百人が一つのトイレを共用することは普通だった。彼らはハエのように死んでいき、マンチェスターの貧困地域では平均余命は17年だった。[7]1000年代のノルマン征服時代の英国全体の平均余命（27年）より4割近くも短かった。

反資本主義運動の勃興

資本主義が生み出した惨状の数々を思えば、各種の反資本主義運動が勃興したことに不思議はない。なかには、単に時計の針を逆に巻き戻そうとするものもあった。1810年代の英国では、機械化された繊維産業で職を失った職人たちが、失業の直接原因であり資本主義者の台頭の象徴だった機械を破壊して、ラッダイトと呼ばれた。自発的に集まってより平等主義的な社会を模索する者たちもいた。ウェールズの実業家ロバート・オーウェンは、賛同者を集めて共同作業と共同生活に基づく社会（イスラエルのキブツに近い）を構築しようとした。

だが反資本主義的夢想家の極致は、カール・マルクス（1818年〜1883年）だったろう。ドイツのエコノミストであり革命主義者だった彼は、半生を英国に亡命して過ごし、ロンドンのハイゲート墓地に眠っている。マルクスはオーウェンや彼と似た牧歌的な共同生活によるポスト資本主義者社会を信じる人々を「空想的社会主義者」と呼んだ。一方で自らのアプローチを「科学的社会主義」として、新社会は資本主義の成果を拒むのではなく、その上にこそ築くべきと主張した。社会主義社会では、生産手段の私有は排するが、資本主義が生み出した大規模で効率の良い生産単位は維持する。さらにマルクスは、社会主義社会を、ある一点で資本主義社会のように運営することを提唱した。資本主義企業が事業をすべて本社で計画するように、経済を中央集権的に計画することだ。これが**中央計画**である。

マルクスと彼の追従者——ロシア革命の指導者ウラジーミル・レーニンを含む——は、社会主義社会は革命によってのみ実現される、なぜなら資本家は所有物を自発的に手放しはしないからだと信じた。しかし彼の支持者のなかには、エドゥアルト・ベルンシュタインやカール・カウツキーのように、資本主義の問題は議会制民主主義を破壊することではなく、それを修正することで緩和できると信じる人々もいた。彼らは労働時間や労働条件、福祉国家の発展などをめぐる規制を提唱した。

いま振り返ると、こうした社会改良主義者たちが最も先見性豊かだったことは明らかだ。彼らが提唱した制度こそが、今日あらゆる先進資本主義社会に根づいているからである。だが当時は、資本主義の下で労働者の暮らしが改善できるかどうかは明らかではなかった。その小ささからぬ理由は、大半の資本家がこうした社会改革に断固反対していたことだった。

1870年頃から、労働者階級の生活水準が目に見えて向上し始めた。少なくとも英国では、平均的な成人の賃金はついに基本的な生活の必要を満たす以上になり、なかには週60時間も働かない労働者もあらわれた。平均余命も、1800年には36年だったものが、1860年には41年まで伸びた[8]。この期間の後半には福祉国家の萌芽さえ見られ、1871年の新ドイツ帝国では、オットー・フォン・ビスマルクが労働災害保険を導入した。

自由市場と自由貿易という神話——資本主義発展の真実の姿

19世紀の西欧諸国による資本主義の発達とその派生物は、しばしば**自由貿易**と**自由市場**の拡大のおかげとされる。これらの国では政府が国際通商に課税したりそれを制限したりせず（自由貿易）、さらに全般的には、市場の働きに干渉しなかった（自由市場）からこそ、資本主義を育むことができたのだという論法である。英米が他国に差をつけることができたのは、自由市場主義ととりわけ自由貿易を採用したからこそだ、と。

的外れもここに極まれりである。英米両国でも西欧諸国でも、政府は資本主義の当初段階の発展に主導的な役割を担っていたのだから[9]。

保護主義の草分けだった英国

ヘンリー七世（在位1485年～1509年）に始まるチューダー王朝は、毛織物産業を振興した。毛織物は当時のハイテク産業で、低地帯諸国（ベルギーとオランダ）とりわけフランドル地方が最先端地域だったが、チューダー朝では政府が干渉して国内産業の振興を図った。**関税**をかけてより優れた低地帯生産者から英国の生産者を保護したのだ。英国政府は、技術を盗むためにフランドル地方の優れた職人を招聘《しょうへい》する際の助成金さえ出した。フランダースとかフレミングなどという名前の英米人はこうした職人の末裔である。これらの政策がなかったら007(イアン・フレミング著)もペニシリン(アレキサンダー・フレミングが発見)も存在しなかっただろう。私見だが、『ザ・シンプソンズ』だって、もしネッド・フランダースがネッド・ランカシャーなどという名前だったら同じほど楽しめたかどうか疑問である。こうした保護政策はチューダー朝以降も続き、18世紀に入る頃には毛織物は英国の輸出製品のざっと半分を占めるまでになっていた。この輸出収入がなかったら、英国は産業革命に要した食料や原材料を輸入できなかっただろう。

英国政府の干渉がさらに飛躍したのは1721年、英国初の首相となったロバート・ウォルポール(10)が、野心的で広範な産業開発計画を発足させたときである。それは課税による産業保護と「戦略的」産業(とりわけ輸出産業)への助成を含むものだった。こうした計画の効果もあり、18世紀後半、英国は一頭地を抜き始めた。1770年代には英国の先進ぶりは目にも明らかだったので、アダム・スミスは保護主義やその他の英国生産者を保護するための手立ては必要ないと考えた。だが英国が自由貿易にすっかり鞍替えしたのは、『国富論』刊行から優に1世紀を経て確固たる産業的優位を築いてからだった。その頃の英国は、人口比で世界のわずか2・5%を占めるだけにもかかわらず、世界の工業製品生産高の20%(1860年時点)、工業生産品貿易高の46%

を占めていた。参考までに現代の中国は、人口比で世界の19％を占めながら工業製品生産高の15％、工業生産品貿易高の14％を占めるにすぎない。

保護主義の擁護者としての米国

米国の事例はもっと面白い。英国の植民地支配のもと、その工業の発展は意図的に抑圧されていた。米国の植民らが製造業に取り組み始めたと聞いた英国首相（1766年～1768年在任）ウィリアム・ピット（大ピット）は、「（米国植民らには）蹄鉄《ていてつ》の釘製造さえ許すべきではない」と述べたと伝えられる。独立を果たした米国人の多くは、英国やフランス等に伍してやっていくには工業化が必要と考えた。その急先鋒が他ならぬ初代米国財務長官アレキサンダー・ハミルトン（10ドル札の人物）である。1791年の議会への報告「製造業についての報告」で彼は、米国のような経済的に後れている政府は、「幼稚な産業」を成長するまでより優れた外国の競争相手から保護する必要があると主張している。これは**幼稚産業論**といわれる。ハミルトンが幼稚産業の育成のために提案したのは、関税他の手段による産業保護、助成金、インフラ（とりわけ運河）への公共投資、発明を促すための特許法の整備、銀行制度の発展促進などだった。

当初、当時の米国政界を牛耳っていた南部の奴隷所有地主は、欧州製の優れた製品を買えるのにどうして北部の「ヤンキー」どもが製造する粗悪な製品を買わなければならないのか、とハミルトンの計画を妨害した。だが米英戦争（1812年～1814年）――現在まで米国本土が侵攻された唯一の戦争――後には、強国化には殖産興業が必要であり、そのためには関税その他の政府干渉が必要だというハミルトンの考えが支持されるようになった。気の毒なことに、ハミルトンは自らのビジョンの実現を見届けられなかった。1804年に政敵で当時副大統領だったアーロン・バーと決闘したあげく殺されたからである（ワイルドな時代で、現職の副大統領が前財務長官を撃ち殺しても誰も投獄さえされなかった）。

1816年の方向転換から、米国の通商政策はますます保護主義色を強めていった。1830年代には米国は世界で最も高い関税率を擁しており、第二次大戦までこの地位をほぼ1世紀にわたっておおむね維持した。この1世紀の間、ドイツやフランス、日本など今日保護主義的と言われる諸国の関税率は、米国よりもはるかに低かった。

この保護主義の世紀の前半、保護主義政策は奴隷制や連邦主義と並び、工業立国の北部と南部の諍《いさか》いの種であり続けた。この問題についに決着をつけたのは南北戦争（1861年～1865年）における北軍の勝利だった。それは偶然の産物ではなく、まさしく保護主義によって半世紀にわたって製造業を発展させていたためだった。マーガレット・ミッチェルの古典的名作『風と共に去りぬ』で、レット・バトラーは南部の同胞らに、戦争は北部のヤンキーどもが勝つだろう、連中には「組み立て工場があり、鋳物工場があり、鉄と炭鉱などわれわれ南部人が持っていないすべてのものがあるのだから」と語っている。

自由貿易の拡散——たいていは不正な手段によって

資本主義の台頭は自由貿易が招いたものではないが、19世紀を通じて自由貿易は世界に広まっていった。なかには1860年代に資本主義の中心地で起きたものもある。英国が自由貿易主義に転じて、西欧の国々と**自由貿易協定（FTA）**を結んだことだ。二国間で、互いに輸入規制と関税を排するというものである。だが多くは、資本主義の発達していない南米やアジアで拡がっていった。

そしてそれは、「自由」という言葉と相性の悪い「武力」——少なくともそれをちらつかせた脅し——を通じてのことだった。植民地主義は明らかに「非自由貿易」だが、植民地ではないさらに多くの国々が不平等条約を結ばされ、関税自主権（関税を課す権利）を剥奪された[11]。関税は一律の低率（3%〜5%程度）しか許されず、政府の歳入にはなるが幼稚産業の保護には不十分だった。

最も悪名高い不平等条約は、清がアヘン戦争に敗れたあげく1842年に結ばされた南京条約である。だが南米諸国ではそれに先立つ1810年代から1820年代にかけて、独立時に不平等条約を結ばされている。1820年代から1850年代にかけては、オスマントルコ帝国（現トルコ）、ペルシャ帝国（現イラン）、シャム王国（現タイ）、さらには日本さえもが不平等条約を結ばされた。南米の不平等条約は1870年代から1880年代にかけて失効したが、アジアでは20世紀にすっかり入ってからも続いた。

この期間に、直接的な植民地支配のためであれ不平等条約のためであれ、自国の幼稚産業を保護し振興できなかったことは、アジアと南米諸国に大きな経済的後退をもたらした。この期間、こうした国々では一人あたり所得がマイナスを示した（アジアでマイナス0・1%、南米でマイナス0・04%）のである。

絶頂期［1870年から1913年］

加速する資本主義——大量生産の台頭

1870年頃、資本主義の発展に弾みがついた。1860年代から1910年代頃にかけて、電動機械、内燃機関、合成染料、化学肥料などさまざまな新技術群がもたらされ、いわゆる重化学工業に結実した。産業革命は実務的な善人らによって担われたが、このたびの新技術は科学的・技術的法則を組織的に応用して開発された。すなわち、ひとたび発明されれば、あっという間に模倣・改良できるものだった。

加えて、多くの産業で**大量生産方式**が考案されて生産過程にも革命がもたらされた。移動式組み立てライン（ベルトコンベア）や汎用部品などは、生産コストを劇的に下げた。この生産方式は、1980年代以降もう終わりだと何度もいわれながら、いまだに中枢同然である。

拡大する生産規模、リスク、不安定さに対応すべく新たな経済制度が登場

資本主義はその絶頂期に、今日にも通じるいくつかの基本的な制度の形を獲得した。有限会社、破産法、中央銀行、福祉国家、労働法などである。こうした制度的な変化が訪れたのは、基本的にその底流となる技術や政策が変化したからである。

大規模な投資の必要が高まると、それまではごく限られた企業だけの特権だった有限責任は「一般化」された。すなわち、最低限の条件を満たせば、どんな企業も有限会社として設立できるようになったのである。有限会社は未曽有の投資規模を可能にし、資本主義発達の最も強力な推進力となった。カール・マルクスは、資本主義の自称応援者が現れる前からそれを、「資本主義生産の最終発展形」と称した。

１８４９年の経済改革の前まで、破産法は破産した実業家を罰し、最悪の場合は投獄刑を科した。19世紀後半に導入された新たな破産法では、失敗した実業家にも再起の機会が与えられた。事業を立て直すまで債権者あての利息支払いを猶予（１８９８年制定の米連邦破産法第11章のように）したり、債権者に債権の一部を放棄させるなどによってである。実業家になるリスクは、はるかに軽減された。

企業の大型化に伴って銀行も大規模化した。すると一行の倒産が金融制度全体を揺るがす危険が高まり、そのため最後の貸し手として中央銀行が設立された。その嚆矢となったのは１８４４

年のイングランド銀行設立だった。

労働者階級の苦境をめぐる社会主義者の扇動と改良主義者からの重圧が高まるにつれて、1870年代から労働災害保険、健康保険、老齢年金や失業保険などさまざまな福祉及び労働基準が導入されていった。多くの国ではさらに年少児童（特に10歳から12歳未満）の雇用禁止や年長児童の労働時間制限（当初は12時間！までとされた）、さらに女性の労働条件や労働時間も規制された。残念ながらこれは騎士道精神の賜物ではなく、女性蔑視の結果だった。男性と違い女性には十分な知力がないので、不利な雇用契約でも結ばされかねないから、保護してやらねばならないと考えられていたためだ。これら福祉及び労働規制は資本主義の荒野の縁から立ち上がり、当初はごくわずかずつだったにしても、多くの貧民の暮らしを改善した。

こうした制度的変化は経済成長を促した。有限責任と債務者に優しい破産法は事業活動に伴うリスクを軽減し、ひいては富の創出を促進した。弓手《ゆんで》に中央銀行を馬手《めて》に労働規制と福祉規制を得たことで投資は増え、経済成長は高まった。この西欧の資本主義の絶頂期間に一人あたり所得は高まった。1820年から1870年までに1％だったものが、1870年から1913年までには1・3％になったのだ。

それほどリベラルでもなかった「リベラル」の黄金時代

資本主義の「絶頂期」はえてして初の**グローバリゼーション**とも言われる。すなわち世界の経済が初めて単一の生産および交換の制度に統合されたということである。これを、この時期に採用された**リベラル**な経済政策のおかげとする識者は多い。国境を越えた財、資本、ヒトの動きを制限する規制がほとんどなかったからだ、というのである。この国際面でのリベラリズムと対をなすのは、内国経済についての**自由放任主義（レッセフェール）**である（これらの語義については次頁のコラム参照）。企業活動に最大限の自由を与え、**均衡財政**（歳出を歳入の範囲にとどめること）を追求し、金本位制を採用したことが重要な要素だった、という弁である。だが実態は、はるかに複雑だった。

１８７０年から１９１３年にかけて、リベラリズムは世界的に一律に見られたわけではなかった。資本主義の中心地である西欧と米国では、貿易保護主義は減るどころかむしろ増えていた。

１８６５年の南北戦争終結後、米国はさらに保護主義を強めていた。１８６０年代から１８７０年代にかけてＦＴＡを結んだ西欧諸国の大半はそれを更新せず、契約満了後（契約期間は通常20年）には関税を大幅に引き上げた。これは新世界とりわけ米国とアルゼンチン及び東欧（ロシアとウクライナ）からの安い輸入農作物の攻勢に苦しんでいた農業を保護するためでもあったが、新たな重化学工業の保護育成のためでもあった。ドイツとスウェーデンはこの「新たな保護主義」の好例で、ドイツでは「鉄とライムギの結婚」と呼ばれた。

南米諸国も、独立の際に結んだ不平等条約が満了すると、むしろ高率の関税（30％～40％）を

Column

「リベラル」――世界で最も複雑な用語?

「リベラル」という用語ほど混乱を招く言葉はない。**リベラリズム(自由主義)**という語句が明らかに用いられたのは19世紀になってからだが、その背景となる考えは少なくとも17世紀、トマス・ホッブズやジョン・ロックのような思想家の草分けにさかのぼる。この言葉の古典的な意味は、個人の自由を重視する立場だった。経済学的な用語としては、個人が私有財産を随意に用いる自由、特に金を稼ぐ自由の保護だった。この見方によれば、理想の政府とは、こうした権利の行使につながる最低限の条件、例えば法や秩序を整える政府ということになる。こうした政府を**最小国家**という。当時のリベラルの間でよく知られたスローガンが「レッセフェール(あるがままに)」というもので、そのためリベラリズムはレッセフェール・ドクトリンとも言われる。

今日リベラリズムというと、通常は表現の自由など個人の政治的権利を重視する民主主義の唱導と同一視される。しかし20世紀半ばまでは、大半のリベラルは民主主義擁護者ではなかった。彼らは確かに伝統と社会的階層が個人の権利に優先されるべきという保守的な考えは拒んだ。だが同時に、誰もがそうした権利を与えられるべきとも考えておらず、むしろ貧民には選挙権を与えるべきではないと考えていた。貧民は私有財産を没収する政治家に投票するだろうと信じていたからだ。アダム・スミスは、あっけらかんと認めている――「(政府は）実際には貧民から富民を保護するためにある。持たざる者から、いくらかの財産を持てる者を保護するために[12]」

さらにややこしいのは、米国では「リベラル」というと革新派の視座を指すことだ。テッド・ケネディやポール・クルーグマンのような米国の「リベラル」は、欧州では社会民主主義者と呼ばれるだろう。欧州でリベラルと言われるのは、ドイツの自由民主党（ＦＤＰ）のような立場のことだが、逆に彼らは米国ではリバタリアン（自由意思論者）と呼ばれるだろう。

さらに１９８０年代以降、経済的視点の主流となった**ネオ・リベラリズム（新自由主義）**がある。これは古典的なリベラリズムにかなり近いが、同一ではない。経済学的には古典的な最小国家を唱導するが、いくつか修正が加えられている。最も重要な修正は、通貨の発行を独占する中央銀行の存在を認めていることで、これに対し古典的なリベラルらは、通貨を含めて競争があるべきと考えていた。政治的な用語としては、新自由主義者は民主主義にあからさまに反対することはないが、古典的なリベラルたちはそうだった。だが新自由主義者の多くは私有財産と自由市場のためなら、民主主義を犠牲にすることを厭《いと》わない。

新自由主義は、発展途上国では特にそうだが、**ワシントン・コンセンサス**としても知られる。世界で最も強力な三つの経済機関、すなわち米国財務省、国際通貨基金（ＩＭＦ）そして世界銀行がいずれもワシントンＤＣにあることがその名の由来である。

課した。しかし「周辺地域」の随所では、先述の強制的自由貿易はいっそう速やかに広まった。欧州列強はアフリカ大陸の植民領有――「アフリカ分割」――を競った。一方でアジアの多くも植民地とされた（マレーシア、シンガポール、ミャンマーは英国に、カンボジア、ベトナム、ラオスはフランスに）。大英帝国は巨大化し、その工業力を背景に「日の沈むことなき大英帝国」と誇った。ドイツ、ベルギー、米国や日本のような、植民地活動にさほど熱心ではなかった国々も植民地獲得に乗り出した。[13] この期間が「帝国主義時代」と呼ばれたのはもっともだった。

中核的資本主義国では、国内でも政府干渉は減るどころか明らかに増えていた。確かに自由市場思想は、財政政策（均衡財政）および通貨政策（金本位制）としっかりと結びついていた。しかしこの時期には政府の役割も大きく増えた。労働規制、社会福祉計画、インフラへの公共投資（特に鉄道だが運河も）、教育（特に米国とドイツ）などだ。

このようにリベラルの黄金時代たる１８７０年から１９１３年は、思ったよりリベラルではなかった。中核的資本主義国では内政でも外交でも自由主義はむしろ弱っていた。自由主義は主に弱小国において起きており、それも自主的にではなく、植民地主義と不平等条約を通じた強制によってだった。この期間に急激な経済成長を果たしたのは周辺国こと南米だけで、そこでは不平等条約の失効後に強い保護主義が起きていた。[14]

騒乱の時代［1914年から1945年］

よろめく資本主義——第一次世界大戦とリベラルの黄金時代の終焉

相次ぐ貧民による騒擾《そうじょう》——1848年に欧州を揺るがした革命（二月／三月革命）、1871年のパリコミューンなど——や経済問題（1873年から1896年までの長い不況）を物ともせず、資本主義は進化および拡大の一途をたどるかのようだった。

こうした機運を激しく揺さぶったのが第一次大戦（1914年から1918年）で、資本主義が世界中に商取引の網目を細かく張り巡らせて相互関係の深まった国家間では戦争などめったなことでは起こらない、という通念を手ひどく裏切った。

だが第一次大戦は、ある意味で意外ではなかった。絶頂期のグローバリゼーションは、市場の力ではなくおおむね帝国主義によるものであったからである。つまり代表的な資本主義国家の国際的な競争関係は、暴力的紛争へとエスカレートしていく可能性が高かった。さらに、資本主義は常に外部へと拡張しなければ維持できない段階に達した、だから早晩、終焉がやってくるだろうと極言する向きさえあった。

資本主義にライバル登場——ロシア革命と社会主義の台頭

この考えを詳述した最も有名な著作が『帝国主義論』(光文社、2006年他)で、著者ウラジーミル・レーニンは1917年のロシア革命の指導者である。ロシア革命は資本主義の擁護者にとって、第一次大戦よりさらに大きな衝撃だった。この革命から生まれた経済体制は、資本主義の土台をそっくり覆すと主張するものだったからだ。

ロシア革命後の10年、生産手段としての私有財産(機械、工場、土地など)は廃止された。大きな変化が訪れたのは1928年の集団農場化で、大地主の大規模農地は接収されて国営農場(ソフホーズ)とされ、零細農民は農業協同組合の農場(コルホーズ)——実態は国営農場——に強制参加させられた。市場は徐々に廃止されて1928年には完全に中央計画に取って代わられ、この年から最初の5カ年計画が始まった。1928年には、ソビエト連邦は明らかに資本主義とは違う経済制度を有していた。それは生産手段の私有、利益追求の動機、市場なしに運営されるものだった。

その他の資本主義の礎である賃労働については、事情はもう少し複雑だった。理論的には、ソビエトの労働者は生産手段をそっくり集団保有しているのだから、賃労働者ではない。だが彼らの実態は資本主義社会の賃労働者とさして変わらなかった。事業や経済運営全般においてほとんど管理権がなく、日常の労働はやはり階層構造内でなされていたからである。

ソ連の社会主義は、巨大な経済的（そして社会的）実験だった。それまで中央計画された経済など存在したためしはなかった。カール・マルクスはこれについての細部をあまり明確にしておらず、だからソビエト連邦は前人未到の歩みを出た所勝負で進めるしかなかった。多くのマルクス主義者さえ、とりわけカール・カウツキーは、その見通しに懐疑的だった。当のマルクス自らの理論は、社会主義は最も発達した資本主義から生まれるものであり、資本主義の最高発展段階は完全な計画経済の寸前に迫っている、なぜならその経済活動は大企業やそれらのカルテルによってすでに高度に計画されているからだというものだ。だがソビエト連邦は、同国内では最も先進的経済とされた欧州地域でさえ非常に後進的で、社会主義が萌芽する下地となる資本主義自体がほとんど発展していないではないか、というのが彼らの主張だった。

だが万人が驚いたことに、初期のソビエトの産業化は大成功だった。それを最も端的に示したのは、第二次大戦の東部戦線でナチスの進撃を阻んだことだ。1928年から1938年までにかけて、一人あたり所得は5％も伸びた。当時世界的な成長率が1％〜2％だったこと[15]を思えば驚異的な伸び率だった。

だがこの成長は、膨大な人命の喪失によって購《あがな》われたものだった。その原因は政治的弾圧と1932年の飢饉[*2]だった。だが当時、外部世界にはこうした飢餓の程度は知られておらず、ソビエト連邦の経済実績に印象づけられる人は多く、特に当時は1929年の大恐慌の後で資本主義が屈していただけにいっそうだった。

弱まる資本主義――1929年の大恐慌

資本主義の信奉者にとって、大恐慌は社会主義の台頭以上の衝撃だった。これは大恐慌が始まった米国（悪名高い1929年のウォール街の大暴落による）では特にそうで、また最も大きな打撃を被ったのも米国だった。1929年から1932年まで米国の生産高は30％も下落し、失業率は3％から24％へと8倍増した。[16] 米国の生産高が1929年水準を回復したのはようやく1937年になってからである。ドイツとフランスも大きく傷つき、生産高はそれぞれ16％と15％下落した。

これについて新自由主義のエコノミストが喧伝する有力説がある。大恐慌は大規模だが十分に管理できる金融危機が巨大な不況に発展したもので、そうなってしまった原因は「貿易戦争」によって世界の通商が崩壊したためであり、1930年のスムート＝ホーリー関税によって米国が保護主義を採用したことがそれを誘発した、という説である。だがこの説は精査に耐えない。スムート＝ホーリーは37％だった米国の工業製品の関税を48％にしただけで劇的な増大ではなかった。それが膨大な報復関税合戦を招いた事実もない。イタリアやスペインのような2、3の弱小経済国を別にすれば、スムート＝ホーリー以後に貿易保護主義が著しく高まったわけではない。何より、さまざまな研究で明かされているとおり、1929年以降に国際通商が崩壊した主因は関税の引き上げではなく、国際的な需要の下降スパイラルによるもので、それを招いたのは各国

政府が均衡財政というガチガチの資本主義経済ドクトリンに固執したことである。(17)

1929年のウォール街の暴落や2008年のグローバルな金融危機のような大きな金融危機の後では、民間部門の支出は減る。負債の償還は進まず、すると銀行は貸し出しを絞る。カネを借りられなくなったら企業も個人も支出を絞る。こうなると、それまで彼らが消費していたものを供給していた企業や個人（消費者に製品を売る企業、機械を他の企業に売っていた企業、企業に労働力を売っていた個人）への需要が減る。経済の需要水準はスパイラル的に下降するのである。

この環境においては、政府こそ稼いだ以上に使って需要水準を維持できる唯一の経済的アクターである。すなわち財政赤字になるということだ。だが大恐慌当時は均衡財政ドクトリンへの信奉が強く、ためにそうした行動は取られなかった。経済活動の落ち込みに伴って税収が減るなかで財政を均衡させるには政府支出を削減するしかなく、となると下降スパイラルにはいっさいの歯止めが効かなくなる。(18) さらにいけないことに、金本位制を採っていたために、中央銀行は通貨の価値低落を恐れて通貨供給を増やせなかった。マネーサプライが限られているなか信用は縮

＊2　ごく単純化していえば、1932年飢饉が起きたのは、1928年の農業の集団化以降、農村部から農産物を出荷し過ぎたせいだ。急激に増えた都市人口を食べさせなければならず、またソビエト連邦が産業化するうえで必要な先進的な機械類を輸入する外貨を稼ぐために穀物を輸出しなければならなかったからである。

少し、民間部門の活動は制限され、需要はさらに落ち込んでいった。

改革の導入　米国とスウェーデンが先導

大恐慌は資本主義に消えない傷跡を残した。それによってレッセフェール・ドクトリンは広く拒まれ、資本主義の改革に向けた真剣な試みがなされるようになった。

改革は、不況が最も深く長く続いた米国で特に広範に行われた。フランクリン・デラノ・ルーズベルト大統領によるいわゆる第一次ニューディール政策（1933年〜1934年）の下での、銀行の商業部門と投資部門の分離（グラス＝スティーガル法）、銀行倒産時に中小預金者を保護する預金保険制度の設立、株式市場規制の強化（証券法）、農家向け信用制度の拡大と強化、農産物最低価格保証制度、インフラ開発（フーバー・ダムなど。クリストファー・リーヴ主演の1978年映画『スーパーマン』に登場）などである。第二次ニューディール計画（1935年〜1938年）にはさらなる改革として、社会保障法（1935年）で老齢年金と失業保険が導入され、ワグナー法（1935年：全国労働関係法とも）では労働組合を強化した。

他に重要な改革を導入した国にスウェーデンがある。失業率が25％に及ぶなかでの自由主義的経済政策への世論の不満を背景に、1932年に政権を奪取した社会民主党は、所得税を導入した。今では所得税の総本山とされる国にしては驚くほど遅かった。税収は福祉（1913年に失業保険を導入し老齢年金額も増額）や零細農家の助成（農家向け信用保証の拡大、農産物の最低価格保証）などに充てられた。1938年、産業別中央組合と経営者連盟がサルチオバーデン協約に署名し、労使協調が確立した。

ちなみに英国で所得税が導入されたのは1934年、米国では1913年に連邦所得税が導入されると有名な不服従運動が起きた。他の国々は米国やスウェーデンほど資本主義の修正に乗り出さなかったが、両国の改革は第二次世界大戦後の世界的標準のさきがけとなった。

よろめく資本主義――成長は衰え社会主義が資本主義を凌駕する

1914年から1945年までの混乱は、第二次大戦の勃発によってピークを迎えた。大戦は軍人と民間人の別を問わず数千万単位で人命を奪った（多めの推計では6000万人とされている）。両大戦は19世紀初頭いらい初めて経済成長率を鈍化させた。[19]

資本主義の黄金時代【1945年から1973年】

成長、雇用、安定性――死角なき絶好調の資本主義

第二次大戦が終結した1945年から第一次石油ショックの1973年までは、しばしば「資本主義の黄金時代」と呼ばれる。まさに名にし負う時代で、この時代に成長率は過去最高に達した。1950年から1973年まで、西欧の一人あたり収入は驚くなかれ年率4・1％も伸びた。

米国はそれには及ばなかったが、それでも未曽有の2・5％だった。西独は5・0％の伸び率で「ライン川の奇跡」の誉れに浴し、一方で日本はさらに急速な年率8・1％の伸びで、それから半世紀にわたって続く東アジアの「経済奇跡」の火蓋を切った。

黄金時代の成果は高度成長にとどまらない。労働者階級を悩ませる失業は、西欧、日本、そして米国のような先進資本主義国（以下ACCと略）では事実上、消滅した（第10章参照）。ACC経済は、経済生産（ひいては雇用）、物価、そして金融などさまざまな点で非常に安定していた。経済生産は先行期間よりはるかに振幅が少なくなり、それは主にケインジアン的財政政策を採用して景気後退期に公共投資を増やし好景気にはそれを減らしたためだった。[20] 物価が全般的に上がっていくインフレーションも、総じて抑えられていた。[21] 金融も非常に安定しており、黄金時代を通じて金融危機に陥った国は実質的に皆無だった。対照的に、1975年からこのかた、どんな年でも5％から35％の国は金融危機にあり、例外は2000年代半ばの数年間だけである。[22]

このように、黄金時代はどこから見ても驚異の時代だった。時の英国首相ハロルド・マクミランが「かつてこんなに良かった時代はない」と語ったのは誇張ではなかった。この空前絶後の輝かしい経済的成果の底流に何があったのかについては今も諸説ある。

黄金時代の要因

第二次大戦後、新技術の種が異例なほど溜まっており、それが黄金時代の経済成長に弾みをつけたという論者もいる。戦時中に軍用に開発された技術の多くは民生化できた。終戦後、コンピュータ、電機、レーダー、ジェット・エンジン、合成ゴム、電子レンジ（レーダー技術の応用）その他さまざまな技術を活用した投資が相次ぎ、まずは戦後復興に用いられ、その後は戦時中の耐乏生活で棚上げされていた消費者需要を満たした。

国際的な経済制度に加えられた重要な変更も、黄金時代の経済成長を促した。

１９４４年、第二次大戦の連合国がニューハンプシャー州の避暑地ブレトンウッズに集まって、戦後の国際金融制度における二つの重要な機関を設立した（これらがブレトンウッズ機関［ＢＷＩ］と通称されるゆえんである）。すなわち国際通貨基金（ＩＭＦ）と世界銀行と通称される国際復興開発銀行（ＩＢＲＤ）[23]である。

ＩＭＦの設立目的は、**国際収支**（一国の対外的経済取引についての収支のことで、詳細は第12章参照）の危機に陥った国々に短期資金を貸し付けることである。国際収支が危機に陥るのは、ある一国が諸外国に対して、それらから受け取るよりもはるかに多くの支払いをしている（財やサービスの輸入や外債の購入など）結果、もう誰もその国に貸そうとしなくなるためである。典型的な結果は金融危機で、それに深刻な不況が続く。ＩＭＦは、そんな状況に陥った国々に緊急融資をすることで、傷が浅いうちに苦難を乗り越える手助けをする。

世界銀行が設立されたのは、例えばダム建設などの具体的な投資計画に融資するためだ。民営銀行よりも低利率かつ長期の融資をすることで、依頼国はより積極的な投資ができるようになる。

戦後経済制度の第三の支えとなったのは、１９４７年に調印されたＧＡＴＴ《ガット》（関税および貿易に関する一般協定）である。１９４７年から１９６７年まで、ＧＡＴＴは６回の交渉会議《ラウンド》を開き、（大半の）富国間の関税を引き下げた。開発段階が同程度の国家間では、市場の拡大と競争激化による生産性向上の刺激という好成果が生まれた。

欧州では、もっと広範な結果につながるような国際的統合の新実験がなされた。最初は欧州石炭鉄鋼共同体（ＥＣＳＣ）の設立で、これは１９５１年、６カ国（西独、フランス、イタリア、オランダ、ベルギー、ルクセンブルク）によるものだった。国際的統合の頂点は、１９５７年のローマ条約によって欧州経済共同体（ＥＥＣ）という自由貿易協定を結んだことだった。[24]１９７３年、英国、アイルランド、デンマークもそれに加わり、欧州共同体（ＥＣ）と呼ばれるようになった。戦争や競争関係によって引き裂かれた地域に和平をもたらすことで、ＥＥＣは加盟国の経済発展に寄与した。

だが黄金時代の経済的成功の最も有力な説明は、経済政策と制度の改革の結果、資本主義と社会主義の強みを併せ持つ**混合経済**が生まれたことが主因というものだ。

大恐慌の結果、レッセフェール資本主義の限界が広く認識されるようになり、規制なき市場の失敗に政府が積極的に取り組むべきと目されるようになった。同時に、第二次大戦中の戦時計画経済の成功を見て、政府干渉の実効性を疑う声が弱まった。欧州国家の多くでは、ファシズムとの戦いの主役となった左派が選挙で勝利し、福祉国家の推進や労働者の権利の拡充へとつながった。

こうした政治や制度の変化は、社会平和を生み出し、投資を促し、社会的流動性を高め、技術革新を促すなど、さまざまな点で黄金時代創出に貢献した。これは重要な点なので、少し掘り下げてみたい。

再編された資本主義——労働者に優しい政策や制度

第二次大戦後ほどなくして、多くの欧州国家では、製鉄、鉄道、銀行やエネルギー（石炭、原子力や電気）などの重要産業で民間企業を国営化したり、新たな**公共企業**もしくは**国営企業（SOE）**を設立した。これらは、生産手段の公共管理は社会民主主義の重点という欧州の社会主義運動の信念を反映していた。その具体化が英国労働党の有名な党規約第4条である（1995年にトニー・ブレアの「ニュー・レイバー」改革で廃止された）。フランス、フィンランド、ノルウェー、オーストリアなどの国々では、SOEこそ黄金時代の高度成長を生み出す鍵となった、民間企業では取りきれないハイテク化のリスクを果敢に取ったからだと考えられた。

19世紀後半に始まった福祉政策も大幅に強化された。英国の国民健康保険制度など、国によっては基本的なサービスが国営化された。国民所得の増大につれて大幅に増大した税収が財源を賄った。福祉改善は社会的移動率によって測定され、資本主義制度への信任を高めた。その結果としてもたらされた社会的安定は長期的投資を促し、ひいては成長をもたらした。

管理された資本主義——政府による規制とさまざまな方法による市場形成

大恐慌から得た教訓として、全ACC政府は意識的に**反循環的財政政策**を採用した。これもケインジアン的政策で（第4章参照）、景気後退期には政府支出と中央銀行によってマネーサプライを増やし、景気回復期にはそれを減らすというものである。

大恐慌が浮き彫りにした規制なき金融市場に潜む危険を悟り、金融規制も強化された。投資銀行と商業銀行を分離した米国ほどまでやった国はほとんどないが、ACCはすべて、銀行業や金融投資をめぐる規制を敷いた。銀行家が、今日の尊大な末裔たちとは裏腹に、尊敬できるが退屈な人々と思われた時代[*3]だった。

多くの政府は**選択的産業政策**を実施した。すなわち「戦略的」産業を重点的に振興する政策で、保護貿易や助成などさまざまな手段が取られた。米国政府は公式な産業政策を持たなかったが、先進的産業への膨大な研究助成を通じて影響を与えた。コンピュータ（国防総省が資金提供）、半導体（海軍）、航空機（空軍）、インターネット（防衛高等研究企画庁《ダーパ》）、製薬や生命科学（米国立衛生研究所）などだ[25]。フランス、日本、韓国などの政府も特定の産業を振興し、五カ年計画を通じて産業分野間を横断する傾斜生産政策を取った。これはソビエトの「強制的」な中央計画に対して、**指示的計画**と言われる。

新たなる夜明け——ついに経済開発に乗り出した途上国

黄金時代には、植民地解放が広まった。きっかけとなったのは1945年の朝鮮（だが1948年に南北朝鮮に分裂）と1947年のインド（後にパキスタンが分離独立）で、大半の植民地が独立を果たした。多くの国家の独立は、植民者に対する暴力を伴った。サブサハラ（サハラ以南地域）諸国の独立は遅く、1957年にケニアが最初の独立国家となった。1960年代前半には、サブサハラ諸国のおよそ半数が独立したが、なかにはさらに独立を待たなければならなかった国もあった（アンゴラとモザンビークは1975年にポルトガルから、ナミビアは1990年に南アフリカから独立）。今なお独立を待つ地域もあるが、かつて植民地だった社会の過半数は黄金時代の終わり頃までには独立し、いまでは発展途上国と呼ばれている。

大半の旧植民地国家では、独立に際して旧宗主国に強いられていた自由市場と自由貿易制度を排した。なかにはまったくの社会主義国になった社会もあった（中国、北朝鮮、北ベトナム、キューバなど）が、大半は基本的に資本主義を保ちながら国が先導しての産業化を進めた。この

＊3　ポール・クルーグマンは2009年に記している。「三十数年前に私が経済学を学ぶ大学院生だった頃、金融界に進路を求める者は最も野心のない者たちだけだった。当時でさえ、投資銀行は教職や公務員よりも給料が良かった。だが大した差ではなかったし、誰もが銀行など、そう、退屈だと思っていたのだ」（2009年4月9日付『ニューヨーク・タイムズ』「銀行業を退屈にせよ」）

戦略は**輸入代替工業化（ISI）**として知られ、そう呼ばれるのは輸入工業品を国産品によって代替するものだからである。その手段は、輸入を制限して優れた海外勢との競争から国内製造業を保護したり、領土内での外国企業の活動を厳しく制限したりすることである。政府が民間製造者を助成することもしばしばで、リスクが高いため民間企業が投資をためらう産業でSOEを設立することもある。

独立時期が1945年から1973年以降までの長きに及ぶため、「黄金時代における途上国の経済実績」について述べることはできない。そのため通常は、1960年から1980年までの時期に妥協的に絞って考える。世界銀行のデータによれば、この時期に途上国経済の一人あたり所得は年率3％で伸びていた。ということは、3・2％で成長していた先進国経済並みの水準だったということになる。この期間の韓国、台湾、シンガポール、香港の7％〜8％にも及ぶ「奇跡的」な一人あたり所得の伸びは、それ以前の日本やそれ以後の中国と並んで、人類史上最速の成長率を記録した。

しかし付記すべきは、最も成長の遅い地域でさえ、この時期には長足の進歩を遂げていたことである。1960年から1980年までの間、サブサハラ地域の一人あたり所得は年率1・6％で世界で最も遅かった。南米はその倍の3・1％、東アジアでは3倍の5・3％だった。だが、これでも捨てたものではない。産業革命のさなかでさえ、西欧の一人あたり所得の伸びは年率わずか1％だったことを思い出してほしい。

中庸――適切な政府干渉の下で最もうまく働く資本主義

資本主義の黄金時代、政府干渉は万国のほぼ全分野で大幅に強化された。例外は富裕国の通商だけである。それにもかかわらず、富裕国でも途上国でも経済実績はそれまでよりはるかに良かった。直後に後述するように、政府干渉が大きく弱められた1980年代以降、これに比肩する実績は実現していない。資本主義の可能性が最も引き出されるのは、適宜の規制が施行され、しかるべき政策に刺激されるときであることを、黄金時代は示している。

空白時代【1973年から1979年】

ブレトンウッズ体制のもと古い金本位制は廃止された。大恐慌に見られるように、マクロ経済的管理を硬直化させすぎたという反省のためだった。だがそれでもこの体制は金によってドルの価値を裏づけていた。なぜなら、米ドルは他の主要通貨に対しては交換レートを固定していたが、金とは自由に交換（35ドルあたり1オンス）できたからだ。これはもちろん、米ドルは「金と同じほど良いもの」という仮定に基づいていた。あながち非合理的な仮定ではなかった。米国が世界の生産高の約半分を生み出し、世界中の人々が米国製品を買いたがったため米ドルが深刻な不足をきたしていたからである。

だが戦後の復興が進み他地域が急発展を遂げるなか、この仮定はもはや有効ではなかった。人々がひとたび米ドルは金ほど良くないと思い始めるとドルを金に交換しようとし、すると米国の金保有高はさらに減り、ドルがより頼りなく見える。米国政府の公式債務（ドル札と米国債）は1959年まで金準備のわずか半分だったものが、1967年には1・5倍にも及んでいた[26]。

1971年に米国が金の兌換を停止すると、黄金時代は揺らぎ始めた。米国がドルと金の交換を停止すると、それからの2、3年間に、他国も自国通貨と米ドルとの固定為替レートを廃止した。これが世界経済を不安定にし、通貨の価値は市場の気分と通貨投機（投資家が通貨の強弱に賭けること）の影響にますます翻弄されるようになった。

黄金時代に引導を渡したのは1973年の第一次石油ショックで、産油国による価格カルテルであるOPEC（石油輸出国機構）のため石油価格は一夜にして4倍になった。1960年代後半から多くの国でインフレ率は少しずつ高まっていたが、石油ショック後は跳ね上がった。

さらに重要なことは、それからの数年間の特徴が**スタグフレーション**だったことだ。この造語がなされたのは、景気後退期（スタグネーション）には価格は低下し、回復期には上昇するという昔ながらの規則性が破られたことによる。いまや景気は停滞している（とはいえ大恐慌当時のような長期的な不況ではない）が、物価は年率で10％、15％、20％もの高率で上がっていた[27]（インフレーション）。

1979年の第二次石油ショックはまた高インフレをもたらし、主要資本主義国、とりわけ英国と米国で新古典主義者の政権を成立させた。

　この期間は、混合経済に批判的な自由市場主義エコノミストから、まぎれもない経済的失敗の時期の一つとされている。だがこれは論を誤るものだ。ACC諸国の経済成長は黄金時代よりも低下したかもしれないが、１９７３年から１９８０年までの年率２％という一人あたり所得の伸びは、第二次世界大戦までのどんな時期（１・２％〜１・４％）に比べても高く、新自由主義以降の30年よりもわずかに高い（１９８０年から２０１０年までは年率１・８％）ほどである。[28] 失業率は４・１％と、３％の黄金時代よりも高いが、それほど大きな差ではない。[29] それでも、この期間の経済実績に対しての不満は大きく、その後の過激な変化へと続いた。

新自由主義の浮沈【1980年から今日】

鉄の女——マーガレット・サッチャーと英国の戦後妥協時代の終焉

　大きな転換点となったのは、１９７９年に英国の首相にマーガレット・サッチャーが選ばれたことだった。サッチャーは第二次大戦後の保守党の労働党への妥協を拒み、混合経済を容赦なく解体し始めた。その妥協なき態度は、「鉄の女」の異名を取った。

　サッチャー政権では、高かった所得税を減税し、政府歳出を減らし（特に教育、住宅、輸送）、労働組合を弱体化する法を導入し、**資本規制**（金の国際移動の制限など）を撤廃した。何より象徴的だったのはSOEを民間投資家に売却する**民営化**で、ガス、水道、電力、製鉄、航空、自動車そして公共住宅の一部が民営化された。

インフレを抑え込むため経済活動ひいては需要を冷まそうとして公定歩合は引き上げられた。高金利で外国資本が流入し、英ポンド高になり、したがって英国の輸出産業の競争力を損なった。その結果、消費者も企業も支出を切り詰め、1979年から1983年まで深刻な不況に至った。失業者は330万人に及んだ。そもそもサッチャー政権は、広告会社サーチアンドサーチが考案した「労働党は働いていない」というスローガンを旗印に、ジェームス・キャラハンの労働党政権下で失業者が100万人の大台に乗ったことを批判して権力を奪取したのにである。

この景気後退の間、ただでさえ競争力の低下に苦しんでいた英国製造業が大きく損なわれた。多くの伝統的な工業地域（マンチェスター、リバプール、シェフィールド）や産炭地域（ノースイングランドやウェールズ）は荒廃し、その様子は映画『ブラス！』（グリムリーという炭鉱町を舞台としているが、ヨークシャーのグライムソープがモデルであることは自明）に活写されている。

ジ・アクター――ロナルド・レーガンと米国経済の大改造

1981年、元俳優でカリフォルニア州知事だったロナルド・レーガンが大統領に就任し、マーガレット・サッチャーに勝るとも劣らない辣腕を発揮し始めた。高い所得税率を下げ、こうすれば豊かな人々が投資して富を生み出す刺激になると説明した。そして彼らはその報いを得るともっと金を使うようになり、すると雇用を生んですべての人々に所得をもたらすというのだった。これは**トリクルダウン理論（浸透理論とも）**と呼ばれている。同時に、貧困層への助成金（とりわけ住宅）を削減し、最低賃金を凍結して、彼らがより一生懸命働くように仕向けた。これは一見して奇妙な理屈である。豊かな人々をもっと働かせるためにより豊かにしてやる必要があると言う一方で、貧しい人々を同じくもっと働かせるためにはより貧しくしなければならない？　だが奇妙であれなかれ、**サプライサイド・エコノミクス**と呼ばれるこの理屈は、それから30年間の米国他の国々で、経済政策の根本と信じられた。

　英国と同様に、インフレを抑え込むために金利が引き上げられた。１９７９年から１９８１年まで、10％前後だった金利は倍以上の20％以上にまで引き上げられた。ただでさえ日本他の国の攻勢にあえいでいた米国製造業のかなりの部分は、こんな金融コストの上昇に耐えられなかった。伝統的に工業の中心地だった中西部は「ザ・ラスト・ベルト（錆びついた地帯）」になった。

　この時期の米国の金融規制緩和が、今日の金融制度の基盤を敷いた。企業を乗っ取る**敵対的買収**が急増し、米国の企業文化を塗り替えていった。こうした乗っ取り屋の多くは単なる「コーポレート・レイダー（企業侵略者）」で、目的は単に**アセット・ストリッピング**（資産の引き剥がし売り）だった。すなわち、企業の長期的な存続の如何《いかん》にかかわらず、貴重な経営資産を売り払ってしまうことである。そしてそんな態度は、１９８７年の映画『ウォール街』のゴードン・ゲッコーによって「強欲は善だ《グリード・イズ・グッド》」と不滅の命を与えられた。企業はそんな憂き目に遭わないよう、それまでよりも早く収益を上げなければならなくなった。さもなければせっかちな株主が株を売り払ってしまい、株価が下がり、するとより敵対的買収に晒《さら》されやすくなるからだ。企業にとって速やかに収益を生み出す最も手っ取り早い手段はダウンサイジング、すなわち当面の業績に必要最低限以外の労働力を削減し、投資を削り込むことである。たとえそれが、長期的に企業の展望を損なうものであったにしても。

第三世界の財政危機と第三世界産業革命の終わり

1970年代後半から1980年代前半の米国の高金利政策——当時の米国の中央銀行（FRB）議長の名にちなんでボルカー・ショックとも呼ばれる——の最も永続的な遺産は米国ではなく、発展途上国に残された。大半の発展途上国は、1970年代から1980年代初頭にかけて、産業開発のためや石油ショック後の燃料費高のために多額の借金を背負っていた。米国の金利が倍以上になると世界的にも金利は上がり、すると発展途上国の対外債務が広くデフォルト（債務不履行）に陥った。始まりは1982年のメキシコだった。これが**第三世界債務危機**で、当時発展途上国は、第一世界（先進資本主義国）と第二世界（社会主義世界）に次ぐ第三世界と呼ばれていたのが命名の由来である。

経済危機に直面した途上国はBWIことブレトンウッズ機関（IMFと世銀）に駆け込んだ。BWIでは**構造調整計画（SAP）**の策定を融資条件とし、債務国に政府予算を削減して公共投資割合を削り、SOEを民営化し、規制、特に貿易規制を緩和させた。

SAPの結果は、どう控えめに言っても極度の期待外れだった。あらゆる必要な「構造的」改革をしたにもかかわらず、大半の国々は1980年代から1990年代にかけて劇的な成長鈍化を見た。南米（カリブ海地域を含む）の一人あたり収入の成長は1960年代～1980年代には3・1％あったものが1980年～2000年には0・3％になった。サハラ以南のアフリカ（SSA）はかえって貧しくなり、2000年時点で1980年当時よりも13％低かった。その結果は第三世界の産業革命に見事にブレーキをかけた（第三世界の産業革命とはケンブリッジのエコノミストであるアジット・シンが、植民地解放後の数十年間の経済成長を指した呼称）。

1980年代から1990年代にかけて新自由主義でうまくやっていた途上国はチリだけだったが、それもピノチェトの独裁政権下（1974年～1990年在任）で膨大な人的犠牲を払ってのものだった。[30] この期間に経済で成功したのは国が経済に深く介入して自由化は限定的だったところばかりだった。その好例は日本と、東アジアのタイガー（ドラゴンとも）・エコノミー（韓国、台湾、シンガポール）、そしてますます比重を増した中国である。

ベルリンの壁の崩壊——社会主義の瓦解

そして1989年、記念碑的変化が訪れた。ソビエト連邦が瓦解し始め、ベルリンの壁が引き倒されたのだ。東西ドイツは統一（1990年）され、大半の東欧諸国は社会主義を捨てた。

1991年にはソビエト連邦そのものがばらばらになった。1978年から中国が徐々にしかし着実に改革・開放し、1976年に共産主義政権によって統一されていたベトナムが1986年に「刷新《ドイモイ》」政策を採用するにつれて、社会主義ブロックは北朝鮮とキューバのようなガチガチの強硬派だけになった。

社会主義経済の問題は、すでに広く知られていた。多様化を深める経済における計画の難しさ、成果と報酬が十分に結びつかないための労働意欲問題、見せかけの平等社会で政治的決定による不平等がつのっていたこと、などである（第9章で詳述）。だが、反社会主義論者の急先鋒でさえ、ブロックがこんなに早く内部崩壊するとは思っていなかった。

ソビエト・ブロック経済の究極的な問題は、本質的に二流の技術に基づいてもう一つの経済制度を作ろうとしたことだ。もちろん彼らが世界をリードしていた宇宙開発や軍事のような技術領域（何せ1961年に初めて人類を宇宙に送り出したのはソ連である）もある。だがそれは、不相応なまでの資源を注入していたからだ。二流の消費者製品――プラスチック製のボディを持ちベルリンの壁崩壊後は速やかに博物館入りした東独車トラバントはその象徴――しか供給できないことが明らかになるにつれて、市民は反旗を翻した。

それからの10年かそこら、東欧の社会主義国は自らを資本主義国へと急変革（回帰）させた。多くの人が、その転換は速やかに実現できると考えた。SOEを民営化し、市場制度を再導入するだけだ、それが人間の制度として最も自然なのだから簡単だろう、と。また、この転換は旧来の支配的エリート層が息を吹き返して抵抗勢力になる前に急がなければという人々もいた。大半の国々は「ビッグ・バン」改革を採用し、一夜にして資本主義を再導入しようとした。

その結果、大半の国が大失敗した。ユーゴスラビアは崩壊し、戦争とエスニック・クレンジング（民族浄化）に明け暮れた。旧ソ連の共和国の大半は深い景気後退に陥った。ロシアでは経済崩壊とその結果の失業と経済的不安があまりに強烈な心理的ストレス、酒乱その他の健康問題を引き起こし、経済体制転換がなかった場合より数百万も多くの人々が死んだと推計されている。(31) 多くの国で従前のエリート層は単に政治局員《アパラチック》からビジネスマンへと装いを替えただけで、民営化を通じた腐敗とインサイダーのお手盛りで国有財産を底値で手に入れて濡れ手に粟の大もうけをした。中欧諸国――ポーランド、ハンガリー、チェコ共和国、スロバキアなど――はもう少しうまくやった。特に2004年のEU加盟後はそうだが、それは改革をより漸進主義的に行ったことと、スキルベースが相対的に優れていたためだ。だがこうした国々でさえ、手放しで褒められるような経済体制転換を遂げたわけではなかった。

社会主義ブロックの崩壊は、「自由市場勝利主義」の時代を先導した。なかには米国のネオコン思想家（当時）フランシス・フクヤマのように、「歴史の終わり」（世界の終わりではないことに注意）を宣言する者さえあった。ついに資本主義こそ最良の経済体制という結論を見出したという主張だった。資本主義もさまざまでそれぞれ一長一短である事実は、当時の陶酔的な時代相のなかで都合よく忘れ去られていた。

良くも悪くも一つの世界――グローバリゼーションと新世界秩序

1990年代半ばまでには、新自由主義は世界中に広まっていた。旧社会主義国の大半は、「ビッグ・バン」改革を通じてであれ、中国やベトナムのようなより漸進的だが着実な開放と規制緩和を通じてであれ、資本主義的世界経済に組み込まれていった。この頃には、大半の途上国で市場開放と自由化は大きく進展していた。これらは、たいていの国ではSAPのせいで急速に進んだが、インドのように自発的な政策変更によってより漸進的だった国もあった。

この頃、いくつかの重要な国際協約が署名され、グローバル統合新時代のメッセージを送った。1992年、米国、カナダ、メキシコはNAFTA（北大西洋自由貿易地域）を調印した。先進国と途上国の間で結ばれた初の主要な自由貿易協定だった。1995年、GATTのウルグアイ・ラウンドが終了し、GATTを拡張してWTO（世界貿易機関）とすることになった。WTOではより多くの分野（特許や商標のような知的財産権、サービスの交易など）を対象に加え、制裁力もGATT時代より強化された。EU内の経済的統合も、1993年の「単一市場」計画始動（モノ、人、資本、サービスの「四つの移動の自由化」）と1995年のスウェーデン、フィンランド、オーストリアの加盟[*4]によって進んだ。それらが相まって生まれた国際貿易制度は、より自由な（だが完全に自由なわけではない）貿易へと向かうものだった。

この時期、グローバリゼーションは時代の切り札となる概念だった。もちろん国際的な経済的統合は16世紀から続いていたが、新たなグローバリゼーションの文脈においては、それもまったく新しい段階に達したというのだった。その背景にあったのはコミュニケーション(インターネット)と輸送(航空旅客とコンテナ輸送)の革命で、それらが「距離の消滅」につながった。グローバリゼーション主義者によれば、いまやこの新たな現実を諸手《もろて》を挙げて迎え入れ国際通商や投資に門戸を開く一方で、自国の経済は自由化する以外に選択肢はないというのだった。この不可避の変化に抗《あらが》う者は、技術的進歩を逆転させれば過ぎ去った時代に戻れると信じた「現代のラッダイト」扱いされた。『ボーダレス・ワールド』(大前研一)、『フラット化する世界』(トマス・フリードマン)、『良くも悪くも一つの世界』(ウィリアム・グレイダー、未訳)などの書籍の題名は、こうした思潮の核を伝えている。

終わりの始まり――アジア金融危機

1980年代後半から1990年代初頭にかけての陶酔は、長続きしなかった。「凛々しい新世界《ブレイブ・ニュー・ワールド》」が万事順調ではないことの最初の兆候は、1995年のメキシコの金融危機だった。あまりにも多くの人々が、自由市場政策を採用しNAFTAに調印したメキシコが次なる奇跡の経済になると非現実的なほど買いかぶってメキシコの金融資産に投資していた。メキシ

＊4　これらの国々は冷戦時代、「中立国」として西欧に属しながらEUからは距離を置いていた。

コは結局、ＩＭＦに加え、新たな貿易相手の崩壊を望まなかった米国とカナダにも救済されることになった。

１９９７年になると、より大きな衝撃がアジア金融危機の形で訪れた。それまで成功していた多くの国々（ＭＩＴ諸国と呼ばれたマレーシア、インドネシア、タイに加えて韓国）が金融危機に陥った。犯人は**資産バブル**（資産価格が非現実的な期待に基づいて非現実的な水準まで上がること）の崩壊だった。

これらの国々は他の途上国に比べれば自国経済の開放により慎重だったが、１９８０年代後半から１９９０年代前半にかけて、金融市場を極めて過激に開放した。規制を大幅に緩められたこれらの国の銀行は、金利の安い富裕国から積極的に借り入れをした。富裕国の銀行も、数十年に渡ってうまく経済運営してきた彼らをほぼ盲信していた。外資がどんどん流入するにつれて資産価格は上がり、すると企業も個人も価値の上がった資産を担保により多額の金が借りられるようになった。ほどなくしてこの循環が自己増殖的になり、資産価格は今後も上がるだろうからもっと借り入れや貸し出しをしても大丈夫とする風潮が広がった（聞きおぼえがある？）。後にこうした価格が持続不能なものだったことが明らかになると資金は引き揚げられ、金融危機が実現した。

アジア危機は当該国に大きな傷跡を残した。一人あたり生産の５％成長が「景気後退」と考えられる国々にあって、１９９８年の生産はインドネシアでマイナス16％、その他の国でマイナス６％〜７％だった。福祉が粗末なため失業が貧困転落を意味する国で、数千万単位の人々が職場を迫われた。

ＩＭＦ及び富裕国からの救済融資を受ける条件として、危機に直面したアジア諸国は、自国市場の全方位的開放、とりわけ金融市場の開放などのさまざまな方針変更を受け入れざるをえなくなった。アジア金融危機――それにすぐさま続いたブラジルとロシアの危機――は、彼ら自身をより市場志向へと押しやったが、冷戦後の自由市場の万能感に初めて懐疑の種を植えた。グローバルな金融制度の改革について真剣な討議がさんざんなされたが、その多くは２００８年の世界的な金融危機の際になされたものと同趣旨だった。グローバリゼーションの代表的な唱導者たち――『フィナンシャル・タイムズ』のコラムニストのマーティン・ウルフや自由経済主義のエコノミストであるジャグディシュ・バグワティのような――でさえ、国際的な資本の自由移動が賢明かどうか疑問を呈するようになった。新たなグローバル経済も万全ではないのだった。

偽りのあけぼの――ドットコム・ブームからグレート・モデレーションまで

だが危機が収拾されるにつれ、グローバルな金融制度改革論も退潮した。１９９９年、米国はニューディール政策の象徴的存在で投資銀行と商業銀行を分離した１９３３年グラス＝スティーガル法の撤廃という形で、新たな方向に大きく踏み出した。

２０００年にはまた騒動が起きた。このたびはいわゆるドットコム・バブルで、見通しうる将来にまったく収益が上がりそうもないインターネット関連企業の株が馬鹿げたほど高騰したバブルが崩壊したものだった。だがＦＲＢが介入して金利を積極的に切り下げ、他の富裕国の中央銀行もそれに倣うと、パニックは収まっていった。

それいらいしばらくは、先進国とりわけ米国にとってとんとん拍子のようだった。成長は劇的とは言えないまでも力強かった。資産価格（不動産価格や株価など）は永遠に上昇を続けるかのようだった。インフレは抑え込まれていた。エコノミストら――２００６年２月から２０１４年１月までＦＲＢ議長を務めたベン・バーナンキを含む――は、経済学が振幅の大きな景気変動を意味する**ブーム・アンド・バスト**をついに克服したという「グレート・モデレーション」を唱えた。１９８７年８月から２００６年１月までＦＲＢ議長を務めたアラン・グリーンスパンは「マエストロ」の称号を得た（ウォーターゲート事件報道で有名なボブ・ウッドワードによる評伝の題名ともなった）。ほとんど錬金術師的な手腕で好景気を永続的に持続させながら、インフレを起こすこともなければ、金融問題の処理に追われることもなかったからである。

２０００年代半ばの日々、それまで20年間の中国の「奇跡的」な経済成長を世界全体がようやく実感するようになった。１９７８年、経済改革の始まりにあたって、中国経済は世界経済のわずか２・５％を占めるにすぎなかった。[32] 世界的には最小限の影響しか持っておらず、財（モノ）の貿易に占める割合はわずか０・８％だった。[33] ２００７年、それぞれの数値は６％と８・７％になっていた。[34] 割合に貧しく、天然資源に恵まれ、急速に経済成長する中国は、食糧、鉱物、燃料を世界中から吸収し始め、その重みをますます増していった。

それがアフリカと南米諸国で原材料の輸出ブームを起こし、こうした経済はついに1980年代と1990年代の失地をいくらか回復した。中国はさらにアフリカ諸国の主要な融資元および投資家にもなり、おかげでアフリカ諸国はBWIや欧米のような伝統的な援助国との交渉にいくらか力が持てるようになった。南米ではこの期間に、数カ国であまりにも無様な結果しか残せなかった新自由主義との決別が見られた。ブラジル（ルーラ）、ボリビア（モラレス）、ベネズエラ（チャベス）、アルゼンチン（キルチネル）、エクアドル（コレア）、ウルグアイ（バスケス）などの各大統領は、その最も顕著な例である。

ヒビの入った壁――2008年グローバル金融危機

2007年初頭、それまでの住宅バブルを支えていた「サブプライム」（要するに債務不履行に陥る確率が高い、ということである）というおめでたい名前の住宅ローンの返済不能を心配した人が警鐘を鳴らした。安定した職を持たず信用歴も明暗相半ばする人々が返済しきれないほどの金を借りられたのは、対象となる住宅価格が上がるという期待があったからである。最悪の事態になっても、その家を売れば残債は返せるのだから、という理屈だった。加えて、そうしたローン契約を数千件から数十万件もの規模で集めて複合金融商品が作られた。MBSとかCDOなどのこうした商品（第8章で後述）は、低リスク資産として売られた。多くの借り手が同時に債務不履行になる危険は一個人がそうなるよりもはるかに低いからという理屈だった。

当初、米国の不良住宅債権の規模は500億ドルから1000億ドルと目されていた。少ない額ではないが、金融制度が優に吸収できる額ではあった（あるいは当時、多くの人々がそう主張していた）。だが2008年夏、投資銀行ベア・スターンズとリーマン・ブラザーズが倒産し、まさしく危機が訪れた。巨大な金融パニックが全世界を駆け巡った。金融界で最も信用ある会社のなかにさえ、怪しげな複合金融商品をしこたま買い込んで大問題を抱えているところがあることが明らかになり始めた。

「ケインジアンの春」と自由経済信仰の復活

主要経済国の当初の反応は、大恐慌勃発の直後とは大きく違っていた。マクロ経済学的政策は、経済開発のために巨額の財政赤字を抱えるという点でケインジアン的である。少なくとも税収の縮小に沿って財政支出を減らすことはなく、時には財政支出を増やす（これを最も積極的にやったのが中国）のである。主要金融機関（英国のロイヤル・バンク・オブ・スコットランド）や大企業（米国のゼネラルモーターズ［GM］やクライスラー）は公金によって救済された。中央銀行は軒並み金利を歴史的な水準まで引き下げた。例えばイングランド銀行は、1694年の設立いらい最低水準まで金利を下げた。そしてついに金利の下げ代《しろ》がなくなると、いわゆる**量的緩和（QE）**に取り組んだ。要するに、中央銀行が紙幣をどんどん印刷して、主に国債を買うことで経済に放出するという方法である。

だがほどなくして、自由経済教が復活してきた。転換点は2010年5月だった。英国の保守党主導型の連立政権が選挙で勝ち、同月にユーロ圏がギリシャの救済計画を決めたことが均衡予算ドクトリン復活の兆しとなった。英国といわゆるピッグス諸国（ポルトガル《P》、イタリア《I》、アイルランド《I》、ギリシャ《G》、スペイン《S》）で財政支出を劇的に削り込む**緊縮**予算が組まれた。米国では2011年に共和党がオバマ政権に巨額の財政支出削減計画を呑ませ、欧州では中核的諸国によって2012年に財政協約が調印され、こうした方向性をさらに推し進めた。これらすべての国――とりわけ英国――で、右派はこの議論を宿願だった福祉の大幅削減の口実にし、予算の均衡化を主張した。

結果――失われた十年？

2008年危機は破滅的な結果を伴い、その終息は未だ見えない。危機から4年後の2012年末、パリに本部を置く富裕国の集まりである（だが一握りの途上国も混じっている）OECD[*5]加盟34カ国中22カ国では、一人あたり生産高は2007年のそれを下回っている。2012年の一

＊5　OECD（経済協力開発機構）は1961年に設立され、当初加盟国は大半の西欧諸国、トルコ、米国、カナダだった。1970年代半ばまでには日本、フィンランド、オーストラリア、ニュージーランドが加盟した。1990年代半ば以降は、いくつかの旧社会主義国（ハンガリーとエストニアなど）や、より豊かになったいくつかの途上国（メキシコとチリ）も加盟した。

人あたりGDPは2007年当時に比べて（インフレ調整後）、ギリシャで26％、アイルランドで12％、スペインで7％、英国で6％低かった。この危機から比較的早く回復しているとされる米国でさえ、同じく1・4％低い。[*6]

緊縮予算の下、こうした各国の多くで経済回復の見通しは暗い。問題は、経済成長が足踏みしている（縮小さえしている）なかでの政府支出の劇的な削減が、回復の足かせになっていることである。これは大恐慌でみた光景である。この結果、これら各国の多くが2007年の姿を取り戻すまでに、経済危機以後の10年のかなりの部分を費やすかもしれない。日本が1990年代に、南米が1980年代に陥った、「失われた十年」に突入している可能性は十分にある。

この大きな危機は、全世界で8000万人の失業者を生み出したとも推計されている。スペインとギリシャでは、危機前は8％程度だった失業率が2013年夏時点でそれぞれ26％と28％に達し、若年失業率に至っては55％を優に超えている。米国や英国のような「よりマイルドな」失業問題を抱える国でさえ、公式な失業率は一時8％から10％にまで達した。

トゥー・リトル・トゥー・レイト

危機の規模にもかかわらず、行政改革は遅々として進まなかった。危機の原因が金融市場の過度な自由化にあったにもかかわらず、金融改革はむしろお手柔らかで、導入も非常に遅かった（大恐慌の際に米国の金融機関がはるかに厳しい規制を1年のうちに課せられたのに対し、数年がかりだった）。いくつかの金融分野、例えば過度に複雑な金融商品の売買については、お手柔らかで緩慢な改革さえ導入されなかった。

もちろん、そうである必要はない。何しろ、大恐慌後の米国でもスウェーデンでも、改革はわずか数年で導入されたのだ。実際、２０１２年春、オランダ、フランス、ギリシャの選挙では反緊縮財政を唱える政党が勝利し、イタリアの有権者も２０１３年に同様の判断を下した。ＥＵは一部の当初予想よりも厳しい規制（金融取引税、金融分野でのボーナス上限規制など）を導入した。えてして富豪の天国とされがちなスイスでは、２０１３年に業績の冴えない企業の経営者が多額の報酬を得られなくする法が成立した。金融改革については未だ仕事が山積しているが、危機までは不可能と思われていた改善が実現しつつあるのだ。

＊６　本書執筆時点（２０１４年１月）、２０１３年の数値は発表されていないが、ＯＥＣＤデータをもとにした暫定的推計では、第３四半期の一人あたり生産高は34カ国のＯＥＣＤ加盟諸国中19カ国で２００７年当時よりも低いままである。

第4章
経済学の百家争鳴
――こんなにある「学派」

顧客が望むどんな色の車でも提供しよう。それが黒である限りは。

——ヘンリー・フォード

百花斉放、百家争鳴。

——毛沢東

フリーサイズで万事解決？　多様な経済学理論

大半のエコノミストの喧伝に反して、経済学には新古典学派の1種類しかないわけではない。本章では少なくとも9つの学派[*1]を紹介する。

これら学派は不倶戴天《ふぐたいてん》の敵どうしというわけではない。むしろ互いの境はえてして漠然としている。[(1)]経済を概念化し説明する上ではさまざまな方法があること、いずれの学派も優越性を主張したり唯一の真理を自称できないことがわかればいいのだ。

その理由の一つは、理論というものの性質そのものにある。物理学のような自然科学のそれも含めてすべての理論は必然的に抽象化を伴い、それゆえに現実世界の複雑性を網羅できない。[(2)]つまり、どんな理論も万事万物を説明するには不足である。いずれもそれなりに一長一短で、それは何に光を当て何を無視するのか、何を概念化しそれらの間の関係をどう分析するのかによる。

他に優越して万物を説明できる唯一の理論などない。汎用のフリーサイズ服などないのだ。トールキンの『指輪物語』風に言えば、「すべてを統べる指輪」(3)はないということだ。

加えて、自然科学と違い、人間は単純に外部環境に反応するだけではなく自由意思と想像力を持っている。人は理想郷を夢想すること、他者を説得すること、社会を変革することなどによって外部環境を変えようとし、しばしばそれに成功する。かつてマルクスが雄弁に語ったように「人類は自ら歴史を作る」*2。経済学を含むいかなる人文科学も、物事を断定するにあたり謙虚でなくてはならない。

さらに、自然科学と違い、経済学は価値判断を伴っている。多くの新古典主義者たちのように、自分たちのやっていることは価値中立的な科学だと称するのは誤りだ。続く章で述べるとおり、さまざまな技術的概念や無機質なデータの裏には、ありとあらゆる価値判断がある。良い暮らしとは何か、少数派の意見はどう取り入れられるべきか、社会進歩をどう定義するか、「公益」のために道義的に認められる方法はどんなものか、それをどう定義するか、などである。(4)仮にある理論が何らかの政治的、倫理的観点から「正し」かったとしても、他の観点からもそうとは限らな

---

*1　より小さな学派（新リカード主義、ラテン・アメリカ構造主義、フェミニスト経済学、エコロジー経済学［循環経済学派とも］など）まで数えれば、もっとたくさんある。また、独立した学派の副学派（開発経済学門下のさまざまな流派など）まで入れれば、さらに数は増える。

*2　彼はそれに次いで「人は自らが選んだ状況下でそれを作るのではない」とすかさず付け加えている。人は環境を変えるが、その産物でもあるということだ。

い。

カクテルかバー全体か？——本章の読み方

さまざまな学派を学ぶべきであるのはもっともだが、バニラ・アイスクリームに夢中になっているときに9種類のフレーバーを試せと言うようなものであることも否めない。

ここでは議論を大幅に単純化するが、それでも読者は複雑すぎると思うかもしれない。一助として、各学派の説明を冒頭で一文にまとめることにする。もちろんこうした要約は単純すぎるのだが、少なくとも未知の街に地図なしに足を踏み入れるような不安は払拭できる。

さて、複数の学派について勉強する気のある人でさえ、9学派というのは7、8学派ほど多すぎると思うかもしれない。ごもっとも。そんなあなたに、次のコラムでいくつかの「カクテル」を提供しよう。いずれも特定の問題の扱いに向く二つから四つ程度の学派を材料にしている。例えばCMSIやCKはタバスコをたっぷり効かせたブラディマリーのようかもしれない。他にも、例えばMDKIやCMDSは、多彩な風味が互いを補い合うプランターズ・パンチのような味わいかもしれない。

これらのカクテルを1種類でも2種類でも味わってもらい、他も全部飲んでみたいと思ってもらえたらうれしい。そうならずとも、経済学にはさまざまな「方法」があることはわかってもらえるはずだ。

古典学派

――市場ではすべての供給者が常に注意を怠らないので放っておけばよい。

今日、新古典主義経済学が支配的である。となれば、それに先立つ古典学派があって、新古典学派はその推定相続人なのかと思うだろう（実はマルクス経済学も同じほど正統な相続人なのだが、それについては後述）。

経済学の古典派――当時の呼び名では**ポリティカル・エコノミー**（経済学の旧称。後の「政治経済学」とは別物）の古典学派――が生まれたのは18世紀後半で、それから19世紀後半までこの学問分野を支配した。開祖はアダム・スミス（1723年～1790年）で、彼については既述した。スミスの考えをさらに発展させたのは19世紀初頭の3人の近・同時代人だった。デヴィッド・リカード（1772年～1823年）、ジャン・バティスト・セー（1767年～1832年）、そしてトマス・ロバート・マルサス（1766年～1834年）である。

Column

経済学カクテルをどうぞ

材料A、B、C、D、I、K、M、N、S。

それぞれ、

オーストリア学派（A）、

行動経済学（B）、

古典学派（C）、

デベロップメンタリスト（D）、

制度学派（I）、

ケインズ経済学（K）、

マルクス経済学（M）、

新古典主義派（N）、

シュンペーター派（S）、

を指す。

●資本主義の永続性と生存能力についての考えの違いについては、CMSIを。

●個人の概念化のさまざまな方法については、NABを。
●集団とりわけ階級の理論化について興味があれば、CMKIを。
●経済の構成要素よりも経済制度について学びたければ、MDKIを。
●個人と社会の関わりについて知りたければ、ANIBを。
●各種の自由市場擁護論に興味があれば、CANを。
●政府介入が必要なこともある理由を知りたければ、NDKを。
●技術がどう発展し、生産性がどう向上するのかを学びたければCMDSを。
●市場だけが経済学ではないことを知りたければ、CMDSを。
●なぜ企業が存在し、それはどう働いているのかを知りたければ、SIBを。
●失業と景気後退を取り巻く議論は、CKを。

健康上の注意：一種類ばかり飲んでいると、視野狭窄《きょうさく》、傲慢、そしておそらく脳死に至る危険があります。

神の見えざる手、セーの法則、そして自由貿易——古典学派の主要理論

古典学派によると、個々の経済的アクターによる利己の追求が、国富の最大化という社会的に有益な結果を生むとされる。この逆説的な結果は、市場における競争の力がもたらす。供給者は利益を求めてより安くより良いものを供給しようと努力し、ついに最低限の費用でそれを実現し、ひいては国家生産を最大化する——。この考えは**神の見えざる手**として知られ、おそらく経済学で最も影響力のあるメタファーとなった。実際にはスミスはこの言葉を『国富論』で一度しか用いておらず、自論の中心にしたわけでもなかったのだが。[*3]

大半の古典主義エコノミストは、供給が需要を生み出すという、いわゆる「セーの法則」を信じていた。すべての経済活動は、その生産高と同等の収入（給料や利益など）を生み出すからという理屈だ。これによると、需要不足による景気後退などというものはない。すべての景気後退の理由は、戦争や大銀行の倒産などの外因的なものとなる。市場が自然に景気後退を生み出すわけではないのだから、政府によるあらゆる景気対策たとえば意識的な赤字財政支出などは、自然の法則を乱すものである、ということになる。それなら古典学派の時代には、もっと短縮したり緩やかにできたはずの景気後退は、政府の介入で長期化したり激化したことになる。

古典学派は、自由市場を制限するいかなる政府の試み、例えば保護主義や規制などを拒んだ。リカードは国際通商をめぐって**比較優位**という新理論を打ち立て、自由貿易の主張をさらに強化

した。彼の理論によると、ある種の仮定の下では、どんな製品も他国より安く生産できない国も、他国と自由貿易すれば両者とも生産高を最大化できることになる。それは専門化と輸出のおかげで、比較的優位に生産できる財——生産性の高い国では最も比較生産費が低い財、生産性の低い国では最も比較生産費の不利が小さい財——に特化して生産・輸出すればいいということだった。[*4]

古典学派では資本主義社会は、リカードのいう「社会の三階級」すなわち資本家、労働者、地主によって構成されていると考えた。古典学派とりわけリカードは、国民所得の最大の割合が資本家階級の手に渡る（すなわち利益）ことが、万人の利益になると信じていた。投資ができ経済成長を生み出せるのは資本家だけだ、労働者階級は貧しすぎて貯蓄・投資ができない、地主階級は奴隷購入など「非生産的」な贅沢品の消費に収入（地代）を費やしてしまう、という理屈だった。リカードとその信奉者によれば、増大の一途をたどる英国の人口はますます痩せた土地の開墾を必要とし、既存の肥沃な土地の地代を高めていく。つまり利益率は徐々に減っていき、投資や成

＊3　スミスは、他の古典主義経済学者と違い、人には利己追求以外の動機があることに気づいていた。同情、情熱、社会的常識への執着などである。こうした動機が『国富論』と対をなす著作『道徳感情論』（日経BP社、2014年）の主題である。

＊4　したがって比較優位（コンパラティブ・アドバンテージ）の比較（コンパラティブ）とは、一国が潜在的に生産できる品物どうしの比較を指している。一国が他国よりもある同じ品物の生産において優位であることは、優位（アドバンテージ）という言葉にすでに表されている。この理論についての詳細は、拙著*Bad Samaritans*（未訳）第3章を参照のこと。

長を脅かすと彼らは考えた。そこで彼らが提唱したのは、穀物農家の保護（当時の英国で穀物法と呼ばれた）を撤廃して未だ沃土がたっぷりと得られる外国から穀物を輸入することだった。そうすれば利益率は高まり、投資余力が生まれ、経済成長できるという考えである。

階級分析と比較優位性——古典学派の考えは今日でも有意義か

現代ではほとんど実践者のいなくなった伝統主義になってしまったにもかかわらず、古典学派は今も意義を失っていない。

経済が個人によってではなく階級によって成立しているという考えは、個人の行動は生産制度の那辺に位置しているかに強く影響されるという見方に至る。今日なおマーケティング会社が階層別のターゲット分類を用いて戦略を考案している事実は、階級論が今も通用している証拠である。たとえ大半の研究者や学者がこの概念を顧みなかったり否定したにしても。

リカードの比較優位理論は、一国の技術を所与のものとして受け入れる静態理論として明らかに限界があるが、やはり国際貿易をめぐる今なお最高の理論の一つである。より現実的には、新古典主義版のヘクシャー＝オリーン（＝サミュエルソン）の定理（HOS）が今日優勢になっている。*5 HOSでは、いかなる国も技術的、構造的にはどんな財でも生産できるとする。それでも各国がさまざまな財や製品の生産に特化するのは、異なる製品は製造のためにそれぞれ独自の資本と労働の組み合わせを必要とし、それらの配分は国によって違うからに他ならない、という考えである。だがこの仮定は、非現実的な結論に通じる。例えばグアテマラがＢＭＷのような製品を作っていないのは、そうすることができないからではない。ＢＭＷの生産には膨大な資本といくらかの労働が必要となる。だがグアテマラには労働力はふんだんにあるが資本はほとんどないために単に効率的に製造できないからそうしないのだ、ということになる。

間違っていることも、時代遅れなことも。古典主義の限界

古典主義理論のいくつかは、単純に間違っている。この学派ではセーの法則に固執するあまり、**マクロ経済学**的問題（要するに景気後退や失業のような全体的な経済状態の問題）を扱うことができない。またその市場についての理論は、**ミクロ経済学**のレベル（要するに個々の経済的アクターについて）でも、ひどく限定的である。市場での野放図な競争が社会的に良い結果につながらないことを説明する理論的ツールも持たない。

また古典派理論のなかには、論理的には成立しても時代相が現代とは大きく異なっているために応用性がないものもある。例えば古典学派経済学でいう「賃金鉄則」の多くは実現しなかった。人口圧力によって農地の地代が上がり、投資余力を奪うほど工業利益が減ってしまうという誤っ

＊5　スウェーデンのエコノミストで発案者のエリ・ヘクシャーとベルティル・オリーンに加え、その理論を完成させた米国のエコノミストで20世紀で最も有名な教科書の著者ポール・サミュエルソンにちなんで名づけられた理論。

た予測をしたのは食糧生産の技術革新と避妊技術の発展を見通せなかったためである。

新古典主義派

個人は自分の行動を理解しているので放っておけばよい。ただし市場が機能不全を起こしているときは別だ。

新古典主義派が勃興したのは1870年代のことで、ウィリアム・スタンリー・ジェヴォンズ（1835年〜1882年）とレオン・ワルラス（1834年〜1910年）の仕事が発端となった。確立したのは、1890年にアルフレッド・マーシャルの『経済学原理』（東洋経済新報社、1965年〜1967年）が出版されてからである。

マーシャルの時代、新古典主義のエコノミストらは、この学問の名称を「ポリティカル・エコノミー」から「エコノミクス」に変えることに成功した。この変更は、新古典主義者らが経済学を純粋な科学にしたいと願っていた表れだった。「ポリティカル（政治的）」な物事は倫理的であり、必然的に主観的な価値判断が伴っていることを排したのである。

需要要因、個人と交換——古典派との違い

新古典主義派は古典主義の知的後継者を名乗りながら、「新」という接頭辞をつけて違いを強調している。主な違いは、次のとおりである。

新古典主義では、善し悪しの価値判断という需要条件（消費者による主観的な製品評価に由来する）の役割を強調する。古典派のエコノミストらは、製品の価値は単に供給側の条件すなわち製造費用によって決定されると信じ、製造費用を投入された労働時間で測った。すなわち**労働価値説**である。新古典主義のエコノミストらは、製品の価値（彼らの言い方では価格）はそれが潜在的消費者にどれだけ評価されるかにもよるのであり、何かを作るのが難しいからそれにはより価値がある、ということにはならないと主張した。マーシャルはこの考えをさらに発展させた。価格の決定には、供給条件は急に変えられないので短期的には需要要因の方が重要である一方、長期的には需要の多い（少ない）製品の供給のために投資を増やす（減らす）ことができるから、供給条件の方がより重要であると唱えた。

この学派では、経済を古典派のようにきっぱり分化した階級の集まりではなく、合理的で利己的な個人の集団として概念化した。新古典主義経済学が考えた個人は、かなり一面的な存在だった。「快楽機械」と言われるとおり、通常、詳しく定義された物質的な意味で、満足（**効用**）を最大にし、不快（**不効用**）を最小化する存在というのだ。第5章で後述するとおり、このことは新

古典主義経済学の説明力を大きく限定するものだ。(5)

新古典主義派は経済学の焦点を生産から消費及び交換へと転じた。古典主義者特にアダム・スミスにとっては、生産は経済制度の中心だった。第2章で見たとおり、スミスは生産の成り立ちの変わり方が経済をどう変容させていくかに深い興味を抱いていた。彼の社会観は、支配的な生産形態の発展段階——狩猟採集、牧畜、農業、商業——に拠っていた（この考えは、後述するとおりカール・マルクスによってさらに発展された）。対照的に、新古典主義のエコノミストらにとっての経済とは、事実上、交換の網のようなものであり、究極的には「主権的」な消費者の選択によって突き動かされていくものだった。実際の生産がどう組織され変化するかについての議論は、ないも同然だった。

利己的な個人と自己平衡化作用を持つ市場——古典派との類似性

こうした違いにもかかわらず、新古典主義派は古典派の中心的な考えを二つ受け継ぎ、発展させていった。第一は、経済的アクターは利己に突き動かされているが、市場競争のおかげでその行動が集約的に社会的な善を生み出していくというものだ。もう一つは、市場は自己平衡化するという考えである。そして結論は、古典派経済学者と同じく、資本主義——あるいは彼らが好む言い方では市場経済——は自己平衡化するのだから放っておくときが最もうまく働く、というものだった。

新古典主義の自由放任主義的結論がさらに強化されたのは、20世紀前半に重要な理論的進歩がみられたことによる。それは社会改善を客観視できるようにする理論だった。ヴィルフレード・パレート（1848年～1923年）は、すべての主権的個人を尊重し、他の人を不幸にすることなく一部の人をより幸福にできたときのみが社会改善と言えると唱えた。「公益」の名のもとにいかなる個人も犠牲になるべきではないということである。これはパレート基準として知られる考えで、今日の新古典主義経済学における社会改善をめぐるあらゆる判断の基盤となるものである。(6) 残念ながら、現実の世の中では、誰かを不幸にしない変更などないに等しい。だから**パレート基準**は現状維持、すなわち自由放任主義にしがみつくうえで格好のレシピとなった。この考えを採用することで、新古典主義学派は強く保守性を帯びた。

反自由主義革命——市場の失敗アプローチ

1920年代から1930年代にかけての理論的発展は、新古典主義経済学と自由市場政策擁護との不可分に見えた結びつきを分断した。こうした発展の後、新古典主義経済学を自由市場経済学と同等と見なすことはできなくなった（今もその過ちを犯している人もいるが）。

これらの発展の最も根本的なものは厚生経済学、別名**市場の失敗アプローチ**の誕生だった。1920年代にこれを創始したのはケンブリッジの教授だったアーサー・ピグー（1877年～1959年）である。ピグーは、市場価格が社会的費用と効用を反映できなくなる場合があると主張した。例えば工場が大気や水質を汚染するなどだ。大気や水には市場価格がついていないので、無料の財として扱われるためである。こうした汚染の「過剰生産」の結果、環境は破壊され、社会は傷つく。

問題は経済活動のいくつかの結果は市場で価格がつけられておらず、したがって経済的判断に反映されないということだ。これを**外部性**と言い、公害等を伴う場合は**外部不経済**と言う。この場合は政府が環境汚染課税や規制（一定量以上の公害物質放出に対して罰金を科すなど）によって汚染を減らすことが正当化される。逆に、良い影響を及ぼす経済活動は**外部経済**があるという。例えば企業による研究開発（R&D）がそうである。研究開発は、それを生み出した企業のみならず他企業も利用できるのでより大きな価値を生み出す。それなら政府がR&D実施企業に助成金を出しても良いことになる。やがてピグーの外部性に加え、他の市場の失敗も知られるようになっていった。これらについては第11章で後述する。

1930年代、**補償原理**というより小粒だがやはり重要な修正も起きた。この原理では、仮にパレート基準に反していても（その変化によって不幸になる人が生まれても）社会的改善と見なしうる変化を認める。その変化による利益からすべての被害者に補償をしても余りある場合である。この理論によれば、一部の人を傷つける変化（だがその損害は十分に補償できる）を進められることになり、新古典主義者らはパレート基準による超保守的な傾向を避けられるようになった。もちろん問題は、そんな補償はめったに実現しない[*6]ことである。

反革命——自由市場主義の復興

こうした修正を受けて、新古典主義派にとってはもはや自由市場にこだわる理由はなくなった。実際、1930年代から1970年代にかけての新古典主義者たちの多くは、自由市場主義者ではなかった。1980年代以降には、自由市場主義を拒む新古典主義エコノミストにとっての武器はかえって増えた。ジョセフ・スティグリッツ、ジョージ・アカロフ、マイケル・スペンスらが主導した**情報経済学**の発展によるものだ。情報経済学では、**情報の非対称性**——市場交換に関わる一方の者がある情報を知っており他方がそれを知らない状態——が市場を不調に陥らせ、時には消滅させてしまう理由を説明している。(7)

しかし1980年代以降には、市場が失敗する可能性を否定する理論さえも生み出す新古典主義派エコノミストらも数多く生まれた。現状の新古典主義派エコノミストの圧倒的多数が自由市場主義に傾いているのは、新古典主義経済学では自由市場の限界を見出す理論がないか、あっても質が低いからというより、むしろ1980年代以降の政治的思潮の変化に負うところが大きい。マクロ経済学の「合理的期待」理論や金融経済学の「効率的市場仮説」などがそれで、要するに

＊6　新自由主義者らは、NAFTAを締結すれば自動車や繊維などの産業の米国の労働者が傷つくという事実がありながら、貿易の増大によってこうした敗者に補償しても余りあるとしてこれを推奨した。残念ながら、敗者らは十分に補償をされず、だから結果はパレート効率的とは言えなかった。

人は自分がやっていることをちゃんと理解しており、だから政府が余計な手出しをすべきではないということだ。専門用語で言うなら、経済的エージェントは合理的であり、それゆえ市場の結果も効率的、ということである。同時に、**政府の失敗**についての議論も進んだ。市場が失敗するかもしれないからといって政府介入の正当化はできない、なぜなら政府は市場以上に大きく失敗するかもしれないから、という主張だった（第11章で詳述）。

厳密性と汎用性

新古典主義派にはいくつか独特の強みがある。例えば現象を個人レベルにまで分割して考えるべきとするため、厳密性と論理的な明快さがある。さらに汎用的でもある。「右派の」マルクス主義者や「左派の」オーストリア学派になることは難しいが、新古典主義派のエコノミストには多くの「左派」たとえばジョセフ・スティグリッツやポール・クルーグマンのような人々がいるし、一方、たとえばジェームズ・ブキャナンやゲイリー・ベッカーのような「右派」の人々も多い。いくらか誇張気味に言えば、ちょっと頭のある人間が新古典主義経済学を用いれば、いかなる政策、企業戦略、個人行動さえ正当化できるのである。

非現実的な個人、現状維持の過剰な支持、そして生産の無視――新古典主義の限界

新古典主義派は、人間が利己的で合理的であると強く仮定しすぎていると批判されてきた。戦

友をかばって自ら被弾する兵士から高学歴な銀行家やエコノミストらが永続的な好景気という寓話を（２００８年までは）信じたことに至るまで、この仮定への反証は山ほどある（第５章で詳述）。

新古典主義派は現状維持に傾きすぎである。個人の選択を分析するうえで、底流となる社会構造――金や権力の配分――を所与のものとして受け入れている。そのためこの学派では、社会を根本から変革せずに行える選択だけを見ている。例えば「リベラル派」のポール・クルーグマンを含む多くの新古典主義エコノミストでさえ、貧国の低賃金工場の職を否定すべきではない、その代わりはまったく職がないことかもしれないのだから、と主張する。そのとおりだが、それは底流となる社会経済学的構造を疑わないからだ。ひとたびそんな構造自体を変える気になれば、こうした低賃金職の代りはいくらでも考えられる。労働者の権利を強化する労働法、工場への安価な労働力の供給を減らす土地改革、熟練職を創出する産業政策などを導入すれば、労働者にとっての選択は低賃金職か失業かではなく、低賃金職か高賃金職かになるのだ。

新古典主義派では交換と消費に注目するあまり、経済の大きな――そして他の多くの学派によれば最も重要な――部分を占める生産を無視してしまう。この欠点について、制度学派エコノミストのロナルド・コースは、１９９１年のノーベル経済学賞受賞講演で、新古典主義経済学は「森のはずれで木の実とイチゴを交換する孤独な個人たち」の分析にのみ好適な理論と切り捨てている。

マルクス経済学

資本主義は経済の進歩の強力な手段だが、私有財産制度がいっそうの発展を阻害するようになるため、いずれ崩壊する。

マルクス経済学は１８４０年代から１８６０年代にかけて書かれたカール・マルクスの著作から生まれた。嚆矢は１８４８年刊の『共産党宣言』（知的僚友であり金銭的パトロンだったフリードリヒ・エンゲルス［１８２０年〜１８９５年］と共著）であり、１８６７年に第一巻が発刊された『資本論』が白眉となる。[8] 19世紀後半と20世紀初頭のドイツ、オーストリア、そしてソビエト連邦でさらに発展した。[*7] より最近では、１９６０年代から１９７０年代にかけての米国と欧州で光が当てられた。

労働価値説、階級、そして生産——古典学派の正統な継承者マルクス経済学派

既述のとおり、マルクス主義経済学では古典主義から多くの要素を継承している。多くの点で、古典主義の継承者をもって任じる新古典主義派以上に古典主義のドクトリンに忠実である。例えば新古典主義派がきっぱりと拒んだ労働価値説を採っている。さらに新古典主義派が消費と交換

を重視するのに対し、生産に注目する。また経済は個人より階級によって構成されるとし、これも新古典主義派が拒んだ古典主義の骨子である。

マルクスとその信奉者らは、古典主義を発展させ、異母兄弟である新古典主義派とは大きく異なる経済学へと至った。

経済の中心としての生産

マルクス主義では古典主義の生産を基盤とする経済観を発展させ、「生産は……社会秩序の基本である」（エンゲルス）とした。すべての社会は、経済的**土台**の上に築かれており、それが**生産様式**であるという主張である。この土台を構成するものは、**生産力**（技術、機械、人間の技能）と**生産関係**（所有権、雇用関係、分業）である。下部構造を成すこの土台の上に**上部構造**があり、それは文化や政治など人間生活のその他の面から構成され、それがひるがえって経済の働き方に影響する。この意味で、マルクスはおそらく経済の制度を初めて組織的に探訪したエコノミストであり、制度学派の前兆である。

＊7　ロシア革命前まで、代表的なマルクス経済学者といえばカール・カウツキー（1854年～1938年）、ローザ・ルクセンブルク（1871年～1919年）、ルドルフ・ヒルファーディング（1877年～1941年）だった。ソビエトの中核的マルクス主義理論家にはウラジーミル・レーニン（1870年～1924年）、エフゲニー・プレオブラジェンスキー（1886年～1937年）、ニコライ・ブハーリン（1888年～1938年）らがいる。

マルクス主義経済学ではアダム・スミスの「発展段階」理論をさらに発展させ、社会は生産様式によって規定される一連の歴史的発展段階をたどるとした。原始共同体的社会(「部族」社会)、奴隷制的社会(古代ギリシャやローマ帝国に見られるような奴隷制に基づいた生産)、封建制的社会(領主が農奴に耕作を命じる)、資本主義的社会、共産主義的社会などである。*8 資本主義は、共産主義という最終段階に至るまでの発展段階の一つと見なされる。こうして経済問題を歴史的性質と見なすことは、新古典主義派とは著しく対照的である。新古典主義では、経済問題とは普遍的な効用の最大化に関わるものとし、孤島に流されたロビンソン・クルーソーであれ中世ヨーロッパの週末市の参加者であれタンザニアの自給自足農家であれ21世紀ドイツの豊かな消費者であれ、一様に考える。

階級闘争と資本主義の組織的崩壊

マルクス主義学派では、古典主義の階級を基盤とした視点を別次元に引き上げた。歴史の核心を階級闘争と見たのである。これを要約したのが『共産党宣言』の「これまでの歴史は階級闘争の歴史だった」というくだりである。それ以上に、この学派では、古典主義のように労働者階級を受動的な存在と見ようとはせず、それに歴史における積極的な役割を与えている。

古典主義経済学では、労働者は単純な思考の持ち主で、自らの生物学的衝動さえ我慢できないとする。経済が拡大し、労働力への需要が増して賃金が上がると、労働者はもっと多くの子どもを作るようになる。すると労働者が増えて賃金はまた食うや食わずの水準まで落ちることになる。それなら将来は悲惨だ、節制と禁欲を覚えて産児を制限すれば話は別だが、労働者の基本的性質を考えれば望み薄だ、と古典主義者らは考えた。

マルクスはまったく違う考えを持っていた。彼にとって、労働者らは古典主義者が言うような無力な「烏合《うごう》の衆」ではなく、社会変化に積極的に取り組むエージェントである。マルクスはそれを「資本主義の墓掘り人夫」と呼び、ますます規模と複雑さを増す工場で組織的技術と規律を鍛えられているとした。

だがマルクスは、労働者が随意に革命を起こし、資本主義を打倒できるとは考えなかった。機が熟す必要があると考えたのだ。それには資本主義が十分に発達し、制度の技術的要件（生産力）と制度的背景（生産関係）の矛盾がつのらなければならない、と。

資本家は、たゆまない競争を勝ち抜くために、常に投資と革新を続けなければならず、それが技術の継続的な発展に拍車を掛ける。それにつれて、分業はますます「社会的」になっていく。資本家企業が互いに供給者と買い手として依存を深めていくのである。となるとこうした関連する企業同士の調整がいっそう必要になるが、生産手段が私有されているため、そうした調整は容

＊8　論理整理上、共産主義的段階を二段階に分けることがある。第一段階は社会主義とも言われ、中央計画によって運営される。二番目の「より高次な」段階は純粋共産主義とされ、そこでは国家が衰退する。本書では、共産主義と社会主義という用語を互換的に用いる。

易ではなくなる。その結果、制度に矛盾が溜まっていき、ついには崩壊に至る。資本主義はやがて社会主義に取って代わられ、そこでは全労働者に集約的に所有されている企業同士の関連が中央計画によって十分に調整される、という理論である。

致命的な欠陥があるが、それでも有用――企業、労働、そして技術的進歩

マルクス主義にはいくつもの致命的な欠陥がある。何より、資本主義が自己崩壊するという予言は実現しなかった。資本主義はこれまで、この学派が予想した以上に自己改革してきた。社会主義はロシアや中国では実現したが、マルクスの予想に反してそこではより先進的な国ほど資本主義が発展していなかった。マルクスの思想、やがてはソビエト連邦の考えは、政治と非常に深く絡み合っていた。そのため、多くの支持者はマルクス思想を盲信し、あろうことかソビエト連邦の主張をマルクス思想の正解釈と鵜呑みにした。ソビエト・ブロックの崩壊は、資本主義の代替体制という点でマルクス主義理論がまったく不適切であったことを暴露した。欠陥は他にも枚挙にいとまがない。

これらの限界にもかかわらず、マルクス主義は今も、資本主義の働きについて非常に有益な視点をいくつも与えてくれる。

マルクスは、資本主義の二つの重要な制度の違いに目を向けた初めてのエコノミストだった。階層構造的で計画に基づく企業と、自由で自発的な秩序を持つ（ように見える）市場である。さ

らに、彼は有限責任の無数の株主によって所有される大規模な企業――当時はジョイント・ストック・カンパニーと(合本制組合とも)呼ばれていた――がやがて資本主義で主導的な役割を果たすことを予測していた。大半の自由市場エコノミストたちが有限責任という考え自体に反対していた時期にである。

マルクスとその支持者らは、他の大半のエコノミストと違い、仕事を消費に回す金を稼ぐための非効用としてではなく、それそのものとして注目した。仕事は労働者に生来の創造性を発揮せしめるものであり、階層構造的な資本主義企業はそうした可能性を阻害するものと考えたのだ。ますます細分化する分業が生む反復的な仕事の非人間的で感覚を麻痺させる効果も指摘した。面白いのは、アダム・スミスも、分業が持つ生産性向上を称揚しながら、個々の労働者に与えられる細切れ仕事の負の側面も心配していたことである。

最後に、しかし決して些事ではないことに、マルクスは資本主義の発展過程において技術革新が持つ重要性を真に理解した最初の主要エコノミストで、それを自らの理論の中心に据えていた。

デベロップメンタリストの伝統

後進的経済は、もっぱら市場任せでは発展できない。

無視された伝統

あまり知られず、経済思想史の本でもほとんど触れられないが、古典派より古い思想の系譜がある。私はそれをデベロップメンタリストの伝統と呼んでいる。始まりは16世紀半ばから17世紀初頭で、古典主義よりざっと2世紀は古い。

デベロップメンタリストの伝統を「学派」と呼ばないのは、「学派」という言葉には創始者と追従者がおり、中心的理論があるという含みがあるからだ。一方、デベロップメンタリストの伝統は分散的で、さまざまな着想の源と複雑な知的系統を持つ。

それは、この伝統を始めたのは知的純度よりも現実世界の問題解決に目を向けていた為政者らだからである。[*9] 彼らはさまざまな源から実用的で折衷的な要素を引き出した。なかには、彼ら自身が独自の貢献をなした場合もある。

だからと言って、この伝統の重要性が低いわけではない。むしろ現実世界に与えた影響という点では、経済学の最も重要な知的伝統とも言える。人類史のほぼすべての経済的成功の背景にあったのは、新古典主義経済学の偏狭なナショナリズムでもマルクス主義者流の階級社会でもなく、この伝統である。それは18世紀の英国、19世紀のドイツと米国、そして今日の中国に至るまでの別を問わない[9]。

生産能力を向上させて経済的後進性を克服する

デベロップメンタリストの伝統では、後進的な国が経済を発展させ、より先進的な国に追いつくことに重点を置く。この系譜に連なるエコノミストにとって、経済発展とは単なる所得増大のことではない。単なる所得増大なら原油やダイヤモンドを掘り当てても達成できる。彼らが重視するのは、より高度な製造能力を獲得すること、すなわち技術と制度によって（なんならそれを新規に開発して）**生産能力**を生み出すことである。

この伝統の発想は次のようなものだ。ある種の経済活動、例えばハイテク製造などは、生産能力開発においてより大切である。だが後進国においては、こうした技術はひとりでに先進的経済の後を追って発達することはない。後進経済国では、政府が関税、助成、規制などによる介入でそうした経済活動を振興しない限り、自由市場任せではすでに得意なこと、すなわち天然資源と

*9　数人の人々、例えばジャン・バティスト・コルベール（ルイ十四世の財政総監を務めた）らは、今もその政策で知られている。だが大半の人々は忘却の彼方に消えた。なかにはヘンリー七世やロバート・ウォルポールのように今も知られていながら、それは経済政策のためではない人もいる。

安価な労働力を基盤とした低生産性活動へと常に引き戻されていく[10]——。

この伝統では、折々の望ましい活動と適切な政策を重視する。昨日のハイテク産業（18世紀の繊維産業など）は今日の飽和産業かもしれず、先進経済にとって良い政策（自由貿易など）は後進開発国にとっては悪いかもしれない。

デベロップメンタリスト伝統の初期系統——重商主義、幼稚産業、ドイツの歴史学派

政策的実行は早くに始まったが（例えばヘンリー七世は在位１４８５年〜１５０９年）、デベロップメンタリスト伝統が理論面から著述されるようになったのは16世紀後半から17世紀初頭にかけて、政府が製造業を振興する必要を説いたルネッサンス期のイタリアのエコノミスト、ジョバンニ・ボテロやアントニオ・セラらによってだった。

重商主義者と呼ばれる17世紀から18世紀のエコノミストらは昨今では、もっぱら貿易黒字に目を向けていたかのように描かれる。だが実際には、彼らの多くは政策介入による生産性改善により力を入れていた。なかでも洗練された人々は、少なくとも貿易黒字自体は目標ではなく、経済的成功（高生産性経済活動）の表れと考えていた。

18世紀後半、デベロップメンタリスト伝統の人々は重商主義の衣を脱ぎ捨てた。重要な転機となったのはアレキサンダー・ハミルトンが唱えた幼稚産業論で、これについては前章で既述した。ハミルトンの理論をさらに発展したのがドイツのエコノミスト、フリードリヒ・リストで、今日で

はしばしば幼稚産業論の創始者と誤解されている。[11] リストとともに19世紀半ばのドイツでは歴史学派が現れ、20世紀半ばまでのドイツ経済学を席巻した。それはさらに米国のエコノミストらにも大きな影響を与えている。*10 この学派では、物質的な生産手段が法その他の社会的制度と影響を与えあいながらどんな変遷を経たかの理解を重んじる。[12]

現代世界のデベロップメンタリスト伝統──開発経済学

デベロップメンタリスト伝統は、1950年代と1960年代に現在のような形に進化した。その担い手は、アルバート・ハーシュマン（1915年〜2012年）、アーサー・ルイス（1915年〜1991年）、サイモン・クズネッツ（1901年〜1985年）、グンナー・ミュルダール（1898年〜1987年）ら（アルファベット順）で、このたびは開発経済学という名が冠せられた。彼らとその支持者らは、ほぼもっぱらアジア、アフリカ、南米などの辺境経済国について著しながら、初期のデベロップメンタリスト理論を洗練したばかりか、実に多くの理論的革新をも付け足した。

なにより重要な変革をもたらしたのはハーシュマンで、彼はいくつかの産業は他のある種の産

*10　初期のアメリカ経済学会の指導者だったジョン・ベイツ・クラーク（1847年〜1938年）、リチャード・イーリー（1854年〜1943年）らは、ヴィルヘルム・ロッシャー（1817年〜1894年）やカール・クニース（1821年〜1898年）などドイツ歴史学派の下で学んだ。

業と特に強い**リンケージ**（連関）を持っていると指摘した。換言すると、こうした産業は特別に多くの産業を相手に売買している。だから政府が意識的にこうした産業（一般的には自動車や製鉄など）を振興すると、経済は市場任せにしていた場合よりもずっと活発に発展する。

より最近では、一部の開発経済学者らが、幼稚産業保護を補完して経済の生産能力を増進する投資の必要を説いている。[13] 貿易の保護は、自国の企業が生産性を上げられる余地を与えるだけだ、真の生産性向上のためには教育、研修、そしてR＆Dなどに重点投資しなければならない、という説である。

空論にあらず——デベロップメンタリスト伝統を査定する

先に指摘したとおり、統制のとれた総合理論を欠くことがデベロップメンタリスト伝統の弱点である。万事を解析できるかのような理論に引き付けられるのは人情である以上、新古典主義派やマルクス主義派のようなより体系的で自信を漂わせている学派に比べて、デベロップメンタリスト伝統は大きく見くびられがちだ。

この伝統は、政府の積極的な役割を唱える他の学派に比べて、政府の失敗をめぐる議論により脆弱《ぜいじゃく》である。また特に広範な政策群を推奨しがちで、ひいては行政能力を濫用しやすい。

これらの弱みにもかかわらず、デベロップメンタリスト伝統はもっと注目されてよい。その重要な欠点すなわち折衷主義は、むしろ強みになれる。世界の複雑性を考えれば、より折衷的な理論の方がその説明に有用かもしれない。第3章で述べた自由市場政策と社会主義的政策を独自に取り合わせたシンガポールの成功は、その好例である。それ以上に、歴史上で生み出してきた実績は、これが空論ではないことを示している。

オーストリア学派

――十分にわかっている人などいないのだから、みんな放っておけばよい。

オレンジだけが果物ではない――自由主義経済学のさまざまな学派

すべての新古典主義者が自由市場主義者なわけではない。またすべての自由市場主義者が新古典主義者であるわけでもない。オーストリア学派の信奉者らは、大半の新古典主義者ら以上に熱烈な自由市場の支持者である。

オーストリア学派の創始者は19世紀後半に活躍したカール・メンガー（1840年〜1921年）である。そしてこの影響を母国オーストリアの国境を越えて広めたのはルートヴィヒ・フォン・ミーゼス（1881年〜1973年）とフリードリヒ・フォン・ハイエク（1899年〜1992年）だった。この学派が国際的に注目を集めたのは1920年代と1930年代のいわゆる計算論争を通じてで、中央計画の実効性をめぐってマルクス主義者らと論を戦わせた。(14)

1944年、ハイエクは大きな影響力と人気を得た著書『隷属への道』（春秋社、2008年）を著し、政府の介入が根本的な個人の自由の喪失につながる危険を熱烈に説いた。

昨今のオーストリア学派は、新古典主義陣営の自由市場主義派閥内のレッセフェール一派と足並みをそろえ、そっくりな、しかしもっと過激な政策を主張している。だがオーストリア学派は新古典主義とは理論的に大きく異なる。二つの集団の連携は、経済学的というより政策面においてのことである。

複雑さと限定的な合理性――オーストリア学派の自由市場擁護

オーストリア学派では個人の重要性を強調するものの、新古典主義者と違って個人を独立した合理的存在とは信じない。むしろ人間の合理性はごく限定的と考える。個人が合理的に行動できるのは、無意識にも社会的規範によって自発的に選択肢を限定するから、とするのだ。ハイエクの言葉を借りれば「習慣と伝統は、本能と理性の間に立つ」。例えば、大半の人は道徳的な規範を尊重するとみなせば、詐欺を恐れずに目先の市場交換の費用と便益の計算に専念できる。

オーストリア学派ではさらに、世界を非常に複雑で不確実なものと考える。計算論争で主張したように、誰も――どんな情報もほしいままの強権的な社会主義国の中央計画当局でさえ――複雑な経済を運営するために必要なすべての情報を得ることはできない、というのである。多種多様で世界の予想外かつ複雑な移り変わりに応じて常に転変していく膨大な数の経済的アクターをまとめていけるのは、競争が活発な市場の自発的秩序を通じてのみ、という主張である。

このように、オーストリア学派は自由市場こそ最高の経済制度と言うのだが、それは新古典主義者が言うようにわれわれが完璧に合理的で自分の行動がわかっている（少なくとも知らなければならないことはすべて知っている）からではなく、むしろあまり合理的ではなく世の中には本質的に「知りえないこと」が山ほどあるからこそそうなのだ、と考えるのである。

自発的秩序vs構築された秩序——オーストリア学派の限界

われわれが意識的に秩序を生み出せる能力は限られているのだから、市場の自発的秩序に依存した方がうまくいくという点では、オーストリア学派は完全に正しい。だが資本主義にはさまざまな「構築された秩序」がある。例えば有限責任企業、中央銀行、知的財産法などのような19世紀後半まで存在しなかった秩序である。資本主義国の間にもさまざまな制度の違いがあり、ひいては経済実績の違いがあるが、それらも自発的秩序ではなくおおむね人為的に構築された秩序である[15]。

さらに、市場そのものが構築された秩序である。市場は慎重に検討されたルールや規制の上に成り立っており、こうしたルールや規制はある種のことを禁止し、またある種のことを阻み、さらにある種のことを促している。市場の境界が人為的な政策的判断によって何度も塗り替えられてきたことは、この点をさらに明確にする。オーストリア学派はこの事実を認められず、拒否さえしている。かつて合法だった多くの市場交換の対象――奴隷、児童労働、ある種の麻薬――は市場から放逐された。同時に、かつては売り物にならなかった物事の多くが、政治的判断のおかげで売り物になった。かつて共同体に集約的に所有され、したがって売買の対象にならなかった「入会地《いりあいち》」は、16世紀から18世紀の英国の囲い込み運動によって私有地になった。炭素排出権の市場が設立されたのは、ほんの1990年代のことだ。(16) 市場の自発的秩序を恃《たの》むことによって、オーストリア学派は資本主義経済の性質を大きく誤認している。

オーストリア学派の政府干渉への反対は極端すぎる。彼らの考えは、法とその秩序の整備――とりわけ私有財産の保護――以外のいかなる政府干渉も社会主義への堕落につながりかねないとするもので、それを最も明確に述べているのはハイエクの『隷属への道』である。これは理論的に説得力を欠くし、歴史的にも証明されていない。市場と国家の関わり方は国家間でも、あるいは一国内でも、濃淡さまざまである。米国ではチョコバーは初等教育サービスよりもはるかに市場志向に提供されている。韓国のヘルスケアは英国より競争原理に負うところが多いが、水道や鉄道については逆である。もし政府干渉によって社会主義に堕落しやすくなる性質があるのなら、こうした多様性は存在しないはずである。

（ネオ）シュンペーター派

資本主義は経済発展の強力な手段である。
だが企業がより大型に、そして官僚的になるにつれて萎縮していく。

ジョゼフ・シュンペーター（1883年〜1950年）は、必ずしも経済学史上で最も高名な人物の一人というわけではない。だが彼の思想は独創的なあまり、その名を冠した学派とみなしてよい。すなわちシュンペーター派、あるいはネオ・シュンペーター派である[*11]（アダム・スミスでさえ彼の名を冠した学派はないのだが）。

オーストリア派と同じく、シュンペーターもマルクス主義の影響下で研究をした。あまりにそうであるため、1942年にものした傑作『資本主義・社会主義・民主主義』（東洋経済新報社、1995年）はマルクスに捧げられている。[(17)] 著名なケインズ派エコノミストのジョーン・ロビンソンはかつて、シュンペーターを「形容詞を変えたマルクス」と皮肉った。

＊11 「ネオ」という接頭辞には異論の余地がある。それをつけるかつけないかの違いは、例えば古典主義と新古典主義の場合に比べればはるかに小さい。

創造的破壊の嵐――シュンペーターの資本主義発展理論

シュンペーターは、技術開発こそ資本主義の原動力とするマルクスの考えを発展させ、資本主義は起業家による**技術革新**すなわち新たな生産技術、新製品、新市場の創造を通じて発展すると論じた。技術革新に成功した起業家は市場を一時的に独占でき、異例なほどの利益を稼げる。これが**起業家利潤**である。やがて競争相手が技術を模倣し、誰もの利潤を「通常の」水準へと引き下げていく。かつてアップルのｉＰａｄの独擅場だったタブレット・コンピュータ市場に今やさまざまな製品がひしめいていることはその例だ。

シュンペーターの考えでは、この技術革新に突き動かされての競争は、新古典主義派の言う価格競争――既存技術によって効率を上げてより安い価格を実現しようとする――よりもずっと強力である。シュンペーターは、価格競争と技術革新を通じての競争の違いは、「玄関の強制突破と砲撃を比べるようなもの」と論じている。

この点ではシュンペーターの洞察は証明された。どんなに強固に守られているように見える企業でも、長い目で見るとこの「創造的破壊の爆風」の前には安泰ではない。最盛期にはなべて業界の覇者だったＩＢＭやゼネラルモーターズ（ＧＭ）の零落やコダックの消滅は、技術革新を通じての競争の力を示している。

シュンペーターはなぜ資本主義の衰えを予言し、そして誤ったのか？

資本主義のダイナミズムをそんなにも信じていたにもかかわらず、シュンペーターはその将来を楽観していなかった。『資本主義・社会主義・民主主義』では、資本主義企業の規模が大きくなり、科学的法則を技術革新に応用するにつれて（「企業研究所」の出現）、起業家は職業的管理職（シュンペーターは「エグゼクティブ・タイプ」として軽んじた）に途を譲るようになる。企業経営の官僚化に伴って、資本主義は最終的に起業家と呼ばれるカリスマ的英雄が生み出す活力を失っていく。資本主義は徐々に衰退して社会主義へと変貌していく（マルクスの言うように暴力的な死を迎えるのではなく）というのが彼の理論だった。

シュンペーターの予言は、実現していない。資本主義は、彼の陰鬱な死の託宣に反して、むしろより活発になっている。彼が予言を誤ったのは、起業家精神がどれだけ早く集約的行動になるのか、先見性ある起業家だけでなく社の内外のさまざまなアクターにも拡がっていくかを見誤ったからである。

現代の複雑な産業界における技術発展の多くは、生産過程で発生する諸問題を現実的に解決しようと努力して生まれる**インクリメンタル・イノベーション**（漸進的で累積的な技術革新）である。つまり生産ラインで働く工員でさえ技術革新に関わるのだ。実際、日本の自動車会社とりわけトヨタは、工員の発案や提言をこのイノベーション過程に最大限に取り込む生産方式――カイゼン――で栄えている。ジェームズ・ワットやトマス・エジソンのような天才がほぼ徒手空拳でまったく新しい技術を開発できた日々は遠い過去のものである。それだけではない。企業は技術革新にあたって、政府、大学、慈善団体などのさまざまな非商業的アクターからの研究成果も取り入れる。今や社会全体がイノベーション過程に関わっているのだ。

技術開発に関わるこうした「部外者」の役割を見過ごすことで、シュンペーターは個人起業家の活躍の余地が減り、資本主義の活力を奪い、衰退させていくという誤った結論に至った。

幸いにも、シュンペーターの知的継承者ら（ネオ・シュンペーター派と言われることもある）は、[*12] 彼の理論の限界を克服した。特に技術革新過程におけるさまざまなアクター――企業、大学、政府他――の関わりを見る**ナショナル・システム・オブ・イノベーション**を通じてである。そのうえで言うと、（ネオ・）シュンペーター派は、技術とその革新に過度に注目する一方で、他の経済学的諸問題たとえば労働、金融、マクロ経済学などを相対的に無視していると批判されるかもしれない。公平を期して言えば、どの学派もそれなりに特定の面を重視しすぎているのだが、シュンペーター派は大半の学派よりもそれが著しい。

ケインズ派

個人にとって良いことが経済全体にとって良いこととは限らない。

ジョン・メイナード・ケインズ（1883年〜1946年）は、シュンペーターと同年に生を受け、自らの名を冠した学派を持つ名誉も共有している。ケインズはほぼ間違いなく20世紀でもっとも重要なエコノミストである。彼はマクロ経済学の分野を切り拓いて経済学を塗り替えた。経済を部分の総和としてではなく、全体として一つの主体と見る学派である。

ケインズ以前は、たいていの人はアダム・スミスの「すべての世帯が用心深くあることが、英国にとって愚かであることはめったにない」という言葉に同意していた。今もそう考える人はいる。2011年10月、英国首相デビッド・キャメロンは英国人はクレジットカードの残債を清算すべきと言ったが、もし十分に多くの英国民がその助言に従って支出を切り詰めたら英国経済が崩壊することは忘れていた。ある人物の支出は別の人物の収入になるという事実を単純に失念し

＊12　進化経済学と呼ばれることもあるこの学派の代表的群像には、マリオ・シモリ、ジョバンニ・ドーシ、そして故クリストファー・フリーマン、ベングトゥ・ルンドバル、リチャード・ネルソン、シドニー・ウインター（アルファベット順）などがいる。

た彼は、顧問にせっつかれて発言を撤回する羽目になった。

ケインズはこうした見方を拒み、市場が需要と供給を均衡させるのなら、いったいどうして失業者、休眠工場、不良在庫などというものがあるのかを説明しようとした。

失業はなぜ起きるのか？　ケインズ派の説明

ケインズは、経済というものは生産したものすべてを消費するわけではないという当然の観察から始めた。その差が貯蓄である。生産物がすべて売れ、生産的投入——労働者の労働サービスも含む——もすべて用いられているなら（この状態を**完全雇用**という）、貯蓄は投資されなければならない。

残念ながら、貯蓄がすべて投資に回される保証はない。特に投資家と貯蓄者が別人である場合はいっそうである（資本主義初期の頃なら、資本家はほぼもっぱら私財を投資し、労働者は賃金が安すぎて貯蓄などできなかったから話は別だったが）。これは、投資の回収には時間がかかるので、投資家の将来に対する見通しに左右されるからである。そしてこうした見通しは、合理的な計算より心理的要因に突き動かされている。なぜなら、将来は**不確実性**に満ちているからである。

不確実性とは、単に将来が正確にわからないということではない。物事によっては、蓋然性を割合に正確に計算することができる。エコノミストはこれを**リスク**と言う。実際、人間生活のさまざまな点——死、火事、自動車事故他——についてリスクを計算できることは、保険産業の基盤となっている。しかし、他のさまざまなことについては、不慮の事態をあまさず知ることはできず、ましてその蓋然性など思いもよらない。不確実性を最もうまく説明したのは、意外かもしれないが、ジョージ・W・ブッシュ政権の国防長官ドナルド・ラムズフェルドだった。2002年、アフガニスタンの状況を記者会見で聞かれた彼は言った。「既知とわかっていることがある。すなわち、わかっているとわかっていることがある。だが不知とわかっていることもある。すなわち、わかっていないとわかっていることがある。だが不知の不知もある。すなわち、わかっていないことがわかっていないこともあるのだ」。「不知の不知」とは、ケインズの不確実性の説明として言い得て妙である。

完全雇用のための積極的な財政政策――ケインジアンの解決法

不確実な世の中では、投資家は先行きを急に悲観して投資を減らす。こうなると貯蓄は必要以上に増え、専門用語で言えば過剰貯蓄が起きる。古典主義エコノミストは、この過剰は早晩、解消すると考えた。勝手に預金が集まるので銀行は金利を下げ、すると投資がより魅力的になるからだ。

ケインジアンは、そうはならないと考えた。投資が減ると支出全体が減り、ある人の支出は別の人の収入だから、支出の減少は収入を低下させる。収入が減ると今度は貯蓄が減る。貯蓄は消費（人の習慣や切迫度合いにもよるが、収入の減少ほど変わらない傾向がある）後の残りだからだ。こうして過剰貯蓄が減ると、金利にかかる下降圧力は消滅し、したがって臨時の投資刺激は起きない、としたのだ。

ケインズ派は、完全雇用に向けて十分な投資が行われるのは、潜在的投資家の**アニマル・スピリット**（ケインズの定義によれば「無為ではなく自発的行為に向けての衝動」）が新技術、金融的陶酔感その他の異常な出来事によって刺激された場合だけだ、とした。彼の考えでは、通常の状態では、完全雇用を支えるには不十分な**有効需要**（購買力によって裏打ちされている需要）分の貯蓄しか投資されない。したがって完全雇用を実現するには、政府が支出して需要水準を押し上げなければならない。(18)

金が働きどころを得た経済学——ケインズ派の金融理論

ケインズ経済学は、不確実性を重んじたため、古典学派（そして新古典主義学派）のように金《カネ》を単なる生産や交換の便利な媒介物としてではなく、不確実な世界で**流動性**（金融資産の構成を速やかに変えられること）をもたらすものと見た。

このため金融市場は単に投資資金を提供する手段ではなく、ある投資計画に対する収益見通しが人によって異なることを利用して金を得る場、すなわち**投機**の場でもある。この市場では、ある資産の売買はそれがもたらす最終的利益によってではなく、主に将来に対する期待によって動かされる。あるいはより重要なことに、他の人が何を期待しているかに対する期待、すなわちケインズいわく「平均的意見に対する平均的意見」によって突き動かされる。ケインズによれば、これが金融市場でしばしば見られる群衆行動の基盤となり、金融市場を投機、熱狂、そしてついには暴落へと本質的に至りやすくする。(19)

ケインズはこの分析に基づいて、投機に突き動かされた金融市場がもたらしかねない危険に警鐘を鳴らした。「投機家は、蕩蕩《とうとう》たる事業活動の流れに浮かぶ泡で別に害はもたらさない。だが企業が投機の渦に浮かぶ泡になると持ち高は由々しい事態になる。一国の資本開発がカジノ活動の副産物になると、職はおそらく損なわれる」。彼の見識もむべなるかな。彼自身、今日の金に換算して1500万ドル規模の資産を築いた非常に成功した金融投機家だったのだから。(20)

20世紀に好適な経済理論——だが今後は?

ケインズ派が打ち立てた経済学理論は、古典学派や新古典主義派に比べて20世紀の先進的な資本主義社会とより相性が良かった。

ケインズ派のマクロ経済学理論は貯蓄者と投資家が構造的に分離しているという観察に基づいている。19世紀後半に現れた投資家は貯蓄者であり投資家だったが、それが分離してしまったために、完全雇用の達成がより難しくなったということだ。

それ以上に、ケインズ派では金融が現代的資本主義に果たす役割を正しく強調している。古典学派は、金融市場が未発達な時代に生まれた理論なので、金融に十分な注意を払わなかった。新古典主義は、ケインズが生きた時代と極めて似た時代に発達したが、不確実性について認識できなかったためマネーを重視しなかった。対照的にケインズ理論では、金融が重要な役割を果たし、それは1929年の大恐慌や2008年のグローバルな金融危機を理解するうえで大きな助けになるものだった。

「いつかはみんな死ぬ」——ケインズ派の欠点

ケインズ派は短期的な問題にとらわれすぎると批判される。ケインズ自身の辛辣な警句「いつかは（長期的には）みんな死ぬ」に要約されるように。

ケインズは、経済政策の運営上は、「根本的」な力である技術や人口動態などが長期的に諸問題を何とか解決する（古典学派）とは期待できないと主張した点ではまったく正しい。それにもかかわらず、短期的なマクロ経済学的変数に焦点を置いたことはケインズ派を、技術の進歩や制度的変化などの長期的問題に対していくらか弱くしている。(21)

制度学派——古い？　新しい？　それとも新たな古さ？

個人はその社会の産物である。
たとえ彼らがその社会のルールを変えることがあっても。

19世紀後半から、一群の米国人エコノミストらが、当時支配的だった古典主義や新古典派に異議を申し立てた。個人の社会的性質を軽んじ、時には無視さえしている、としたのだ。個人は自らが生きる社会の産物であるので、個人に影響を及ぼし、形作りさえする**制度**や社会的ルールを研究しなければならないという主張だった。こうしたエコノミストの系譜を制度学派と呼ぶ。あるいは1980年代に現れた新制度学派（NIE）に対して旧制度学派（OIE）とされることもある。

個人は社会によって形作られる——制度学派の台頭

制度学派の出現は、ソースタイン・ヴェブレン（1857年～1929年）にさかのぼる。彼は合理的で利己主義的な個人という概念に異議を唱えて名を売った。彼の主張は、人間の行動にはその背景に幾重もの動機——本能、習慣、信念、そしてほんの最後に理性など——があるというものだった。さらに、人間の合理性は時代にとらわれており、諸制度――公式なルール（法律、社則など）、非公式なルール（慣習、取引上の慣わしなど）――が生み出す社会的環境によって形作られているとした。制度は、そこに暮らす人々の行動ばかりか人物を変えてしまい、するとひるがえって人々が制度を変えると考えた(22)。

20世紀初頭に新世代の米国人エコノミスト群像が現れて、ヴェブレンの制度重視に想を得て、また陰に陽にマルクス主義やドイツ歴史学派の考えも引きながら、一家をなした。1918年、彼らはヴェブレンの承認を得て制度学派を名乗った。学派を率いたのはヴェブレンの教え子ウェズリー・ミッチェル（1874年～1948年）だった。*13

この学派の栄光のときはニューディール政策時代だった。この政策の設計や行政にメンバーの多くが関わったからである。今日、ニューディール政策は一般にケインジアン的政策と考えられている。だがケインズの名著『雇用、利子、お金の一般理論』が出版されたのは1936年と、第二次ニューディール政策が始まった1年後である（第一次が始まったのは1933年）。ニューディールとは、第3章で論じたように、マクロ経済学的政策というより、金融規制、社会保障、労働組合や公益事業規制などの制度により関わりが深い。制度学派のエコノミストら、例えばアーサー・バーンズ（1953年～1956年まで大統領経済諮問委員会委員長、その後1970年～1978年までFRB議長）らは、第二次大戦後まで米国の経済政策立案の重要な一翼を担った。

個人は完全に社会によって規定されているわけではない――制度学派の落日

1960年代以後、制度学派は凋落《ちょうらく》していった。理由の一端は、1950年代の米国で新古典主義経済学が台頭したことだった。新古典主義のかなり絞り込んだ経済学観――個人を基盤とした理論立て、「普遍的」な仮定や抽象的なモデル化など――は制度学派に違和感をもたらしたばかりか、知的に劣後しているように感じさせたのだ。

だがこの凋落は、制度学派自らの弱みのためでもあった。この学派では、制度そのものが現れ、存続し、そして変わっていくメカニズムを十分に理論化できなかった。彼らは制度を、公式な決定の結果（立法など）か、歴史の産物（文化的標準など）と見ただけだった。しかし、制度には他にもさまざまな現れ方がある。合理的な個人間の交流（オーストリア派と新制度学派）、複雑性を扱えるようにするために個人や組織が開発する認識手段として（行動経済学派）、あるいは既存の権力関係を維持する試み（マルクス主義）としてなどである。

他にも大きな問題があった。この学派のメンバーの一部が個人の社会的側面を強調するあまり、

＊13　重要人物となったジョン・コモンズ（1862年～1945年）の仕事はこの学派と相性が良く、1920年代半ばには新制度学派に所属することを明確に宣言した。ジョン・ベイツ・クラークの息子ジョン・モーリス・クラーク（1884年～1963年）もより若いが、この学派の重要な一員である。

実質的に構造的決定論を採用してしまったことである。すなわち社会的制度やそれが生み出す構造がすべてであり、個人は自らが暮らす社会にもっぱら統べられているという考えである。第二次大戦終戦直後に（落日の）制度学派を支配したクラレンス・エヤーズは「個人などというものは存在しない」と宣言して悪名高い。

取引コストと制度――新制度学派の台頭

1980年代から、新古典主義とオーストリア派に傾いたエコノミストら――代表格はダグラス・ノース、ロナルド・コース、オリバー・ウィリアムソンら――が新たな制度学派を旗揚げした。これが新制度学派（NIE）である。[23]

新制度学派は、制度学派を名乗ることで、もっぱら個人を見てその行動に影響する制度に目配りしない典型的な新古典主義との間に一線を画した。一方、「新」の接頭辞を冠することで、旧来の制度学派（いまやOIEこと旧制度学派と呼ばれるようになった）からも明確に離脱した。OIEとの主な違いは、NIEでは個人による意識的な選択から制度が生まれると考える点である。[24]

NIEの鍵を握る概念は**取引コスト**である。新古典主義経済学では、生産費用（材料費や賃金など）が唯一の費用だった。だがNIEでは、経済活動を整えるにも費用がかかると考える。この費用の定義についても狭義と広義がある。前者では取引コストを、別の商品との見較べ（「買い回り」）、購買行動にかかる時間や費用、そして時には価格交渉の手間など、市場取引に関わる費用とみなす。後者ではより広く「経済制度を維持するために必要な費用」と捉え、そこには市場交換に関わる必要のみならず、交換後に契約を履行させるために必要な費用なども含まれる。例えば防犯警備費、裁判所の運営費、さらには工場で労働者が雇用契約で規定された労働サービスを最大限に発揮するように監視する費用などだ。

制度は単なる制約にあらず――新制度学派の貢献と限界

ＮＩＥでは取引コストという概念を採用することによって、興味深い理論やケーススタディを幅広く開発した。その代表例は、いわゆる「市場経済」では、どうして非常に多くの経済活動が企業によって担われているのか、という問いである。その（端的な）答えは、市場での取引はえてして非常に費用のかかる情報の扱いや契約の履行を伴うから、というものである。こうした場合は、企業組織内の階層構造的な指揮系統を通じて行われた方がはるかに効率が良い。他にも、財産権（所有者はどんな財産をどうできるのかについてのルール）の真の性格が投資パターン、生産技術の選択その他の経済的判断に及ぼす影響の分析なども研究した。

こうした非常に重要な貢献はあったものの、ＮＩＥは「制度学派」ならではの重要な限界も抱えていた。基本的に、制度を自由な行動に課せられた制約と見なしていたことである。だが制度は、制約である一方で、授権性も持つ。制度が個人の自由を制限するのは、えてして集団としてより多くをなせるようにするためである。例えば交通ルールがそうだ。ＮＩＥの大半のメンバーは制度の授権的側面を否定しないだろうが、それを明示しないまま制約としての制度を論じ続けることで、制度に否定的な印象をもたらす。さらに大切なことに、ＮＩＥは制度の持つ「規定する力」という重要な役割を見落としている。この見落としのため、ＮＩＥは完全な制度学派経済学になれずにいる。

行動経済学派

人間はそれほど賢くはない。
だからルールによって自らの選択の自由に意識的に制約を加えなければならない。

行動経済学派の名の由縁は、人間の行動を、支配的学説である新古典主義が仮定するように常に合理的かつ利己的とするのではなく、ありのままにモデル化しようとすることである。この学派では、最善の金融規制や企業構造の在り方を探るなど、経済的制度や組織にもこのアプローチを応用する。このため制度学派と本質的に相性が良く、またそのメンバーにもいくらかの重複がある。

行動経済学派はこれまで扱った学派のなかで最も新しいが、意外に古い。この学派が近年に脚光を浴びているのは、行動金融学や実験経済学などの分野を通じてである。だが起源は1940年代から1950年代にさかのぼり、特に1978年にノーベル経済学賞を受けたハーバート・サイモン（1916年〜2001年）の仕事である。[*14]

人間の合理性の限界と個人向け、社会向けルールの必要

サイモンの中心的な概念は、**限られた合理性**である。彼は新古典主義派を、人間が情報処理において無限の能力を持っている、神のごとき合理性（彼の言葉では「オリンピアン的合理性」）を有しているとしている、と批判した。

サイモンは、人間は不合理であると主張したわけではない。人は合理的であろうとするがその能力はごく限られていると主張したのである。特に世界の複雑性を考えると、あるいはケインズ風に言えば不確実性が横溢《おういつ》していることを考えるとますますそうだ、と。つまりわれわれの意思決定の主な障害は情報の欠如ではなく、持てる情報の処理能力不足ということである。

われわれはその限られた合理性のため、精神能力を効率的に用いられるように「近道」を見出

＊14　サイモンは拙著『世界経済を破綻させる23の嘘』（徳間書店、2010年）の第16の嘘で述べたとおり最後のルネッサンス人である。彼は人工知能（AI）やオペレーションズ・リサーチ（OR。経営学の一派）の創始者のひとりである。行政学分野の古典『経営行動』ダイヤモンド社、2009年。原著は1947年）をものした著者でもあり、認知心理学の代表的学者でもある。それだけに、人間行動には一家言ある人物。

す。これらは**発見的方法**《ヒューリスティクス》（あるいは直感的思考法）と呼ばれ、大雑把に言えば常識や専門的判断である。これらあらゆる精神的装置の底流となるのはパターン認識能力で、それによって膨大な選択肢を捨て、小さく、管理可能で、最も有望な可能性に集中できる。サイモンはこうした精神的アプローチの例として、チェスの名人をよく例にした。その思考法は、可能性の低い選択肢を瞬時に排して有望な手に絞り、最善の結果に至りそうな一連の手順に収斂《しゅうれん》していくというものだ。だから人間は選択をするにあたり、**必要最低限の結果を追求する**のである。すなわち「これなら良しとしよう」という選択であって、新古典主義派が言うような最上の選択を追求するわけではない。(25)

市場経済対組織経済

行動経済学派は個人の意思決定の研究から始まったが、その視野ははるかに広範に及ぶ。この学派によれば、複雑な世の中で限られた合理性でやっていくために物事を簡略化するルールを作るのは、単に個人レベルにとどまらない。

人間は、限られた合理性を補うために、社会的制度として**組織的ルーティン**を築く。個人にとっての発見的方法と同じく、こうした組織的、社会的ルールは選択の自由を奪うが、問題の複雑性をも減らすのでより良い判断の役に立つ。特に重要なのは、他の関連アクターもこうしたルールに従って特定の行動をすると考えられるから、その行動が予測しやすくなることだ。これは、オーストリア学派が判断の礎としての「伝統」の重要性というわずかに違う語彙で強調していたのと同じ考えである。

行動経済学派の視点を採用すると、主流学派である新古典主義派とは大きく異なる経済観が得られる。新古典主義エコノミストは通常、現代的な資本主義経済を「市場経済」と言い表す。行動経済学派は、市場はむしろその小さな部分でしかないと強調する。ハーバート・サイモンは1990年代半ばの著作で、経済活動の80％かそこらは市場を通じてではなく、企業や政府などの組織内部で起きていると述べている[26]。そのため現代の資本主義社会は**組織経済**と呼ぶ方が適切だ、としている。

感情、忠誠心、公正が大切である理由

行動経済学派では、さらに人間的な特質である感情、忠誠心、公正などが大切である理由について、説得力ある説明を提供する。これらの感情は大半のエコノミストが――新古典主義者とマルクス主義者はとりわけ――、合理的な意思決定とはせいぜい良くて無関係、悪くするとその邪魔になるとして顧みないだろう。

限られた合理性理論は、われわれの感情がなぜ必ずしも合理的な意思決定を妨げず、むしろえてしてその一助となるのかを説明している。サイモンによると、われわれは合理性が限られているため、有限の精神的資源を目下最大の重大事の解決にあてるが、感情はそんな集中力をもたらす。

行動経済学派の主張によれば、組織がうまく働くためには構成員の忠誠心が重要である、不忠な構成員だらけの組織では、その行動を監視し罰する費用に圧倒されてしまうからだ。この点では公正さもとても大切である。組織の構成員が不公平と感じれば、組織への忠誠心を育むことは難しくなるからである。

個人に目配りしすぎ？　行動経済学派を査定する

行動経済学派は経済学の最も新しい学派でありながら、人間の合理性や動機についての理論を刷新する手助けとなり、人間がどう考え行動するのかについて、はるかに洗練された理解をもたらした。

行動経済学派では、人間社会をその強みの点でも弱みの点でも、個人から、実際には思考過程という個人をさらに細分化した段階から、積み上げて理解しようとする。こうした微視性が強すぎて、この学派はえてしてより大きな経済制度を見失ってしまう。もちろんサイモン自身が経済制度について多くの著作を残しているのだから、これは宿命ではない。しかしこの学派の大半のメンバー、特に実験経済学（比較実験によって人間が合理的で利己的かどうかを知ろうとする）や神経経済学（脳の活動とある種の行動の関係を探る）に携わる人たちは、個人に注目しすぎている。さらに行動経済学派は、人間の認知や心理学に重点を置くことで、技術やマクロ経済学についてほとんど言うべきことを持たない点も指摘する必要がある。

結び——経済学を良くするには？

知的多様性を保ち、アイデアの交配を促す

経済学にはさまざまなアプローチがあるのだと知るだけでは十分ではない。この多様性を保ち、振興さえしなければならない。個々のアプローチは異なる面を強調し多様な視点をもたらしてくれるので、諸学派を幅広く知ることで経済という複雑なものについてのより完全で衡平な理解が得られる。特に長期的には、いわば多様な遺伝子プールを持つ生物学的集団の方が異変に抵抗力があるように、さまざまな理論的アプローチを持つ学派の方が、知的単一文化を特徴とする学派よりも、変わりゆく世界をよりうまく扱えるだろう。私たちの生きる世界は実際、その証拠である。２００８年のグローバルな金融危機の際、もし世界の主要国政府が自由主義経済学を放棄してケインズ的政策を採用しなかったら、１９２９年の大恐慌にも似た経済崩壊を来しかねなかったのだ。

私はさらに一歩先を提唱したい。多様性を保つだけでは不十分だ。単に百花を咲き誇らせるだけではなく、それらの異花交配を実現しなければならない。経済学のさまざまなアプローチは実際、互いに学びあえるところが多く、経済社会の理解をより豊かにできる。

知的相性の良い学派同士は、すでに異花受粉している。デベロップメンタリストの伝統とシュ

ンペーター派は互恵的に交流している。技術革新の発生について、前者はそれが起きる背景全般の理解をもたらし、後者はより詳細な理論を提供している。マルクス主義者、制度学派、行動経済学派は、企業内部の働き、とりわけ労使関係についての理解をめぐって長らく、えてして敵対的に、交流している。ケインズ派と行動主義経済学の心理的要因重視はこれまでも常に存在したが、昨今では「行動金融学」と呼ばれる新分野での異花受粉が特に名高い。

しかし、異花受粉はたいていの人が相容れないと考える学説同士でも起こりうる。政治的に対極的な位置にある学派――古典主義（右派）、ケインズ派（中道）、マルクス主義（左派）――も、階級という社会観は共有している。オーストリア学派とケインズ経済学派は1930年代いらい角突き合わせているかもしれないが、世界が非常に複雑で不確実であり、われわれがそれを扱う合理性はひどく限られているという視点は共通している。オーストリア学派、制度学派、行動経済学派はいずれも人間が多層的な存在であり、制度学派の用語で言うなら本能、習慣、信念、理性などからできあがっているという視点を共有している。たとえオーストリア学派の一部は、他の学派を不埒《ふらち》な左翼と見なしていても。

「他に選択肢はない」と言う権力者にだまされないために

知的多様性や異花受粉についての私の主張に賛同される読者でさえ、「それが自分に何の関係が？」と思っておられるかもしれない。何しろ、プロのエコノミストとして経済学の多様性を維持したり促進できる読者は、ごく一部にすぎないだろう。

だが他人の判断を押しつけられる一方になりたくなければ、誰もが経済学の多様なアプローチを知らなければならない。私たちの暮らしに影響するすべての経済政策や企業活動の背景には、それらを促したものか、権力者が何かをしようとした際の根拠がある。

さまざまな経済学説があることを知ったときにのみ、われわれは「他に選択肢はない」(略称TINA。マーガレット・サッチャーがその保守的な政策を自己弁護して語った悪名高い言葉)と言う権力者に反論できる。いわゆる「敵対的派閥」と思われている学派群の間にもどれだけ多くの知的共通項があるかを知ればこそ、万事を割り切り議論を極言化しようとする手合いにもっと抵抗できるようになる。さまざまな経済学説がさまざまな異説を述べる理由の一端は、それらが拠って立つ倫理的、政治的価値が異なるためでもあると理解して初めて、経済学の本質――正誤のある科学ではなく政治的議論であること――を理解していると自信を持って議論できるようになる。そして一般人がそんな理解を示したときに初めて、プロのエコノミストも科学的真実の番人を自称して一般人を威圧することができなくなるのである。

さまざまな経済学の種類を知り、個々の強みと弱みを知ることは、プロのエコノミストだけの深遠な秘儀ではない。それが経済学を学ぶ重要な部分であり、また経済学が人類のために役立つようわれわれが行う集約的努力に対する貢献になるのだ。

オーストリア学派	シュンペーター派	ケインズ派	制度学派	行動経済学派
個人	これといってなし	階級	個人と制度	個人 組織 制度
利己的だが階層的（伝統を無批判に受け入れることのみ合理的）	強い見方はないが、非合理的な起業家精神を強調	あまり合理的ではない（習慣とアニマル・スピリットに突き動かされる）；利己性については不明瞭	階層的（本能：習慣：信念：理性）	限定的な合理性と階層
複雑で不確実	強い見方はないが複雑	不確実	複雑で不確実	複雑で不確実
交換	生産	曖昧だが少数派は生産に注目	強い見方はないが、新古典主義に比べればより生産重視	強い見方はないが生産に傾く
個人の選択だが伝統に根ざしている	技術革新	曖昧で個々のエコノミストによる	個人と制度の関わり合い	強い見方なし
自由市場	曖昧だが経済は衰退を運命づけられている	積極的財政政策と貧者に向けての所得再分配	曖昧でエコノミストによって異なる	強い見方はなし。だが政府介入に対して非常に容認的

付録：諸経済学派の比較

	古典学派	新古典主義派	マルクス経済学	デベロップメンタリスト
経済を構成しているものは…	階級	個人	階級	強い見方はしていないが階級に焦点
個人とは…	利己的かつ合理的（だが合理性は階級用語で理解される）	利己的で合理的	利己的で合理的、ただし社会主義のために戦う労働者を除く	強い見方はなし
世の中は…	確実（「鉄の法則」）	確実で計算できるリスクを伴う	確実（「運動法則」）	不確実、ただし強い見方はなし
経済の最も重要な領域は…	生産	交換と消費	生産	生産
経済は…によって変わる	資本蓄積と投資	個人の選択	階級闘争、資本蓄積と技術の進歩	生産能力の開発
推薦する政策	自由市場	自由市場か介入主義。市場の失敗及び政府の失敗をめぐるエコノミストの考えによる	社会主義革命と中央計画	政府による一時的な保護と介入

第5章
経済的アクターって誰？
──配役表

社会などというものは存在しない。あるのは男女の個人、そして家族だ。

――マーガレット・サッチャー

企業はもはや政府向けにロビー活動をする必要はない。彼らこそが政府なのだから。

――ジム・ハイタワー（米国のコラムニスト）

主役としての個人

個人主義者の経済学観

第1章で見たとおり、主流派である新古典主義経済学の経済学観は「選択の科学」である。この立場によれば、選択は個人によってなされ、彼らは利己的で自らの――あるいは少なくとも自分の家族の――幸福を最大化することしか眼中にない。これによって、どんな個人も合理的な選択ができるように見える。すなわち、任意の目標を達成するための最も費用効率の良い方法を選ぶのである。

個々の消費者は好きなものを選ぶ**選好システム**を持つ。そしてこれを財やサービスの市場価格に照らし、そこから自分にとっての効用を最大化する組み合わせを選択する。その結果、任意の商品がいくらならどのくらいの需要があるのか（**需要曲線**）ができる。作り手は、利益を最大化するために商品をいくらでどれだけ供給するか（**供給曲線**）を合理的に選択する。この選択にあたっては製造費用を考えるが、それは投入を組み合わせる技術、そしてその投入の価格によって決まる。需要曲線と供給曲線が交差する点で、市場の**均衡**が達成される。

これは個々の消費者をヒーロー、ヒロインとする物語だ。時には消費者が「世帯」、作り手が「企業」と呼ばれることもあるが、ひとまとまりの主体として判断を下していると見られるから、本質的には個人の延長である。ゲイリー・ベッカーを筆頭に、新古典主義派のエコノミストのなかには「世帯内交渉」を説く人々もいるが、これは合理的な個人間が最終的に自らの効用を最大化する過程を概念化したもので、現実の家族の間の愛憎や離散集合を問題にしているわけではない。

個人主義者の経済学観の魅力と限界

この個人主義者的な見方が経済を理論化する唯一の方法ではないが（第4章参照）、1980年代以降は支配的になっている。その理由の一つは、政治的、道徳的訴求力が強いからである。

何より、それは個人の自由にたとえている。個人は欲しい物を、代金を支払いさえすれば手に入れられる。たとえそれが倫理的な商品（有機食品やフェアトレードコーヒーのような）であれ、次のクリスマスまでには忘れられてしまうような子どもの玩具（1983年のキャベツ畑人形ブームと1998年のファービーの人気沸騰を思い出す）であれだ。儲かるものなら何でも作ることができ、そのためには利益を最大化するどんな製造方法を採用することもできる。たとえそれが児童労働によって作られるサッカーボールであれ、ハイテク装置を使って製造するマイクロチップであってもだ。何を求めよ、何を作れと指図する王、法王、計画相のような権威もいない。これらを基盤に、多くの自由市場主義エコノミストらは、個人消費者としての選択の自由と政治的自由は分かちがたく結びついていると主張した。フリードリヒ・フォン・ハイエクの大きな影響力を持つにいたった社会主義批判『隷属への道』と、ミルトン・フリードマンが情熱的に自由市場制度を唱導した『選択の自由』はその顕著な例である。

さらに、個人主義的な見方は、二律背反的だが非常に強力な市場メカニズムの道徳的正当化をもたらす。個人はもっぱら自らのために選択をするが、結果は社会全体の幸福につながるというのである。すべての参加者のためになる効率の良い経済運営をするために、われわれ個人は「善い」人格である必要はない。むしろ、個人が「善人」ではなく、効用と利益を容赦なく追求するからこそ経済の効率が良くなり、誰ものためになるのだ。アダム・スミスの有名な言葉――「われわれが夕食をあてにできるのは、肉屋、醸造家、パン屋の慈愛のためではなく、彼らが利己を追求しているからだ」――は、この点を示して古典的である。

こうした正当化は魅力的かもしれないが、深刻な問題を抱えている。まず政治的な面では、国の経済的自由と政治的自由の間には、明確な関係はない。非常に自由市場主義的な政策を持つ独裁政権など山ほどあるし、多くの民主主義国、例えばスカンジナビア諸国などは、重税と多くの規制のため経済的自由度は低い。実際、個人主義の信奉者の多くは、経済的自由を守るためなら政治的自由を犠牲にするだろう（ハイエクがチリのピノチェト政権を称揚したのもこのためである）。道徳を顧みる必要はないという正当化については、既述のとおり多くの経済理論が、市場で勝手気ままに利己を追求するとえてして社会的に望ましい経済的結果を生み出せないことを示している。個人主義者である新古典主義に従ったあげくの市場の失敗などはその例だ。

これらの限界は個人主義的視点が優勢になる以前からよく知られていた以上、現状がかくある理由の少なくとも一端は、政治的なものと考えられる。すなわち個人主義者的視点は、その他の視座（特にマルクス主義やケインズ派の階級を基盤にしたそれ）に比べて権力者や金持ちからははるかに強く支持されており、したがってより大きな影響力を持っている。そして彼らから支持されているのは、その底流となる構造、すなわち私有財産や労働者の権利が所与のものとされ、それを維持するものだからだ。[*1]

真の主役としての組織――経済的意思決定の現実

一部のエコノミスト、最も著名なところではハーバート・サイモンやジョン・ケネス・ガルブレ

＊1　ここで筆者は、人々の経済的立場と彼らが支持する考えを単純化している。ウォーレン・バフェットやジョージ・ソロスをはじめとする多くの富豪たちが、個人的には自分の損になる政策を支持している。金と権力が考えに及ぼす影響の程度についても誇張している。それでも、経済の個人主義者的ビジョンが主流派になったことは、純粋にその知的真価によるものではないと知っておくことは重要である。

イスなどは、経済的意思決定について、理想ではなく現実を直視している。彼らは個人主義的視点など、少なくとも19世紀後半から時代遅れになっていることを見通していた。それ以降は、私たちにとって最も重要な経済活動の大半は、個人ではなく複雑な意思決定構造を持つ大組織、すなわち企業、政府、労働組合、そしてますます多国籍大企業によってなされている。

個人ではなく企業こそ最も重要な経済的意思決定者

今日、最も重要な生産者は、数十カ国に展開し、数十万人単位、いや百万人単位で人を雇用している大企業である。トップ２００社の大企業は、世界の経済生産のざっと10％を生み出している。工業製品の国際貿易の30％から50％は**企業内貿易**と推計されている。すなわち一つの**多国籍企業（MNC）**や**トランスナショナル・コーポレーション（TNC）**の多国間での操業に伴う投入や産出の移動である。[1] トヨタがタイのチョンブリ県の工場で生産したエンジンを日本やパキスタンの組み立て工場に「売れば」タイから後者の国々への輸出として集計されるだろうが、これらは純粋な市場取引ではない。製品価格は日本の本社が命令しているのであり、市場の競争原理によっているわけではない。

企業の意思決定は、個人のそれとは違う

法律的には、こうした大企業の意思決定も特定の人物、例えばＣＥＯや役員会会長などに帰結

できるかもしれない。だがこうした個人は、どれだけ権力を持っていようとも、個人が自分のために判断するように経営判断しているわけではない。では企業の経営判断はどうなされているのか？

その根本には株主がいる。一般的には株主が企業を所有していると言われる。一応の便法としてはともかく、厳密には違う。株主は株を所有しているのであり、株は株主に企業経営についてある種の権利を付与しているにすぎない。彼らは、個人がＰＣや箸《はし》を所有しているというのと同じように企業を所有しているわけではない。このことは、株には「優先株」と「普通株」があることを考えるといっそうはっきりする。

優先株は、**配当**を優先的に受けられる。配当とは、利益のうち企業に内部留保されず株主に払い戻される分だ。だがこの優先権は、企業の重要な意思決定の投票権を犠牲して購《あがな》われたものだ。すなわち上級経営者の指名権や彼らにいくら報酬を支払うべきか、合弁すべきかどうか、他の会社を買収すべきか買収されるべきかなどについての投票権である。これらについての投票権を伴う株は**普通株**である。「普通」株主は（意思決定能力以外ではまったく普通な人々だ）、投票を通じて集約的な意思決定をする。こうした投票は通常、持ち分割合に従って権利が与えられるが、国によっては特定の株に大きな投票権が付されることもある。例えばスウェーデンでは、ある種の株は１０００票もの投票権を持つ。

株主とは誰か？

昨今では、非常に大きな企業が、古《いにしえ》の資本家よろしく一人の株主に過半数所有されていることなどほとんどない。ポルシェ・フォルクスワーゲン・グループの50％強を所有しているポルシェ＝ピエヒ家は有名な例外である。

だが**支配的株主**を持つ巨大企業は、今でも相当数ある。十分な株数を持つことによって、その社のたいていの命運を意のままに握る大株主たちである。こうした株主たちは**支配持ち分**の所有者と言われ、通常は投票券つき株の20％以上を持つ株主を指す。

フランスの自動車メーカー、プジョー・シトロエン・グループの38％を支配するプジョー家、あるいはフェイスブックの28％を持つマーク・ザッカーバーグは支配的株主である。スウェーデンのヴァレンベリ家はサーブ（40％）、エレクトロラックス（30％）、エリクソン（20％）などの支配的株主である。

しかし大半の大企業は、単一の支配的株主を持たない。彼らの株主は非常に広範に分散しているので、誰も有効な支配権は持っていない。例えば、２０１２年３月時点で、日本のトヨタの最大手株主の日本トラスティ・サービス信託銀行はトヨタ株のわずか10％強を持っているだけである。続く２者の大株主は、それぞれ６％ほどを持っているだけだ。彼ら３者が共同で行動しても、投票権の４分の１にも満たない。

所有と経営の分離

所有権が分散しているということは、職業的経営者が、世界的大企業の大半をたいした株数も持たないまま実質的に経営権を握っているということである。この状況を**所有と支配の分離**と言う。この状況は、**プリンシパル・エージェント問題**を生み出す。代理人であるエージェント（職業経営者）が、依頼人であるプリンシパル（株主）の利益ではなく、自らの利益増進につながる事業運営を追求するようになるという問題である。例えば、職業経営者の名声は通常、経営する会社の規模（通常は売り上げが基準）や側近の多さで測られるから、収益ではなく売り上げの最大化を目指すなどだ。ゴードン・ゲッコー（第3章で既出）はこれを、買収対象の企業に烏合の衆のような副社長が27人もいると糾弾した。多くの市場経済派のエコノミスト、特にマイケル・ジェンセンと、2013年にノーベル経済学賞を受賞したユージーン・ファーマは、経営者の利害を株主のそれに近づければ、このプリンシパル・エージェント問題は少なくとも軽減できると主張し、主に二つのやり方を示唆している。一つは企業の乗っ取りをやりやすくすること（出番だ、ゴードン・ゲッコー！）で、こうすれば株主の信任を得られない経営者は首を挿《す》げ替えられやすくなる。二つ目は、経営者の給料の大部分を自社株で与えること（ストック・オプション）。そうすればもっと株主の視点で物事を見るようになるから、というわけである。この考えは**株主価値の最大化**として知られ、1981年にゼネラル・エレクトリックの新任CEOとなったジャック・

ウェルチが唱えたこの造語は、まずアングロ・アメリカ世界に、やがて世界の他地域にも広がっていった。

労働者や政府も企業判断に影響を及ぼす

英米ではあまり一般的ではないが、労働者と政府は企業の経営判断にも大きな影響を及ぼす。労働組合の活動（すぐに後述）に加え、いくつかの欧州の国たとえばドイツやスウェーデンでは、労働者は企業に対し、役員会に議席を持って正式に利害を代表している。特にドイツでは、大企業は二層構造の取締役会を持っている。**コ・デタミネーション・システム（労使間共同決定）**と言われるこのシステムでは、「経営委員会」は、買収や工場閉鎖など大半の重要な決断の責任を負う（他国の取締役会と同様に）が、その判断は「上級委員会」によって承認されなければならない。そしてこの上級委員会では労働者代表が半数の議決権を持つ。ただし議長は経営者側が指名し、その議長が決定票を握る。

政府もまた、大企業の経営に株主として参加する。政府が民間企業の株式を所有することは意外なほど多い。世界最大の紙パルプ・メーカーであるストーラ・エンソは、25％をフィンランド政府に所有されている。ドイツで2番目に大きな預金高を持つコメルツ銀行は、やはりドイツ政府が25％を所有している。他にもそんな企業はいくつもある。

労働者や政府の目標は、株主や職業経営者とは異なる。労働者は職の安定と労働条件の改善を望む。政府は、納入元企業や地域社会、果ては環境保護団体さえ含む当該企業の部外者の利害も考えなければならない。その結果、労働者や政府が経営に深く参画している企業は、株主と職業経営者だけに支配されている企業とは行動が異なる。

フォルクスワーゲンに見る現代的企業の意思決定の複雑性

ドイツの自動車メーカー、フォルクスワーゲンは、現代的企業の意思決定の複雑さの権化である。この会社は、ポルシェ＝ピエヒ家に過半数所有されている。この家は法的にはどんな意思決定でもごり押しできるが、フォルクスワーゲンでは、そんなことはしていない。他のドイツ大企業と同じく、同社でも二層構造の役員会を持ち、そこでは労働者の声が強い。さらに同社は、20％を政府（正確にはニーダーザクセン州政府）に所有されている。その結果、フォルクスワーゲンの経営判断は、株主、職業経営者、労働者そして広く一般市民を巻き込んだ非常に複雑な交渉の果てになされている。

フォルクスワーゲンは極端な例だが、それは企業による意思決定が個人のそれとは大きく違うことを雄弁に物語っている。企業の意思決定に伴う複雑さを理解せずして、現代経済を理解することは覚束《おぼつか》ない。

企業所有と経営の代替手段としての協同組合

大企業のなかには、ユーザー（消費者や預金者）、従業員、あるいは独立したより小さな事業単位によって所有される**協同組合**もある。

スイスでは、**消費者生協**が2番目に大きな小売りチェーンになっている。英国の生協は、国で5番目の小売店である。消費者生協は、購買力を結集しサプライヤーと交渉することで消費者により安い価格を提供できる。もちろん、消費者を集めてサプライヤーから割引納入価格を得ることとは、まさしくウォルマートからグルーポンに至るまでの多くの小売店がやっていることだ。違いは、他の諸条件が同じなら、協同組合の方が株主に対する配当支払いがない分、消費者により安い価格を提供できるということだ。

信用組合は、預金者による協同組合である。世界中でざっと2億人近い預金者が信用組合のメンバーになっている。世界最大級の大銀行であるオランダのラボバンクやフランスのクレディ・アグリコルは、いずれも農協としてスタートし実際に信用組合である。

製造者組合には二つのタイプがある。労働者によって所有される労働者協同組合と、独立した生産者が資源を結集して何かを共同でやるための生産者協同組合である。

スペインのモンドラゴン協同組合企業（ＭＣＣ）は、１００以上もの協同組合で働く7万人近い組合員と１９０億ドルほどの年間売り上げ（２０１０年時点）を持つ。[2] 売り上げでも従業員数でもスペインで7番目に大きな企業になっているうえ、協同組合としては世界最大である。他にも労働者協同組合として有名なのが英国のジョン・ルイス・パートナーシップで、この組合は百貨店のジョン・ルイスと、英国第6位のスーパーマーケットであるウェイトローズを所有している。規模ではモンドラゴンと同等で、8万人の組合員と140億ドル程度の売り上げ（2011年）を持つ。

独立した生産者が共に働く協同組合で最も一般的な例は、酪農協同組合である。各農家はそれぞれ乳牛を所有するが、牛乳や乳製品（バター、チーズなど）を共同生産／販売する。スウェーデン／デンマーク系のアーラ（ラーパック・バターやラクトフリー牛乳など）、ミネソタを本拠とする米国の酪農家協同組合ランド・オー・レイク、インドの酪農家協同組合アミュールなどが最も有名な例だ。

一人一票――協同組合の意思決定ルール

加盟者組織である協同組合では、一人一票ルールで意思決定をする。この点が、株数によって投票権が按分《あんぶん》される企業との違いである。そのため、株主が所有する企業では考えられない意思決定がなされる。

モンドラゴン協同組合の報酬規程は有名である。上級経営職を担う組合員の報酬は、現場組合員の最低賃金のわずか3倍から9倍程度で、それは傘下の協同組合における投票で決められている。誰もが組織内のさまざまな階層の仕事を経験できるように職務をローテーションする協同組合さえある。対照的に、米国の最高経営者の報酬は、平均的な労働者の賃金（最低賃金ではなく）の少なくとも300〜400倍程度だ。*2

多くの従業員はもはや個人としては判断を下していない

現代経済においては、少なくとも一部の労働者はもはや個人としては判断を下していない。多くの労働者は**職業別組合**や**労働組合**に組織されている。労働者個人が互いにしのぎを削るのではなく、組合を通じて団体交渉することで雇用者からより高い賃金や労働条件を引き出すことができる。(3)

国によっては、労働組合は反生産的で技術や必要な組織改編を阻むと考えられていることもある一方、職種を問わず自然なパートナーと見る国もある。スウェーデンの自動車メーカー、ボルボが1997年のアジア金融危機に際してサムスンの重機部門を買収した際には、労働者に組合を組織するかと聞いたと伝えられている（サムスンは一貫して、「非組合主義」を貫いて悪名高い）。スウェーデン人経営者らは、組合側と話さずにどうやって会社を経営すればいいのかわからなかったのだ！

労働組合も協同組合と同じく加盟制組織であり、一人一票ルールで決定がなされる。こうした企業段階での決定は通常、全国レベルでの連合組織にまとめられる。南アの南アフリカ労働組合会議（COSATU）や英国の英労働組合会議（TUC）などがその例だ。多くの国では、全国レベルの連合組織がたいてい政治的信条に沿って複数ある。例えば韓国には二つ、フランスでは五つもある。

さらに国によっては、企業別組合が産業別組合に組織されていることもある。最も有名なのがドイツの鉄鋼労連である金属産業労組（IG Metall）やアメリカの自動車産業労組である全米自動車労働組合（UAW）などだ。独金属産業労組の場合、その影響力は金属関連産業（最重要産業である自動車を含め）にとどまらない。最強の労組として、その動向は他産業の労組の指針になっているからだ。

なかには国政に参画する労組も

多くの欧州諸国——スウェーデン、フィンランド、ノルウェー、アイスランド、オーストリア、ドイツ、アイルランドやオランダなど——で、労働組合は国家レベルの意思決定における重要なパートナーとして公認されている。これらの国では、労組が政策議論に参画するのは賃金、労働条件や職業訓練など「当然」の分野にとどまらず、福祉政策、インフレ管理、産業再編などにも及ぶ。

＊2　ストック・オプションまで含めると（その価値を算定するのは容易ではないのだが）、1000倍を超えるとする試算もある。

国によっては、そうなっているのは組合の組織率が非常に高いからであるということもある。アイスランド、フィンランド、スウェーデンではざっと70％ほどの労働者が組合員である（ちなみに米国では11％）。だが、組合組織率だけではこうした国政参加などの理由を十分に説明できない。例えばイタリアや英国の組合組織率はそれぞれ約35％と25％ほどで、20％に満たないドイツやオランダよりも高いが、国政に対する影響力は独蘭両国の方がはるかに強い。政治制度（政党がどれだけ強く労働組合と結びついているか）と政治風土（共感的か対立的か）も重要なのだ。

政府は最も重要な経済的アクターである

事実上、無政府状態にある国（本書執筆時点ではコンゴ民主共和国とソマリア）以外では、政府こそ最も重要な経済的アクターである。政府の役割については第11章でさらに詳述するので、ここでは概要だけ述べたい。

たいていの国では、政府こそ最大の雇用主であり、場合によっては国の労働力人口の25％をも雇用していることもある。[*3] その支出は国の生産高の10％から55％にまで及び、この比率は総じて貧しい国より豊かな国の方が高くなる。多くの国で、政府は国営企業（SOE）を所有し、SOEはたいてい国家生産高の10％ほどを生み出し、なかにはシンガポールや台湾のように15％を超える国もある。政府はまた、市場を創出し、閉鎖し、規制することで、他の経済的アクターの行動にも影響を与える。汚染物質の排出枠の売買市場、奴隷制の廃止、労働時間やその条件に関わる各種の法律などはそれぞれの例である。

政府の意思決定法――妥協に次ぐ妥協（そして陳情）

政府の意思決定の過程は、最も複雑な所有構造を持つ超巨大企業のそれと比べても、はるかに複雑だ。それは企業よりも政府の方がずっと多くの仕事をしている一方で、はるかに多くの同床異夢のアクターたちを抱えていかなければならないからでもある。

国の意思決定に際しては、一党独裁国家でさえ、企業社会で多数派が少数派を圧倒するように少数派の利害を無視するわけにはいかない。ポル・ポト時代のカンボジアのような例外はともかく、政治的派閥というものがあり、彼らの間の競争は現代の中国に見られるように非常に激しい。

民主主義においては、意思決定の過程ははるかに複雑である。理論的には、多数派政党がその他に意思を押し付けられる。時にはそうなる場面もあるが、多くの国では議会における与党は独立した複数政党の連立によって構成されており、そのため常に妥協が模索される。

政治家が概略の方向づけをした後にも、具体的な政策は官僚によって書きあげられ、実施されなければならない。彼らは彼らで独自のルールを持っており、それは議会のような審議的なものではなく、企業のように階層構造的である。

＊3　ちなみに米国最大の民間部門雇用者であるウォルマートは米国の労働者人口の約1％（140万人）を雇っているにすぎない。

政治家も官僚も、常に特定の政策を採用するようありとあらゆる団体の陳情を受けている。例えば環境団体のように特定の事柄をめぐる意見団体もある。労働組合も、国によっては直接的な影響力を有している。だが最も影響力を行使しているのは企業である。米国をはじめとする企業のロビー活動をめぐる規制の緩い国では、彼らの影響力は絶大である。米国の政治コメンテーター、ジム・ハイタワーは、おそらく誇張だろうが（しかしおそらく半ば本気で）「企業はもはや政府向けにロビー活動をする必要はない。彼らこそが政府なのだから」と言った。

金を持っている国際機関——世界銀行、ＩＭＦ他

いくつかの国際機関は重要である。なぜなら——どう言えばいいのだろう？——金を持っているからだ。世界銀行やその他の「地域的」な多国間銀行は、圧倒的に富裕国政府によって所有されており、発展途上国に金を貸し付けている。*4 こうした開発銀行は融資にあたって、民間銀行よりも好ましい融資条件（低金利、長期の償還期間など）を提供する。国際通貨基金（ＩＭＦ）は、民間市場では金を借りられない金融危機にある国々に短期で大型の貸付をする。

世界銀行、ＩＭＦ、各開発銀行などでは、債務国に対して、特定の経済施政方針の採用を要求する。確かにいかなる貸し手も融資に条件をつけるものだが、世銀とＩＭＦはとりわけ、債務国にとって本当に助けになるかどうかではなく、富裕国が良いと考える経済政策を押し付けると評判が悪い。こうなるのは、こうした銀行が出資比率按分で投票権を持つ企業だからである。これ

ら組織の株の過半は富裕国が所有しており、だから彼らが決定権を握っている。さらに重要なことに、米国はIMFと世銀に対して事実上の拒否権を持っている。最重要案件の議決には85％の多数投票が必要だが、米国は18％の株主だからだ。

ルールを決める国際機関――WTOとBIS

国際機関のなかには、ルールを決める力を持つところがある。[4] 例えば国際決済銀行（BIS）は、金融規制の国際ルールを設定している。だがこうしたルール設定国際機関で圧倒的に重要なのは、世界貿易機関（WTO）である。

WTOでは国際的な経済取引のルールを決めており、それには国際通商、国際投資、さらには特許や著作権などの知的財産権の国境を越える保護も含まれる。そして、これが重要なことだが、一国一票制度に基づく唯一の国際機関であるということだ。ということは、理論的には、数の上で優勢である発展途上国が物事を決する力を持つはずである。だが実際には、そんな採決などまず実現しない。富裕国は、ありとあらゆる非公式な手を使って（服従しない貧困国には対外援助しないことを強く仄《ほの》めかすなど）、投票を避けているからだ。

＊4　最も有名な地域的多国間銀行の例には、アジア開発銀行（ADB）、アフリカ開発銀行（AfDB）、そして米州開発銀行（IDB）などがある。

理想を振興する組織――国連機関とILO

国際組織のなかには、特定の理念にお墨付きを与えて、私たちの経済生活に影響を及ぼすものもある。さまざまな国連（UN）機関はこのカテゴリーに入る。

例えば国連工業開発機関（UNIDO）は工業開発を振興する。国連開発計画（UNDP）は世界的に貧困低減に努めており、国際労働機関（ILO）[5]は労働者の権利を振興している。

これらの組織は各々担当の分野で自らの信条を公開議論のフォーラムなどを通じて広め、賛同する国を技術的に補助する。宣言をしたり国際協定を主催することもあるが、それを受け入れるかどうかは任意なので、ほとんど力を持っていない。例えば、移民受け入れ国のうち、ILOによる移民労働者の権利のための国際協約に署名している国は事実上一つもない（とはいえ、クリスマス休暇を与えよなどという協定にトルコが反対するのはもっともだが）。

金もなくルールを設定する権限もないこうした組織の振興する信条は、IMF、世界銀行、WTOなどと比べるとはるかに弱いものだ。

個人だって誤解されている

個人主義的経済理論は、経済的な意思決定の現実を、組織の役割を見くびったり無視さえすることで歪めている。さらにいけないことに、個人というものさえあまりよく理解できていない。

分裂する個人——いくつもの「人格」を持つ個人

個人主義的エコノミストは社会の構成単位として個人をこれ以上分割できない最小単位とする。物理的には明らかにそうである。だが哲学者、心理学者さらには一部のエコノミストさえ、個人をこれ以上に分割できない存在と見てよいかどうかを長らく議論している。

別段、双極性障害でなくとも、一人の個人が相反する好みを持つことはある。こうした**マルチプル・セルフ**（多人格性）の問題は拡がっている。この用語に不案内でも、たいていの人が経験していることだ。

同じ人物が状況によって異なる行動をとる姿はしばしば目にする。妻との家事の分担においては非常に利己的な男が、戦場では友軍のために進んでわが身を犠牲にするかもしれない。こんなことが起きるのは、人は暮らしのなかでさまざまな役回りを演じているからで、右の例では夫と歩兵である。

時には、意思の弱さのせいであることもある。いつか何かをしようと思っていても、好機が到来してもできなかったりする。古代ギリシャの哲学者らはこのことに悩むあまり、アクレイジア（意志薄弱）という言葉まで作った。例えば健康的な生活をしようと誓っても、おいしそうなデザートの前で意思が砕けてしまうなどである。それを心得て、もう一人の自身に邪魔をされないように細工を施したりもする。ユリシーズがサイレンに誘惑されないように船のマストに自身を結びつけておくようなもの。食事の前に、ダイエット中なのでデザートは食べないと宣言し、メンツをかけて初心貫徹するなどだ（たいていは帰宅してからチョコレートケーキに手を出してしまうのだが）。

型にはまる個人――社会によって形作られる個人

マルチプル・セルフ問題は、個人はさらに分割できるから最小単位ではないことを教えている。さらに、他の個人とはっきりと分離できないという点からもそうではない。

個人主義の伝統を踏まえるエコノミストは、個人の好みがどこから来るのかを問わない。彼らはそんな好みを、「主権的な」個人から採った最終データとして扱う。それを最もうまく言い表すのが「蓼《たで》喰う虫も好き好き」という諺《ことわざ》だ。

だが私たちの好みは、家族、近隣、学校、社会的階級など社会的環境に強く形作られている。異なる背景を持つ人は、単に違うものを消費するのではなく、違うものを求めるようになるのだ。この**社会化**の過程から、ますます個人を最小単位として扱うわけにはいかないことがわかる。個人は、社会に「型にはめられて」いるのである。もし個人が社会の産物なら、マーガレット・サッチャーの悪名高いセリフ「社会などというものは存在しない。あるのは男女の個人、そして家族だ」は大きな間違いだった。社会なき個人などありえないのだ。

1980年台にカルト的人気を博したSFコメディ『宇宙船レッド・ドワーフ号』の主役でリバ

プールの労働者階級出身のがさつな男デイブ・リスターは、まるで犯罪でも自白するかのように、一度だけワインバーに行ったことがあると告白した（当時、友人のなかには彼を「階級の裏切り者」という者もいただろう）。英国の一部の若者たちは、政府が数十年にわたって彼らの大学就学を振興してきたにもかかわらず、大学教育なんて柄ではないと考えている。大半の社会では、女性は科学、工学、法律、経済学など「難解な」分野に向いていないと考えられている。

教育ひいてはそれがもたらす新たな世界との出会いが、自分と同類の人々との別離につながるというのは、文学でも映画でも永遠のテーマである（『マイ・フェア・レディ』〔これ自体がジョージ・バーナード・ショーの喜劇ピグマリオンの映画化〕、ウィリー・ラッセルの『リタと大学教授』〔劇と映画〕、マルセル・パニョルの『プロヴァンス物語』〔原作と映画〕など）。教育によって、周囲の人とは、そして自分がかつて求めていたものとは、違う何かを求めるようになるのだ。

もちろん、『リタと大学教授』でリタが大学教育を求めたように、人は自由な意思を持ち、通り相場や通例とは違う何かを欲したり求めたりすることはある。だが環境はわれわれのあり方に強く影響し、何を求め、どんな行動を選ぶかに強く影響する。個人は社会の産物なのだ。

影響を受けやすい個人——個人は他者に故意に操られる

私たちの好みは単に環境に形作られるだけではなく、思考や行動を操りたいと願う人々によってえてして意識的に操作される。人間生活のすべての面——政治的宣伝、教育、宗教の教え、マスメディア――は、程度はさまざまだがそんな操作を伴っている。

最もよく知られている例は広告である。エコノミストのなかには、1960年代から1970年代にかけて主要エコノミストとして活躍したジョージ・スティグラーの仕事を受け継ぎ、広告は基本的にさまざまな商品の存在、価格、特徴の情報を伝達するだけで、好みを操作などしていないという向きもある。だが大半のエコノミストは、ジョン・ケネス・ガルブレイスが1958年に名著『ゆたかな社会』で主張した、大半の広告はそれを見た潜在的消費者にその商品をもっと欲しがらせる、あるいは決して必要とは思わなかったものを必要とさせるという考えに同意するだろう。

広告では商品を有名人、スポーツチーム（あなたのひいきのチームのユニフォームには、どこのロゴが付いているだろうか？）、あるいは華美なライフスタイルと結びつけて見せる。記憶の引き金を利用して意識下に働きかけることも、最も無防備な時に放送されることもあるだろう（だから午後9時から10時頃にスナック菓子のCMが放映されるのだ）。さらに映画におけるプロダクト・プレースメントもある。映画『トゥルーマン・ショー』で手ひどく風刺されたテーマだ。私は今も「ニカラグア山高地で採れた天然カカオ豆を使ったモココア」を覚えている。

個人の好みがもっと根本的なレベルで操作されることもある。利益追求にタガをはめられたがらない向きが自由市場イデオロギーを宣伝することによってである（また思想の政治の話題に戻ったわけだ）。企業も裕福な個人も、米国のヘリテージ財団や英国のインスティテュート・オブ・エコノミック・アフェアーズなど、親市場的な思想を生み出すシンクタンクに惜しみなく寄付をする。また親市場主義的な政党や政治家の選挙資金も寄付する。大企業が親実業的メディアに広告費を落とすこともある。

貧しい人々を、そんな境遇は自分のせいだ、金持ちになった人は皆それだけの資格があるのだ、十分な努力と行動をすれば金持ちになれるのだと説き伏せられれば、金持ちは楽である。貧しい人々は、えてして自らの利害に反してまで、再分配性の薄い税法、福祉支出の削減、事業規制の削減や労働者権利の制限を求めるようになるからだ。

個人の好み――単に消費者としてだけでなく納税者、労働者、そして有権者としても――は、故意に操られることがあるし、また往々にしてそうされている。個人は、個人主義エコノミストの理屈のように「主権的」ではないのだ。

複雑な個人――単に利己的なだけではない

個人主義的経済理論では、個人は利己的と考える。それを合理的でもあるという仮定と結びつけると、放っておけばいいという結論になる。何が自分にとって最善かも、それをどう達成するかもわかってやっているのだから、と。

だがエコノミスト、哲学者、心理学者その他の社会科学者は何世紀もの間、利己主義的な個人という仮定を疑問視してきた。文献は膨大にあるし、理論的には重要とはいえ多くの要因は非常にあいまいである。主な論点に絞ろう。

利己主義そのものがあまりにも単純な定義がなされており、個人には自らの行動の長期的で組織的な影響が認識できないと匂わせているようでもある。だが19世紀の欧州の資本家のなかには、自分たちの実入りが減るのをわかっていて児童労働を禁止せよと主張する人たちもいた。彼らは、児童に教育も受けさせずに搾取を続けていたら労働力の質が落ち、長い目で見ると自分たちをも含めたすべての資本家のためにならないと理解していた。言い換えれば、人々は**啓発された利己主義**を追求できるし、またするのである。

時には、単純に寛大であることもある。人は他者を気遣い、利己に反して彼らを助けようとする。多くの人は寄付をするし、慈善活動にボランティアで参加するし、困っている他人を助けてやる。消防士は逃げ遅れた老婆を救うために命がけで火の海に飛び込み、通りがかりの人が溺れる子どもを助けるために荒れ狂う海に飛び込むこともある。利他の証拠は無限にある。利己追求の個人モデルという信条に目をくらまされた人だけが、それから目を背ける。(6)

人間は複雑である。確かにたいていの人はたいていの場合に利己的だが、同時に愛国心、階級団結、愛他主義、公正の感覚（あるいは正義感）、誠実さ、イデオロギーへの献身、義務感、身代わりになること、友情、愛情、審美、好奇心その他の側面も併せ持っている。人間の動機を表すさまざまな言葉があること自体、われわれが複雑な生き物であることの証明である。

へまをする個人

個人主義的経済理論では、個人を合理的と考える。すなわち、将来のあらゆるシナリオが読め、そのいずれが実現するのかについての複雑な確率計算ができ、したがって判断のたびに最上の決断を下すと考えている。となれば含意はまたしても、放っておけばいいのだ、自分が何をしているのかわかってやっているのだから、である。

個人主義的経済モデルでは、人間離れした合理性を当てこんでいる。ハーバート・サイモンはそれを「オリンピアン的合理性」あるいは「超合理性」と呼んだ。これに対する一般的な反論は、底流となる仮定が現実的かどうかなど問題ではない、そのモデルが物事を正しく予測できればいいのだというものだ。この種の弁護はこのところ空しく響く。超合理性を当て込んだ効率的市場仮説（EMH）が、金融市場規制など不要だと思わせたあげく、2008年のグローバルな金融危機を招いたからだ。

要するに、人間はさほど合理的ではない、あるいは限定的な合理性しか持っていないのだ。[*5] 非

＊5　これについては膨大な証拠があるが、巧みに説明され入手しやすいのは次のような書籍である。ピーター・ウベルの『自由市場の狂気』（未訳）、ジョージ・アカロフとロバート・シラーの『アニマルスピリット』（東洋経済新報社、2009年）、心理学者で2002年のノーベル経済学賞受賞者ダニエル・カーネマンの『ファスト&スロー』（早川書房、2014年）など。

合理的な行動の例はいくらでもある。人間は決断するにあたって本能や感情、すなわち希望的観測、パニック、集団本能その他に、あまりにやすやすと流されてしまう。われわれの決断は、問題の取り上げ方によって強く影響される。すなわち、事実上同じ問題であっても、その提示のされかた次第で異なる判断を下してしまうのだ。そして新しい情報に過剰反応し、既存の情報を見くびりがちでもある。これは金融市場でしばしば見られる現象だ。人はたいてい直感的に発見的方法《ヒューリスティクス》で動いており、それは論理的思考の乏しい行動につながる。なにより私たちは総じて、自らの合理性を買いかぶりすぎている。

結び――不完全な個人だけが本物の選択ができる

個人を非常に不完全な存在と概念化すること――限定的な合理性、複雑で矛盾する動機、騙されやすいこと、社会的条件づけ、内なる矛盾さえ抱えていること――の逆説的な結果は、だからこそ個人の重要性はむしろ増すということだ。

なぜなら、個人は社会の産物であると認めるからこそ、社会的因習、支配的なイデオロギー、階級的背景などに反する選択をする個人の自由意思の尊さをより深く理解できるようになるからである。人間の合理性は限られているとわかれば、誰もが失敗すると考えるような「非合理的」な事業（成功した暁には変革と呼ばれるようになる）に取り組む起業家の行動を讃えられるようになる。換言すれば、人間の不完全さという性質を認めたときにのみ、「本物」の選択を口にできる。そしてそれは、常に最善の行動の道筋が見えている完璧な個人の世界で運命づけられている空虚な選択ではない。

「本物」の選択の重要性を強調するからといって、どんな選択も随意にできるというわけではない。自己啓発本には、なりたい自分になれる、やりたいことは何でもできると書いてあるかもしれない。だがたいていの場合、**選択肢**は非常に限られている。これは資源が限られているためである。カール・マルクスが劇的に指摘しているように、資本主義初期の労働者には、週に80時間過酷な環境で働き抜くか、餓死するかの選択肢しかなかった。他に生計を立てる手段はなかったからだ。選択肢が限られている理由は他に、既述のように社会化を通じて、何を欲しがり何を考えるかの範囲を限られ、また好みを恣意的に操作されているためでもあるかもしれない。

偉大な小説や映画と同じく、現実の経済世界も複雑で欠陥ある個人や組織などの登場人物で満ちている。彼らについて（あるいは何につけてもだが）理論立てするにはもちろん一定の一般化と簡略化が伴うが、支配的な経済学説は簡略化の度がすぎている。

個人の多様性と限定性の一方で複雑な構造と決定機構を持つ大組織の重要性を考慮した理論を用いてこそ、われわれは現実の経済における選択の複雑性を理解する役に立つ経済理論を得られるのだ。

●先に進もう

本書の第1部は、経済学に「慣れて」もらうためのものだった。第2部では、経済学とは何か、経済とは何か、経済はどうして今日のようになったのか、それを学ぶ方法にはどのようなやり方があるのか、そして誰が経済の主役なのかを論じる。

経済学に「慣れて」もらった今、今度はそれを「使って」現実世界の経済をどう理解できるのかを議論しよう。

第2部………使ってみよう経済学

第6章

どれだけほしい?

——生産、所得そして幸福

いつ‥1930年代のいつか

どこで‥ゴスプラン（ソビエト連邦国家計画委員会）

何を‥主任統計学者の求人面接

一人目の求職者に面接団が聞いた。「同志よ、2+2はいくつかね？」答えて曰く「5です」

面接団長はにんまりとして言った。「同志よ、君の革命的熱意は大変結構だ。だがこの職務には、あてになる人物が必要でね」。求職者はしおらしく退出した。

二人目の求職者の答えは「3です」だった。面接団の最も若い係員がすっくと立ち上がり、「奴を逮捕せよ！　われわれの成果を過小評価するような反革命的分子を看過するわけにはいかん！」と言うと、求職者は衛視に引きずり出されていった。

同じ質問をされた三番目の求職者は言った。「もちろん4です」。面接団の専門職然としたメンバーが、公式論理に凝り固まったブルジョア科学の限界を説いて聞かせた。求職者は羞恥にうなだれ、退出していった。

採用されたのは四番目の求職者だった。

さて、彼は何と言ったのか？

「いくつをお望みですか？」

生産

国内総生産（GDP）

生産データがあからさまに「作られる」ことは、スターリン時代の統治や毛沢東の大躍進政策などの極端な場合は別にして、社会主義国でさえめったにない。だからと言って、経済的生産を、いやそれを言うなら経済学のどんなデータも、物理学や化学でそうしているように測定できると考えるのは誤りだろう。

エコノミストが好む生産データは、**国内総生産（GDP）**である。大雑把にいえば、国内で一定期間に生産されたものの金銭的価値である。通常は1年単位だが、四半期（3カ月）や月次ベースでもよい。

「大雑把に」というのは、「生産されたもの」に定義が必要だからだ。GDPを計算するためには、生産（あるいは製品）を付加価値で測定する。**付加価値**とは、生産からそのために要した直接投入をひいたものである。パン屋が年間で15万ポンドのパンや菓子を売り、それを作るための小麦粉、バター、卵、砂糖など原材料費、燃料費、電気代などの**中間投入**のために10万ポンドを支払ったとする。この場合、これらの投入に対して付加した価値は5万ポンド分だけである。

もし中間投入をひかずにすべての生産者の最終生産を単純に足し上げていったら、生産を二重、三重、四重にも多重計上することになる。パン屋は小麦粉を製粉会社から買うので、単純にパン屋と製粉会社の売り上げを足し上げれば小麦粉の値段が倍に計上される。製粉会社は小麦を農家から買うので、小麦農家と製粉会社の売り上げをそのまま足し上げれば、その農家が生産して製粉会社に納め、ひいてはパン屋に納品された分の小麦は3倍に計上される。「付加」価値を計算してのみ、生産の真の姿がわかるのだ。[*1]

GDPの「G」すなわちグロスとは何か？「グロス」とついている以上は、やろうと思えば取り去れる何かをまだ全体像から取り去っていないことを意味する。ツナ缶に総重量（グロス・ウェイト）と正味重量（ネット・ウェイト）が書いてあることからもわかるだろう。GDPの場合、「何か」というのは使われた分の**資本財**である。基本的には機械のことで、すなわちパン屋のオーブン、生地こね機、パン切り機などだ。資本財や機械は、小麦がパンに焼き上げられるように生産に組み入れられるわけではないが、使えば経済的価値は減少する。これが**減価償却**である。こうした機械類の減価分をGDPから引けば、**国内純生産（NDP）**が得られる。

国内純生産（NDP）

NDPでは生産に投入されたすべて——中間投入も資本財投入も——を計算するので、GDPよりも、経済が生産したものの姿をより正確に映し出す。だが一般にNDPよりもGDPの方が指標としてよく使われるのは、減価分を正確に推計するうえで衆目が一致する方法がないからだ。

これがNDPのN（ネット：正味）を怪しくしている。

ではGDPのD（ドメスティック：国内）の字はどうか？　ここで国内とは国境の内側という意味である。ある国にいるすべての生産者がその国の市民とは限らないし、企業がその国に登記されているとは限らない。これを逆に考えると、すべての生産者が母国で生産しているとは限らないし、人々が外国で就業することもある。国境内の生産総額ではなく、自国民（法人たる企業も含めて）による生産の総計を表すのは、**国民総生産（GNP）**である。

国民総生産（GNP）

米国やノルウェーのような国では、GDPもGNPもおおむね同じである。カナダ、ブラジル、インドなどでは、多くの外国企業が国内で生産している一方で、自国企業が海外で生産している例は少ないので、GDPの方がGNPよりも10％以上も高い。スウェーデンやスイスのような国では、自国企業が海外で生産する方が外国企業が国内で生産するよりも多いのでGNPがGDPより大きく、2010年時点ではそれぞれ2・5％と5％の差がついている。

GDPの方がGNPよりもよく使われるのは、結局のところ、GDPの方が国の経済実態をより正確に表す指標だからである。

＊1　非常に大雑把だが便利な目安として、付加価値は通常、その会社の売り上げのざっと3分の1程度である。

ある国のGDP（GNP）が別の国よりも大きくても、それはその国の方が人口が多いからかもしれない。だから国がどれだけ生産的かを知るには、**一人あたり**でGDPやGNPデータを見る必要がある。実際にはもう少し複雑だが、それは良しとしよう。*2

GDPやGNP測定の限界

GDPやGNPの決定的な限界は、生産価値を市場価格で測っていることだ。多くの経済活動は市場外で行われているため、何とかしてそれらの生産の価値を計算しなければならない。これを専門用語で帰属計算という。例えば、途上国の農民の多くは自給農業をしていて、生産した農作物の大半を自家消費している。だから、こうした生産物の価値は、その量と市場価格を推計して帰属計算しなければならない。また持ち家で生活している場合には、「住宅サービス」の価値を市場価格で家賃を払った場合に換算して帰属計算する。実際に市場で交換された産出データと違い、売買されていない生産の市場価値の帰属計算には推測が、ひいては不正確性が伴う。

さらに困ったことに、ある種の非買生産の価値は帰属計算することさえできない。家事——料理、掃除、育児、老いた家族の看護など——はGDPにもGNPにも反映されていない。エコノミストの間の古典的なジョークに、お手伝いさんと結婚したら国家生産高を減らすという由縁だ。これに対する一般的な言い訳は、家事の帰属計算は困難というものだが、持ち家の家賃換算まで含めてありとあらゆる帰属計算をしている以上、いかにも苦しい言い訳だ。家事の大半は女性によって担われているので、女性の労働は大きく見くびられていることになる。多くの推計では、家事の価値はＧＤＰの30％程度とされている。

リアルな数字

どうして「実数値」を知る必要が？

経済学は一般的に「数値」に関わる分野と考えられがちだが、今日の経済学教育の現場はむしろ数値不足である。経済学の学位を持っている人物が、自国のＧＤＰや平均労働時間のような「明らかな」経済的数値を知らないことは一般的である。

こうした数値を5、6種類以上も覚えることなど誰にもできない。実際、このインターネット時代には、いつでも検索できるから覚える必要さえない。だが、どのくらいかなと調べてみるだけであっても、こうした「実数値」のいくつかに馴染んでおくことは重要だと私は思う。何より、経済世界の現実がどんなものであるのかの感覚を養う必要がある。中国のＧＤＰと言うとき、そ

＊2　実際に一国の生産性を見るには、国民一人あたり生産量ではなく、一定量の生産をするために人々がどれだけ働かなければならなかったかを見る必要がある。だから一国の生産性を見るためには、理想的には単位総労働時間あたりＧＤＰを見なければならないが、こうしたデータはそう簡単には得られないため、代用的にＧＤＰを用いている。

れは米ドル換算で、数千億ドル単位なのか、それとも数十兆ドル単位なのか。南アが世界で最も失業率の高い国の一つというとき、それは15％なのか30％なのか？　インドでは多くの人が貧困のうちに暮らしているというとき、それは20％か40％か？　このように、本章以降では、最も重要な現実の経済数値を提供する。

世界の生産の大半は、ごく一部の国によって担われている

世界銀行のデータによれば、２０１０年の世界のGDPは約63兆４０００億ドルである。GDPベースでトップ５カ国は米国（世界経済の22・7％）、中国（９・４％）、日本（８・７％）、ドイツ（５・２％）、フランス（４・０％）である。[*3]　このように、トップ５カ国で世界の経済生産の半分を担っている。

２０１０年、世界銀行の分類で高所得国（国民一

リアルな数字

世界のGDP総計

63兆4000億ドル

1位	米国	22.7%
2位	中国	9.4%
3位	日本	8.7%
4位	ドイツ	5.2%
5位	フランス	4.0%

高所得国のGDP総計

44兆9000億ドル（70.8%）

途上国のGDP総計

18兆5000億ドル（29.2%）

世界で最も貧しい下位35カ国のGDP総計

4200億ドル（世界経済の0.66%、米国経済の2.9%）

人あたりGDPが1万2276ドルを超えている国）のGDPを総計すると、44兆9000億ドルで、[*4]世界経済に占める割合は70・8％に上る。残る途上国のGDPを総計すると18兆5000億ドル、世界GDPの29・2％になる。だがこの18兆5000億ドルの途上国GDPの3分の2（66・6％）は、トップ5カ国の途上国、すなわち中国、ブラジル、インド、ロシア、そしてメキシコによって担われている。[*5]その他の途上国のGDPを足し上げても6兆3000億ドルにしかならず、世界経済の10％をわずかに下回る。

大半の途上国の生産は、最富裕国に比べればごくわずかなもの

非常に貧しく小さな途上国（人口500万人から1000万人程度）、例えば中央アフリカやリベリアのような国のGDPは、典型的に10億ドルから20億ドル程度で、兆ドル単位で表せば0・

*3　各国のGDPは米国が14兆4000億ドル、中国が5兆9000億ドル、日本が5兆5000億ドル、ドイツが3兆3000億ドル、そしてフランスが2兆5000億ドル。

*4　この定義からは、一般に富裕国と思われていない国が「高所得」国に分類されることになる。旧社会主義国のいくつか（ポーランド、ハンガリー、クロアチア、スロバキアなど）と、産油国のなかでは貧しい二国（サウジアラビアとリビア）などである。だがそれほど大きい国ではないので、全体像は変わらない。

*5　各国のGDPは中国が5兆9000億ドル、ブラジルが2兆1000億ドル、インドが1兆7000億ドル、ロシアが1兆5000億ドル、そしてメキシコが1兆ドル。これらを足し上げると12兆2000億ドル。

001兆ドルから0・002兆ドル程度である。これを2010年には14兆4000億ドルだった米国のGDPに比べれば、0・01％にも満たない。

世界で最も貧しい下位35カ国（世銀の分類で2010年GDPベースで国民一人あたりGDPが1005ドル未満）のGDPを総計すると4200億ドルになる。世界経済の0・66％、米国経済の2・9％程度だ。

もっと大きい中所得途上国（人口3000万人から5000万人程度）であるコロンビアや南アフリカでさえ、3000億ドルから4000億ドル程度のGDPである。米国の中規模の州、ワシントンやミネソタあたりのGDPと同程度だ。

一人あたりのGDPデータとなると、幅は広い。こうしたデータは、一人あたり収入と似ている（理論的には同一だが実際には必ずしもそうでもない）。一人あたり収入についてはすぐに後述するが、それによるとざっと500倍の開きがあると言えば十分だろう。

所得

国内総所得（GDI）

GDPは生産の合計であると同時に収入の合計と見ることもできる。生産に携わる誰もがその貢献に対して報酬を得ているからである（その報酬額が「公正」であるかどうかは別の話だが）。

先のパン屋は、まず小麦、卵、その他の中間投入の支払いを済ませた後で、付加価値分を労働者に分配し、利益を株主に配当し、借入金があるなら利払いをし、売り上げに対しては自動的に間接税（すなわち付加価値税、日本では消費税）が課せられる。

こうした収入の総計は、**国内総所得（GDI）**と言う。理論的にはGDIはGDPと同一である。同じものを別の積み上げ方をしただけだからだ。だが実際には少し違っており、それは二種類のデータに用いられている数値が別のチャネルで集計されているからである。

国民総所得（GNI）

国民総所得（GNI）とGDIの関係は、GNPとGDPのそれに似ている。GNIはその国の国民の収入の総計であり、国内で生産をしている人々の収入の総計であるGDIとは違う。世銀ではGNPやGDIではなく、GDPとGNIを公表している。思うにこれは、収入の指標である所得はそれを得た人の国籍別の方が集計しやすく、また産出の指標である生産額の方がその生産活動がどこで行われたかよりも測定しやすいからだろう。

一人あたり所得は通常、GNI（あるいはそれと同一であるはずのGNP）を人口で割って求められ、一国の生活水準を表す指標として最適と一般に思われている。だが最適が必要十分を意味するとは限らない。

一人あたりGNIの明らかな問題点は、平均所得を測っているにすぎないことだ。だが平均は国別の個人や集団間の差異の大きさを覆い隠してしまう。単純な例として、A国とB国はいずれも一人あたり5000ドルの所得を得ており人口は10人だったとする（だからGNIはいずれも5万ドル）。だがA国では一人が4万5500ドルを得て残る9人がそれぞれ500ドルを得ているだけである一方、B国では一人が9500ドルを得ており、残る9人はおのおの4500ドルを得ている。この場合、一人あたり所得5000ドルという経済指標は、B国の生活水準を割合に正確に表してはいるが、A国についてはまったく誤解を招く。専門用語を用いて換言すれば、平均所得は、所得分配がより平等な国の生活水準をより正確に表す指標である（第9章でさらに詳述）。

さまざまな価格水準を調整する

GNI（あるいはGDP）にはある重要な調整がしばしばなされる。国によって異なる物価水準を反映させるためである。デンマーク・クローナとメキシコ・ペソの交換レートはおおむね1クローナあたり2・2ペソ程度だが、メキシコで2・2ペソで買える財やサービスは、デンマークで1クローナで買えるそれよりもはるかに多い（理由はすぐに述べる）。だから実際のデンマーク・クローナとメキシコ・ペソの為替レートを用いると、メキシコの実際の生活水準を低く見積もることになる。

問題は、為替レートというものは、おおむね国際的な交易の対象となる財やサービス、すなわちギャラクシー・スマートフォンや国際銀行サービスなどの需給によって決まっているのに対し、任意の国で一定額で何が買えるかは、すべての財やサービスの価格に基づいて決まっているということだ。そこには、例えば外食費やタクシー代など、国際的な交易の対象にならないものも含まれている。[1]

この問題に対処するため、エコノミストらは「国際ドル」というアイデアを考え出した。**購買力平価（PPP）**——一国の通貨の価値を測るため、一連の共通の財やサービス商品群（「消費バスケット」という）を買うために国ごとにいくらかかるかを計算するもの——の概念に則り、この架空の通貨によって、各国の所得を共通の所得水準標準に換算できる。

こうして計算すると、サービス産業の賃金が高い国（要するに富裕国だが、米国やシンガポールのように安い移民労働力がふんだんに手に入る国は例外）の購買力は、為替レート・ベースよりもはるかに低くなる。一方で、サービス産業の賃金の安い国（貧困国）は総じて、為替レート・ベースよりもはるかに多くのものが買える傾向がある。[*6]

デンマークとメキシコの例に戻れば、デンマークの一人あたりPPPベース所得は、2010年時点で市場交換ベースよりおよそ30%低い（4万1140ドル対5万8980ドル）。一方メキシコの一人あたりPPPベース所得は市場交換ベースに比べておよそ60%高い（1万5010ドル対9330ドル）。だから両国の6倍に及ぶ所得ギャップ（5万8980ドル対9330ドル）を、PPP調整すると、生活水準ギャップとしては3倍までに縮小される。

＊6　厳密に言えば、二国の所得数値を直接比較することはできないということに注意。

PPP調整は計算方法や使われるデータに非常に影響を受けやすいが、その小さからぬ理由の一つは、どこの国でも同じ財やサービス・バスケットを消費するという大胆な仮定に基づいていることである。そしてその差は小さくない。2007年のPPP所得の推計方法を変更したことで、世銀は一夜にして、中国の一人あたりPPP所得を44％減らした（7740ドルから5370ドルへ）一方で、シンガポールのそれは53％増やした（3万1710ドルから4万8520ドルへ）。

所得データはPPP調整後でも完全に生活水準を表すわけではない

PPP調整後でさえも、一人あたりGNPや一人あたりGNIなどの所得データは、生活水準を十分に表してはいない。これにはさまざまな理由がある。

明らかな要点の一つは、人の暮らしは金銭面だけで成り立っているわけではないことだ。人は政治的自由、活気ある地域生活、自己実現その他の金で買えない多くのものを求めて暮らしている。金銭的収入が増えたからといってこれらが増進するとは限らないばかりか、むしろ減衰することだってある。例えば、もし高い所得が長時間労働や労働密度の強化の犠牲の下に得られているのなら、地域生活や自己実現のために割ける時間やエネルギーは減ってしまう。

さらに、前述のとおり、家事は所得数値に反映されていないのに、人間的生活として最も重要な事ごと──育児、高齢者や病人の看護など──のかなりの部分を占めていることもある。

金で買えることについても、われわれはえてしてバカな判断をしてしまう（第5章を思い出してほしい)。広告にその気にさせられたり、隣人と張り合うなどだ。たいていの人は、必要とはつゆ思わなかったものを買ってしまう。そうした物は、買い物それ自体の楽しみを超えた何かをほとんどもたらしはしない。

仮に完全に合理的な消費者であったにしても、**特権的財**というものがあるために、所得は生活水準(あるいは幸福や満足など)の指標としてあてにならなくなってしまう。(2) 特権的財とは、潜在的消費者のうちごく一部の者しか持てないという事実によって価値が生まれる財である。*7 自分の所得が上がったとしても、他の人の所得がさらに上がって経済的に追い越されれば、一等地の住宅、レンブラントの絵画、高給職につながる一流の教育などには、やはり手が届かない。この問題は豊かな社会ほど激しくなる。高級品はたいてい特権的財である一方、基礎財はたいていそうではないからだ。

こうした限界があるからと言って、生活水準の指標として所得が重要ではないというわけではない。特に貧しい国では、より高い所得はおおむね良いことだ。そんな国では、ちょっとでも所

*7 カルト的人気テレビドラマ『ビッグバン★セオリー』の主人公であるおとなこども風物理学者シェルドンは、友人のラージに特権的財についてうまく説明している。ラージが二人の友人のハワードについて、いったいどうして一緒にいるときに新しい恋人と携帯電話でいちゃいちゃするのかしら、と聞いた際の返答である。「他の人が持っていないから持っているとうれしいという特権的財という概念がある。1976年にエコノミストのフレッド・ハーシュが造語した。口語的で不正確な『ノー、ノー』という言葉の代わりにしたんだ」。ハーシュの重要作品は『成長の社会的限界』(日本経済新聞社、1980年)。

得が上向けばきちんとした食事か飢餓か、危険な重労働か単にきつい仕事か、1歳で子どもを死なせるかずっと育てていけるかなど、すべてが変わる。豊かな国では、より高い所得の好影響はそれほどはっきりしない。だがそんな場所でも、賢く使えば、より高い所得はよりよい生活水準を得る役に立つ。例えば、所得水準が高まれば労働時間が短縮し、家族や友人とともに過ごす時間が増やせたり、成人教育を受けられたりしながら、従前通りの物質的消費を維持できるのだ。

リアルな数字

現実世界の所得数値とはどんなものだろう？　ここでは一人あたり所得などのデータを見る。すでにGDPやGNPなど生産総量についてはさんざん論じ、それらは理論的には個々の所得の総計と同一であるはずで、現実にもかなり近いものだ。

一般的に最富裕国と言われる国の一人あたり所得は4万ドル以上

２０１０年の世界銀行のデータによれば、世界で最も一人あたり所得（ＧＮＩ）の高い国はモナコ（19万７４６０ドル）で、次いでリヒテンシュタイン公国（13万６５４０ドル）だ。だがいずれの国も、わずかな人口しか持たない（それぞれ３万３０００人と３万６０００人）租税回避地だ。だから人口50万人以下の国を除けば、一人あたり所得８万５３８０ドルのノルウェーが世界で最も豊かな国（すなわち一人あたりGNIが最も高い国）である。

最富裕国のリストは、図表6-1のとおりである。たいていは先進諸国かその派生国だ。アジア諸国も散見され、日本とシンガポールはしっかりと上位に食い込んでいて、韓国はいくつかの東欧諸国と並んでかろうじてランク入りしている。

最貧ワースト4カ国の国民は一日1ドルも稼いでいない

逆を見ると、世界で最も貧しい国はブルンジ共和国で一人あたり所得は2010年の年間で160ドル。最貧の数カ国では、平均的な国民は一日1ドル（年365ドル）も稼いでいない。

一人あたり所得が1000ドルに満たない国は、世界銀行の分類で公式に「低所得国」とされている（世銀の境界線は1005ドル）。いくつかの国際条約や組織によっては、**後発開発途上国（LDC）**とも呼ばれる。

図表6-2では、LDCを列挙している。大半の国はアフリカ諸国であり、いくつかアジアの国（ネパール、バングラデシュ、カンボジア、タジキスタン、キルギス共和国）も混じり、中南米からは1カ国だけであることがわかる。

このように、2010年時点で最富裕国（ノルウェー）の一人あたり所得は、最貧国（ブルンジ）のそれの驚くなかれ534倍にも及ぶ。それほど極端ではない例を見ても、米国（4万7140ドルで第8位）の一人あたり平均所得はエチオピア（380ドルでワースト8位）の、やはり124

図表6-1　最富裕国の所得（一人あたりGNI、2010年）

所得レンジ	国（所得順に左から右へ）
50,001ドル以上	ノルウェー（85,380ドル）、スイス（70,350ドル）、デンマーク（58,980ドル）
45,001ドル~50,000ドル	スウェーデン（49,930ドル）、オランダ（49,720ドル）、フィンランド（47,170ドル）、米国（**47,140ドル**）、ベルギー（45,420ドル）
40,001ドル~45,000ドル	オーストラリア（43,740ドル）、ドイツ（43,330ドル）、フランス（42,390ドル）、日本（**42,150ドル**）、カナダ（41,950ドル）、シンガポール（40,920ドル）
30,001ドル~40,000ドル	英国（38,540ドル）、イタリア（35,090ドル）、スペイン（31,650ドル）
20,001ドル~30,000ドル	ニュージーランド（29,050ドル）、イスラエル（27,340ドル）、ギリシャ（27,240ドル）
15,001ドル~20,000ドル	韓国（19,890ドル）、チェコ共和国（17,870ドル）、スロバキア（16,220ドル）

（出典）World Bank, *World Development Report*, 2012

図表6-2　最貧国の所得（一人あたりGNI、2010年）

所得レンジ	国（所得順に左から右へ）
300ドル以下	ブルンジ共和国（160ドル）、コンゴ民主共和国（180ドル）、リベリア（190ドル）
301ドル～400ドル	マラウィ（330ドル）、エリトリア（340ドル）、シエラレオネ（340ドル）、ニジェール（360ドル）、エチオピア（380ドル）、ギニア共和国（380ドル）
401ドル～500ドル	モザンビーク（440ドル）、トーゴ（440ドル）、中央アフリカ共和国（460ドル）、ジンバブエ（460ドル）、ウガンダ（490ドル）、ネパール（490ドル）
501ドル～600ドル	タンザニア（530ドル）、ルワンダ（540ドル）、ブルキナファソ（550ドル）、マリ（600ドル）
601ドル～800ドル	バングラデシュ（640ドル）、ハイチ（650ドル）、ベニン（750ドル）、カンボジア（760ドル）、タジキスタン（780ドル）
801ドル～1,000ドル	キルギス共和国（880ドル）

（出典）World Bank, *World Development Report*, 2012

図表6-3　発展途上国（一部）の所得階層（一人あたりGNI、2010年）

所得レンジ	国（所得順に左から右へ）
8,001ドル～10,000ドル	チリ（9,940ドル）、ロシア（9,910ドル）、トルコ（9,500ドル）、ブラジル（9,390ドル）、メキシコ（9,330ドル）、アルゼンチン（8,450ドル）
6,001ドル～8,000ドル	マレーシア（7,900ドル）、コスタリカ（6,580ドル）、ブルガリア（6,240ドル）、南アフリカ（6,100ドル）
4,001ドル～6,000ドル	コロンビア（5,510ドル）、エクアドル（4,510ドル）、アルジェリア（4,460ドル）、中国（**4,260ドル**）、タイ（4,210ドル）、チュニジア（4,070ドル）
3,001ドル～4,000ドル*	アンゴラ（3,960ドル）、エルサルバドル（3,360ドル）
2,001ドル～3,000ドル	インドネシア（2,580ドル）、エジプト（2,340ドル）、スリランカ（2,290ドル）、フィリピン（2,050ドル）
1,001ドル～2,000ドル	ボリビア（1,790ドル）、インド（1,340ドル）、ガーナ（1,240ドル）、ベトナム（1,100ドル）、パキスタン（1,050ドル）
1,000ドル以下*	後発開発途上国（LDC）

＊2010年の世銀の分類では、1人あたりGNIが1975ドルを超えていれば「上部中流所得」とされ、1005ドルを下回っていれば「低所得国」とされる。
（出典）World Bank, *World Development Report*, 2012

倍に達している。

下には下が。拡がる途上国間格差

こうした両極端の間には、膨大な数の、世界銀行の言う中所得諸国がある。私を含め一般に多くの人は、これらの国を発展途上国とか単純に貧困国というが、貧しさもいろいろである。

図表6-3は一部の発展途上国のリストである。どんな国がどのあたりに位置するのか、また途上国間にも差があることを示すためのものだ。

発展途上国の最上位には、ブラジルやメキシコのような一人あたり所得8001ドルから1万ドル程度の国が来る。これらの国々の一人あたり所得は、図表6-2で示した最貧国のざっと50～60倍以上ほどで、一方、最富裕国との差は10倍もない。

われわれが「発展途上国」と聞いて思い浮かべるようなインドネシア、エジプト、スリランカ、フィリピン、インドやガーナなどは、一人あたりGNIでほぼ1001ドルから3000ドルほどの所得階層に属している。これらの国々でさえ、最貧国に比べれば5倍から10倍程度の所得を得ているのである。

PPP調整が明かす、生活水準ギャップは生産性ギャップほどひどくないということ

各国の生産性ではなくその生活水準をより正確に知るためには、彼らの収入（生産）をPPP

調整しなければならない。この調整によって、各国のランキングは激変する。

ＰＰＰ調整後では、一人あたり6万3850ドルを得ているルクセンブルクが世界一豊かな国になり、それに次ぐのがノルウェー、シンガポール、クウェート、スイス、そして米国[*8]などになる。貧しい国々では、ＰＰＰ調整後は一人あたり所得が上がる。こうした国々では貿易の対象にならないサービスや一部の財が安いからである。ＰＰＰベースでは、ＤＲＣことコンゴ民主共和国（310ドル）、リベリア（330ドル）、ブルンジ（390ドル）が世界で最も貧しい国々である。[*9]ＰＰＰ調整後では、豊かな国と貧しい国の差は市場交換レートで計算した場合よりも小さくなる。最富裕国と最貧国のＧＮＩは市場交換レートでは533倍（ノルウェーとブルンジ）あったものが、「たった」206倍（ルクセンブルクとＤＲＣ）に縮小する。

幸福

大切なものがすべて測定可能とは限らない、測定可能なものがすべて大切とは限らない
――幸福は測定可能か？　そもそも測定すべきか？

生活水準を金銭的所得で測定することの限界を悟ったエコノミストのなかには、人々に実際どのくらい幸せかを直接、聞いてみる向きもある。こうした「幸福」研究では、生活水準調査にまつわる多くの問題が回避できる。測定対象に何を含めるべきか、生活水準に影響を及ぼすが測定

しにくいものの価値をどう測ればいいのか（それでも「政治的自由度指数」などを考え出す人々もいるが）、それぞれの価値要素をどの程度重視すればいいのか、などである。こうした調査で最も有名なものは、ギャラップ幸福度調査と世界価値観調査である。

　幸福は測定可能なのか、そもそもそんなものを測定すべきかと考える人は多い。所得よりも幸福度の方が概念として大切だからといって、その測定に挑むべきということにはならない。幸福度の調査に挑む研究者を先導する英国のエコノミストのリチャード・レイヤードは、「何かが大切だと思うなら、その測定に挑むべきだ（傍点は原著者付記[3]）」と自己弁護している。だがそれに賛成しない人々もいる。アルバート・アインシュタインは、かつて名言を吐いた。「大切なものがすべて測定可能とは限らない、測定可能なものがすべて大切とは限らない」

　幸福度を調査するために、例えば、A国とB国で人々に10段階で幸福度を申告させ、それを平均して６・３とか７・８などとデータを得ることはできる。だがそうした数値は、一人あたり所得が１６０ドルか８万５３８０ドルかというデータの半分も客観性がない。そしてその所得デー

＊8　PPP調整後の一人あたり所得はノルウェーが5万７１３０ドル、シンガポールが5万４７００ドル、クウェートが5万３６３０ドル、スイスが4万９１８０ドル、そして米国が4万７０２０ドルである。それに続くのがオランダ（4万２５９０ドル）、デンマーク（4万０１４０ドル）、スウェーデン（3万９６００ドル）である。

＊9　それに次ぐのがエリトリア（５４０ドル）、ニジェール（７００ドル）、中央アフリカ共和国（７６０ドル）、トーゴ（７９０ドル）、シエラレオネ（８３０ドル）などである。

タでさえ必ずしも客観的ではないことについてはすでに論じたとおりである。

適応的選好と虚偽意識――なぜ幸福度についての自己申告を鵜呑みにできないのか

さらに重要なことに、自らの幸福度について、人々の申告を信用できるかどうかも異論の余地がある。人々は境遇をやり過ごすために、ありとあらゆる適応的選好を生み出す。手に入らなかったものに負け惜しみを言うなどは、その古典的な例である。

抑圧され、搾取され、差別されている人々の多くが幸福だと言うことは珍しくないし、彼らは別に嘘をついているわけではない。彼らの多くは、自分の状況を大きく改善するような変化に抗いさえする。20世紀初頭、多くの欧州女性は婦人参政権の導入に反対した。残虐な不公正の永続化に進んで関わった者さえいる。他の奴隷たちに対する抑圧を主導した奴隷たちはその例で、サミュエル・L・ジャクソンが映画『ジャンゴ　繋がれざる者』で演じたスティーブンの役柄を思い出せばわかるだろう。

彼らが自分たちを幸福と考えるのは、抑圧者／差別主義者の価値を受け入れた（おしゃれな言葉で言えば「内在化」した）からだ。マルクス主義ではこんな状態を**虚偽意識**と言う。

映画『マトリックス』と幸福研究の限界

虚偽意識が幸福調査につきつける問題を何より鮮やかに描いているのは、ウォシャウスキー姉弟監督の1999年の衝撃作『マトリックス』だ。この映画では、虚偽意識下での幸福な生活など受け入れられないと考えるモーフィアスのような登場人物が出てくる。だが一方で、サイファーのように、現実のレジスタンス生活の危険で苛酷な暮らしより虚偽意識の世界に暮らした方がいいと言う者もいる。そしてサイファーの選択を責められるだろうか？　モーフィアスは何の権限があって、人々を「救済」できるのか？　そんなことをしても惨めになるだけなのに。

虚偽意識はまぎれもなく難問で、これという解決策はない。そこに暮らす人々が幸福と自己申告しているからと言って、不平等で残酷な社会を許容すべきではない。だが幸福だという抑圧された女性たちや飢えた小作人に「真実」を告げて惨めにさせる権利は誰にもない。これらには簡単な答えはない。だが、人々がどの程度うまくやっているのかについて「主観的」な幸福度調査に頼るわけにはいかないことは間違いない。

より客観的な方法による幸福度調査

主観的幸福度調査に限界があるため、多くの幸福度調査では今日、もっと客観的な指標（所得水準、平均余命など）をより主観的なデータと組み合わせるようになっている。

そうした包括的な調査の好例の一つに、2011年にOECDが始めた「より良い暮らし指標（BLI）」がある。この指標では暮らしの満足度についての主観的な評価を聞き、それに10のより（だが完全ではない）客観的なデータを組み合わせている。所得や雇用から、地域生活やワーク・ライフ・バランスなど（各々の指標は複数の構成要素データから成る）に至るまでのデータである。

より多くの要素を含む幸福度調査は概念的にはよりしっかりとしているはずだが、実際の数値は少し怪しい。まず、生活のさまざまな面のデータをどんどん指標に組み込んでいくほど、定量化しにくい面を組み込んでいくことになる。件《くだん》のＯＥＣＤ調査に含まれる市民社会への関わりや地域生活の質などはその例である。さらに、より多くの要素を指標に組み込むほど、各要素をどんな比重で扱うべきかという問題がつのる。面白いことに、ＯＥＣＤのより良い暮らし指標（ＢＬＩ）ウェブサイトでは、こうした困難を認めて、さまざまな要素にかける比重を利用者自身が随意に変えられるようになっている。

リアルな数字

幸福度指数データは、もっぱら主観的なものであれ、より客観的な要素を含んだものであれ、それ自体さほど意味のあるものではない。まずさまざまな種類の幸福度指数をそのまま比較できない。それを用いてできる唯一のそこそこ意味のあることと言えば、一つの指標内の国々の幸福度の時系列的変遷を見るか、それよりもさらに頼りないが、その指数内の各国の幸福度ランキングの変遷を見るかである。

さまざまな幸福指標に含まれる要素データは千差万別である。その結果、同じ国が、指標によってさまざまな順位にランクづけされることになる。だが、スカンジナビア諸国（特にデンマーク）、オーストラリアやコスタリカなど、多くの指標で上位にランクされることが多い国々もある。一方、主観的な要素を重視する指標で上位にランクされる国々、例えばフィリピンやメキシコなどは、国民の虚偽意識の高さを示唆している。

結び——なぜ経済学のデータは完全に客観的にはなれないのか

経済学の測定概念は、物理学や化学と違い完全に客観的にはできない。一見、最も直截的な経済学的概念に見える生産や所得などのデータ収集でさえ、さまざまな困難に満ちている。例えば家事労働を含めるべきかどうかなどのように、多くの価値判断を含む。技術的な問題も多く、非売の財やサービスの価値を推計したり、PPP調整する場合などは特にそうだ。貧しい国の場合、データの質にも問題が多い。生データを集計し、処理するには、そうした国々に欠けている財務的、人的資源が必要である。

たとえデータそのものを良しとしても、生産／所得データが生活水準を正確に表しているかどうかは疑問で、特に大半の人が食糧、水、衣服、住まい、基本的なヘルスケア、義務教育などの**基本的人間ニーズ**を満たしている富裕国ではそうだ。購買力、労働時間、生活水準の非金銭的側面、不合理な消費者選択（操作のためであれ集団力学のためであれ）、そして特権的財などによる違いも考慮する必要がある。

幸福調査はこうした必要を予《あらかじ》め回避しようとするものだが、それはそれで、さらに深刻な問題を抱えている。幸福というものが持つ本質的な非測定性や適応的選好（とりわけ虚偽意識の多様性）などだ。

だがいずれも、経済学に数値を用いるべきではないということを意味しているものではない。重要データ――生産水準、成長率、失業率、不平等さの測定など――についてある程度知らないと、現実世界の経済について知識に基づいた理解をすることはできない。だがそれらを用いるにあたっても、それが何を意味し、何を意味していないのかを、十分にわかったうえでなければならない。

第2部……… 使ってみよう経済学

第7章

調子はどうだい?

──生産の世界を深く知る

無名のヒーロー――中国を凌ぐ赤道ギニア

赤道ギニアは無名であることを運命づけられていると言っていい。人口は70万人強と、アフリカ大陸でも最も少ない。国土面積でも小さく、下から6番目。(1) 見落とすなと言う方が無理である。泣きっ面に蜂で、よく似た名前の国が五つもある。近所にギニアばかりかギニアビサウがあり、太平洋にはパプアニューギニアが、南アメリカにはガイアナと仏領ギアナがあるのだ。

赤道ギニアが世界で最も無名な国の一つであるとしても、それは名を立てる努力をしなかったからではない。この国はアフリカで最も豊かで、2010年の一人あたりGDPは2万703ドルもある。過去数十年の間、世界で最も急成長してきた。1995年から2010年まで、一人あたりGDPの伸びは年率18・6%。世界の成長率界のスーパースター中国は「わずか」9・1%の成長率だから、はるかに凌ぐ。

注目を集めるうえで、これ以上何かやりようがあるだろうか？　米国に侵攻する？　女優スカーレット・ヨハンソンを大統領に指名？　国中をピンクに塗る？　世界は本当に不公平だ。

経済成長と経済開発

生産能力の開発としての経済開発

赤道ギニアが中国よりもそんなに速く成長しているのなら、ではいったいどうして、「中国の経済的奇跡」を聞かない日はないのに「赤道ギニアの経済的奇跡」は語られないのか？

まず規模が違う。どんなにうまくやっていても、ごく小さな国を無視することはある。だがたいていの人が赤道ギニアの稀有な所得増大を真剣に受け止めないのは、成長の主因が資源開発による棚ぼただからだ。1996年いらい、この国の経済は、巨大油田が見つかった以外にほとんど何も変わっていない。石油がなければ、かつてのように世界最貧国の一つに戻ってしまうだろう。他にこれといって生産できるものもないのだから。[2]

だが石油、鉱物、農産物などの天然資源に基づいた経済成長がなべて赤道ギニアのそれのようであるわけではない。19世紀米国の経済成長は、農作物や鉱物などの豊かな天然資源の恩恵を大きく受けていた。世界で最も森林資源に恵まれているフィンランドは、20世紀に優に入っても林業に輸出を大きく頼っていた。オーストラリアの成長は今も鉱物資源頼みである。

それらの例と赤道ギニアの違いは、成長が生産能力の向上によって得られたものかどうかだ。何より対照的なのは米国である。[3] 19世紀後半、米国は世界で最も強大な産業国に急成長しただけでなく、ほとんどすべての有価鉱物の生産国としても主導的存在になった。単に鉱物資源に恵まれていたからではない。鉱物を効率よく探し出し、採掘し、精製する卓越した能力を開発したことに負うところが大きい。実際、19世紀半ばまで、米国はどんな鉱物についても世界の主要生産国ではなかったのだ。対照的に、赤道ギニアは石油以外にほとんど何も生産できないばかりか、石油を生産する能力そのものも持っていない。石油を汲み上げているのは、米国の石油会社なのである。

これは極端な例だが、赤道ギニアの例は、経済成長すなわち経済生産（あるいは所得）の伸びと**経済発展**の違いを雄弁に物語っている。

経済発展について、衆目の一致する定義はない。だが私は、ある経済における生産能力の向上に基づく経済成長の過程と定義したい。生産の諸活動を組織し、なにより変革すること、である。

生産能力が低いと自国生産物の価値は不確実

経済の生産性が低く、天然資源や低賃金労働で生産される製品（例えば安物のTシャツ）に頼っている場合、わずかな所得しか得られないだけではない。長い目で見て、いま生産しているものが今後も価値が保てるかどうかもわかったものではないのだ。

機械の出現によって職業そのものが消滅してしまうことは、経済発展において何度も起きてきたことなので、いまさら繰り返す必要もないだろう。織工、鍛冶、車大工などを考えてみればわかる。

さらに重要なことに、より優れた生産能力を持つ国が天然資源の代替物を開発し、その輸出に依存している国の収入を激減させるかもしれない。ドイツと英国がそれまで天然物から抽出していた化学成分を合成する技術を開発したことで、いくつもの国の所得が激減した。かつてグアテマラはコチニールというローマ法王や欧州貴族が身につける緋色のローブを染めるために用いられる天然染料の輸出で多額を稼いでいたが、それもアリザリンクリムソンという合成染料が開発されるまでだった。チリ経済は、20世紀初頭にハーバー＝ボッシュ法が開発され、当時の同国の主要輸出産品だった硝石（硝酸塩）の代替物が生産できるようになると、何年も危機の淵に沈んだ。

技術革新こそ経済発展の根源

そう遠くない昔、誰かが一度に1000頭の馬を操り、数百冊の書籍をポケットに入れて持ち運び、火をまったく使わずに膨大な熱を起こし、大量の海水を真水に変え、石から衣服を作ったら、人々に魔法使いと言われたことだろう。別に中世ヨーロッパの魔法使いの話をしているわけではない。20世紀初頭の近過去でさえ、これらの事ごとは不可能だと思われていた。だが今日、これらは多くの国で日常的になっている。たいていの人はどうやってかも見当がつくだろう。つかないのは最後の例だけで、あまり知られていないが、北朝鮮では石灰石からビニロンという合成繊維を作っている。*1

こうした「魔法のような」発展はいずれも、われわれが常により良い技術を開発する、すなわちより良い機械や化学反応を生み出しているから実現したものだ。18世紀初頭にエイブラハム・ダービーが製鉄におけるコークス製錬法を開発し、ジョン・ケイが飛び杼《ひ》を考案してからというもの、膨大な技術が次々に生み出されて世界を一変させてしまったのは第3章でも触れた。蒸気機関、内燃機関、電気、有機化学、鉄の船、(有線/無線の)電信技術、航空機、コンピュータ、核融合、半導体に光ファイバーなどは、その最も重要な例にすぎない。今日では遺伝子工学、再生可能エネルギー、「先端」素材(グラフェンなど)、ナノテクノロジーなどがあらわれて、また世界を変えようとしている。

産業革命の初期、新技術はえてして個人の夢想家によって開発された。そのため19世紀後半から20世紀初頭に至るまで、多くの技術は発明家の名前で呼ばれた。ケイの飛び杼、ワットの蒸気機関、ハーバー=ボッシュ法などだ。

19世紀後半になると、技術の複雑化が進むにつれ、個人によって発明される技術はどんどん減っていった。企業は自社の研究所で新技術を開発する能力を育み始めた。この頃、政府も公設の研究所を作ったり(特に農業)、民間部門の研究開発を助成したりして、新技術の開発に積極的に取り組み始めた。

今日、技術開発は個人の閃《ひらめ》きではなく、生産企業の内外における組織された集約的な努力のたまものとなっている。今では新技術に個人の名が冠されることがほとんどなくなったという事実が、イノベーション過程の集約化の証拠である。

技術のみならず——労働組織の重要性

生産能力の拡大は、狭義の技術開発（機械と化学合成）によってのみもたらされたわけではない。組織スキルの向上、つまり経営技術の向上に負う部分も多い。

19世紀前半、生産工程順に工員を配置して分業することによって、工場の生産性が大幅に向上した。**組み立てライン**の誕生である。19世紀後半になると、組み立てラインにベルトコンベアが導入された。この**可動式組み立てライン**によって、資本家はベルトコンベアの運転速度を調整するだけで労働のペースを調整できるようになった。

自動車産業などでは一本の連続的な組み立てラインが誰が何をどんなスピードでやるかを決めている。だがその他の産業では、仕事の流れをどうするかが生産性向上の重要な源になった。各種の機械をどう配置するか、さまざまな工程をどの工員に割り当てるか、部品や半完成品はどこに置くのが良いか、などである。エコノミストはこうしたことを当然視するようになっているが、一部の生産者、特に途上国の人々は未だにこれを正しくできていない。

＊1　ちなみに他の例については、大半の高性能スポーツカーは1000馬力以上を出力するし、USBメモリや電子ブックはポケットに収まるし、原子力発電所や脱塩淡水化プラントなどでできる。

フォーディズム、あるいは大量生産システムの台頭

職務フローの効率化に加え、労働者自身をより生産的にする試みも行われた。この点で最も重要なものは**テイラーリズム**である。これは米国のエンジニアで後に経営グルと崇められるフレデリック・ウィンスロー・テイラー（1856年～1915年）の名をとったもので、テイラーは生産過程をできる限り単純な工程に分解した。また、労働過程を分析して見出した最も生産性の高い方法を労働者に教え込むべきと考えた。このためテイラーリズムは**科学的管理法**とも呼ばれる。

20世紀前半、稼働的組み立てラインとテイラーの原則を結合して**大量生産システム**ができた。えてしてフォーディズムと呼ばれるのは、これを初めて完成させた――一般に言われているように「発明した」わけではない――のが、1908年にT型フォード工場に導入した際のヘンリー・フォードだったからだ。標準化された部品を用い、機械と可動式組み立てラインを使って規格化された製品を大量に作れば、生産コストを多くの製品で均《なら》せるという発想だった。標準的な工程をやらせるには、さほど高いスキルは必要ない。だからこれは労働者を割合に交替可能にし、したがって管理しやすくもした。

こうして工員を「交替可能」にしたにもかかわらず、フォードはたんまりと賃金を支払った。彼の製造方法は、多くの高収入な人々が「大量の」製品を買ってくれないと成立しないことを悟っていたからだ。第二次大戦後の米国と欧州で大量生産方式が広く採用されるにつれて、賃金の上

昇が市場を拡大させ、するとさらに大量の生産が可能になり、そうなると（生産設備の導入による）**固定費**をより大量の製品で分担できるので生産性はさらに上がった。

大量生産システムは非常に魅力的だったので、ソビエト連邦でさえ魅了された。当初、それは激論を巻き起こした。「反労働者」的な含みは明らかだったからだ。それは仕事を単純化し反復的にすることで仕事に宿る価値を破壊してしまい、一方で労働過程に対する労働者の発言力をあらかたなくしてしまう。工程が単純化されているので労働者の監視が容易になるし、一方で組み立てラインの速度を速めるだけで労働密度を簡単に上げられるからだ。結局、システムの効率はあまりに圧倒的だったため、ソビエトの計画参謀らはそれを導入することにした。

大量生産システムの修正——かんばん方式

大量生産方式は、その誕生から1世紀を経て、今もわれわれの生産システムのバックボーンになっている。１９８０年代には、日本で開発されたいわゆる「かんばん方式」によって、さらに磨きがかけられた。

このシステムはトヨタによる実施が名高いが、部品を「ジャスト・イン・タイム」で納入させ、在庫費用を削減する。納入業者と協力して納められる部品の質を高める（いわゆる無欠陥［ZD］運動）ことで、フォーディズムの工場で問題になっていた組み立てラインでのやり直しや微調整を大きく減らした。さらにさまざまな型式の生産を短時間で変更できるようにし（ダイスを短時間で交換できるようにするなど）、フォーディズム工場よりもっとさまざまな種類の製品を供給できるようにした。

フォード主義の工場と違い、トヨタ流では労働者を交換可能な部品扱いはしなかった。労働者に複合的な職能や職務上の大きな裁量を与え、細かな技術改良を提案できるようにしたのだ。こうして生み出された品質の向上は、品質が重視される産業における日本の技術的優位性の確立に欠かせなかったと信じられている。

企業レベルにとどまらない生産能力の向上も非常に重要

企業レベルでの技術改良や組織スキルはある経済における生産能力を決定するうえで重要だが、それがすべてというわけではない。

経済の生産性には、企業以外のアクター――政府、大学、研究機関や研修機関など――による生産活動や生産性の向上も含まれている。彼らは生産的投入（道路、光ファイバー網など）、新技術のアイデアや能力の高い労働者をもたらしている。

経済全般にわたる生産性は、経済制度の生産性にも依存する。企業の所有形態や金融取引は、生産性向上につながる機械化、労働者の訓練、R＆Dなどへの長期的な投資意欲を左右する。経済的アクターがどれだけリスクを取り変化に対応するかに影響する重要な制度、例えば破産法や福祉社会（第３章）なども、同じく重要である。社会的に生産的な企業を助ける制度、例えば共同輸出計画を進める業界団体や、中小企業や農家に技術を伝授する政府研究機関なども重要である。

さまざまな経済的アクター間に円滑に対話させる制度も大切だ。行政、企業、組合、また貧困撲滅運動団体や消費者団体などの市民社会組織（ＣＳＯ）や大学他の教育機関などだ。政府と企業が公式／非公式に話し合ったり、政府とＣＳＯの懇談、労使交渉、産学協調などもそうである。

リアルな数字

成長率も、全体か一人あたりかに目配りを

成長率を見るときには、それが全体の数値なのか一人あたりなのかを見なければならない。当然と思うかもしれないが、これを怠ると認識が歪みかねない。

ある経済の成長実績を割合に短い期間で見るとき、例えば数四半期から2～3年程度で見る際には、全体数か一人あたりかはさほど重要ではない。だがさまざまな経済を比較的長期間で比較する場合には、一人あたりデータを用いることは重要だ。

２０００年から２０１０年までの間、米国の成長率は１・６％、ドイツは１％だった。これらの数値を見れば、米国の方がドイツよりもよほどうまくやっていると思うかもしれない。だが、同時期に米国の人口は０・９％増え、ドイツでは０・１％減っていた。ということは、一人あた

りでは実際にはドイツの経済成長率の方が高く、米国の0・7%に対し1・1%である。(4)

どうして6%成長が「奇跡」なのか

理論的には、経済成長率には上限はないはずである。だが実際には、まがりなりにも成長するだけでも難しい。

第3章で、18世紀末まで世界中どこでも年次の成長率などほぼ0%だったと記した。産業革命時に年次成長率が1%程度になり、「資本主義の黄金時代」に3%〜4%程度になった。この30年〜40年ほどのアジア諸国の「奇跡」的な成長期のピーク時には、年率8%〜10%程度の成長率が見られた。

それらを総括すれば、およそ3%程度の経済成長率は上出来であり、6%を超えると「奇跡」と呼ばれる領域に入る。ある程度以上の期間（例えば10年以上）にわたって10%を大きく超える成長が可能になるとすれば、資源開発の棚ぼた（赤道ギニアのように）か、あるいは過去15年前後のボスニア・ヘルツェゴビナのような戦乱からの復興期かしか考えられない。

複合率の力

われわれが使っている成長率とは複合率である。すなわち、年次（あるいは四半期でも何でも）の生産増大分を、既存の生産高に足し上げていく方式である。1000億ドル規模の経済が平均成長率10％で10年間成長を続けたとする。すると年次で100億ドルずつ生産が伸びて、10年後にその経済は2000億ドル規模になる……わけではない。初年度に10％成長すると年度末の生産高は1100億ドルになる。だが2年目の成長は、1000億ドルではなくこの1100億ドルを母数にするので、2年目の終わりにその経済は1200億ドルではなく1210億ドル規模に成長している。この調子を10年続けると、その経済は2000億ドルではなく2590億ドルになっている。

複合率では、割合に小さな経済成長でも、十分な期間にわたって続けば大差になる。ある国が年率3％で、別の国が年率6％で成長したとする。大した差ではない。だがこの成長率の違いが40年間続けば、高成長経済の方は40年で10・3倍豊かになるのに対し、低成長国の方はわずか3・3倍豊かになっただけである。いつの間にか、これら二国の住民には、安楽さや機会の点で大きな差がついている。

今日の経済成長率をもとに、将来を大まかに予測できる目安を知っておくと便利だ。ある国の経済規模が倍増するまでにかかる期間の目安は、70を現在の経済成長率で割った数である。だから年率1％で成長しているなら70年かかり、一方で6％で成長していれば11年～12年ほどで倍になる。

リアルな数字

経済成長率の考え方

3%程度なら　→上出来

6%を超えると→奇跡

10%以上は　→棚ぼたもしくは戦乱からの復興

経済成長と違い、経済開発は一つの指標では測れない

第6章で、生産数値でさえ完全に客観的にはなれないということを見た。だが生産数値があれば、成長率の計算は割合に確実にできる。対照的に、生産能力の向上という意味での経済開発を測定する単一の指標はない。

生産能力については、さまざまな名前のさまざまな指標が、国連工業開発機関（UNIDO）、OECD、世界銀行、世界経済フォーラムなどさまざまな国際機関によって発表されている。これらの指標はさまざまな要素指標からできあがっており、ある国の生産能力についてのさまざまな側面を表している。最も多く使われる指標に、生産構造についてのもの（工業総生産におけるハイテク産業の比率など）、インフラストラクチャー（一人あたりブロードバンド接続普及率など）、スキル（大卒労働者比率など）、技術革新活動（R&D費用の対GDP比率や一人あたり特許数など）などがある。

しかし、こうした指標は多元的であるだけに解釈が難しい。だからプロのエコノミストでもない限り、もっとわかりやすい単純な指標の方が使いやすい。それには次の二つがある。

対GDPの投資額占有率は国家開発の重要指標

技術を利用するには、たいていは**固定資本**すなわち機械や構造物（建物、鉄道など）の形で実

現されなければならない。だから、高い固定資本投資（専門用語では国内総固定資本形成［ＧＦＣＦ］[*2]と呼ばれる）なくして、生産能力を大きく伸ばすことはできない。したがって**投資比率**（ＧＦＣＦ／ＧＤＰ）は開発能力の良き指標と言える。実際、一国の投資比率と経済成長率との正相関は、経済学で数少ない異論のない分野である。

世界全体では、投資比率はざっと20％〜22％程度である。だがこれには国家間で膨大な違いがある。過去数年の中国では、この比率は45％という途方もない数値である。対極的に、中央アフリカ共和国やコンゴ民主共和国などではおおむね10％ほどで、年によっては2％という低さだ。

投資がＧＤＰの25％を切ってなお、一定期間以上にわたって「奇跡」の経済成長（すなわち一人あたりで年率6％を超える経済成長）を果たした国はない。こうした高成長期のピークでは、ＧＤＰの少なくとも30％は投資に回る。１９６０年代後半から１９７０年代前半の日本では、投資比率は35％を超えていた。中国は「奇跡」の経済成長を続けた１９８０年代を通じて30％以上の投資比率を持ち、過去10年は40％を超えている。

だが高い投資比率は必ずしも良いものとは限らない。投資とは本質的に、将来のもっと多くの消費を期待して、今日の消費ひいては生活水準を犠牲にするものである。だから投資過剰ということもありうる。どの程度の投資が過剰かは、将来の収入を今日よりどれだけ多く望むかによる

＊2　「総」の字がつくのは、第6章で見たとおり、資本償却分を計算に入れないからである。

（これを時間選好と言う）。それでも、投資比率とその時系列的な変化は、一国が生産能力をどう伸ばし、ひいてはどれだけ経済開発しているかについての唯一最高の指標である。

富裕国にとってはR&D投資額が良い指標に

国家の、特に所得水準の高い国にとっての、経済開発をめぐる他の単純だが有益な指標に、対GDP比の研究開発投資額とその変遷がある。(5)

豊かな国では、貧しい国と比べて、GDP比ではるかに高い比率を研究開発に投じている。OECDの平均は2・3%で、国によってはGDPの3%を超えている。*3 トップ級にフィンランドと韓国があり、この両国は、この比率を過去数十年に急激に高め、ハイテク産業の目を見張る急成長を実現した点でとりわけ印象的である。

大半の途上国では、R&Dなど実質的にないに等しい。インドネシアでは0・1%、コロンビアで0・2%、ケニアでは0・5%である。2009年、中国は1・5%にとどまっていたが、急激な上り調子にあり、新技術を生み出す能力を急激に蓄えつつあることを示している。(6)

リアルな数字

R&D投資の対GDP比が高い国

フィンランド	3.9%
韓国	3.7%
スウェーデン	3.4%
日本	3.3%
デンマーク	3.1%
スイス	3.0%
米国	2.9%
ドイツ	2.8%
OECD平均	2.3%

工業化と脱工業化

理論的には、農業やサービス業を含め、どんな経済活動で生産能力を強化しても経済開発は達成できる。だが実際には、大半の場合において、経済開発とは工業化を通じて、いやより正確には工業部門[*4]の開発を通じて達成される。アルバート・アインシュタインが「理論的には、理論と実践は同じである。だが実践的には、そうではない」と言ったのはけだし名言だった。

機械化と化学処理によって製造生産性向上が容易に

製造業では、農業やサービス業のような他の経済活動に比べて生産性の向上は遥かに容易である。自然の束縛がずっと緩いし、機械化や化学処理によりなじむからだ。

農業の生産性は、土地の広さや気候、土壌といった物理的環境に強く依存しているし、時間にも縛られている。こうした天然の制限要因を克服するための有力な手段は、灌漑《かんがい》、選択育種、遺

＊3　2010年時点で、フィンランドの対GDPベースでのR&D投資は3・9％、韓国は僅差の3・7％。他に同比率の高い国々として、スウェーデン（3・4％）、日本（3・3％）、デンマーク（3・1％）、スイス（3％）、米国（2・9％）、ドイツ（2・8％）などがある。

＊4　ここでは製造業のみならず、鉱工業、電力、ガスなどの産業も含んでいる。統計が「工業」だけではなく「産業」としか分類されていない場合もある。

伝子工学に至るまですでにある。だがそれらにも、明確な限界がある。半年かかる小麦栽培を6分でできるようにする方法を見出した者はいない。だがこの2世紀半、ピンづくりではそんな生産性の向上があったのだ。

多くのサービス活動は、本質的に生産性向上になじまない。場合によっては、生産性向上がサービスそのものを台無しにしてしまう。弦楽四重奏が27分の作品を9分で演奏したらどうなるだろう。質の切り下げによって高い生産性を実現したと思われるサービスもある。米英のような国での小売産業の生産性向上は大部分、店員が少ないこと、遠くまで運転して来店しなければならないこと、配達時間の遅さなど、まさに質の低下によってもたらされた。２００８年の世界金融危機は、昨今の金融部門の生産性向上の大部分は過度に複雑で危険で詐欺的でさえある商品作りという質の低下によってもたらされたことを明らかにした。

経済の「学習センター」

製造部門は資本主義の「学習センター」だった。**資本財**（機械や輸送機器など）を供給することで、**消費財**（洗濯機や朝食シリアルなど）を製造する製造活動であれ、農業であれサービス業であれ、他の経済部門にも高い生産性をもたらしたからだ。

製造部門で起きた組織変革の多くは他部門とりわけサービス部門に転用され、生産性の向上をもたらした。マクドナルドのようなファストフード・レストランでは「工場」生産技術を導入して調理を組み立てライン方式の仕事にした。回転寿司のようにベルトコンベアで食品を運ぶようにした例さえある。大規模な小売りチェーンでは、スーパーマーケットであれアパレルチェーンであれオンライン小売であれ、製造分野で開発された現代的な在庫管理の技術を採用している。

農業部門でさえ、オランダ（米国、フランスに次ぐ世界第三位の農業輸出国である）などではコンピュータを使った給餌技術のような製造業流のやり方の採用によって生産性を向上させている。

脱工業化社会の台頭？

昨今、いまや**脱工業化社会**に入ったのだから、もう製造業はあまり重要ではないという議論が流行っている。

産業化の初期、多くの人は製造分野はずっと成長を続けるだろうと考えた。そして長い間、そのとおりのようだった。生産高と雇用の両面で、大半の国では製造分野の比率は着実に高まり続けた。しかし1960年代から、いくつかの国が脱工業化を経験し始めた。生産高と雇用の両面で製造分野の比率が落ち、サービス分野のそれが高まったのだ。これが脱工業化社会論を促した。多くのエコノミストが、人は所得が増えるにつれ製造物よりも外食や海外旅行のようなサービスを求めはじめるようになると主張した。こうして相対的に製造物への需要が低下すると、生産高や雇用に占める比率が下がって製造業の役割が縮小する。

こうした見方は、インターネットが発明されて「知識経済」なるものが台頭し始めた1990年代に大流行した。今やモノそのものよりも製品知識こそが重要であり、金融や経営コンサルティングなど付加価値の高い知識集約的なサービスが脱工業化の進む先進国の先進的分野になると主張する人は多かった。「現物産業」たる製造業は二流の仕事であり、中国のような労賃の安い国に移管できるのだ、と。

ごく最近では、途上国でさえ脱工業化議論を口にし始めている。いまや工業化はおおむね一足飛びにして、サービス化経済で豊かになれるのだ、という。そしてソフトウェア、会計サービス、医療画像診断サービスなどの輸出で成功した「世界のオフィス」ことインドと、「世界の工場」たる中国(本来は産業革命後の英国に冠せられた称号である)を見較べている。

脱工業化は製造物の生産が減ったことを意味しない

政策立案の責任者をはじめ多くの人がその気になっているにもかかわらず、脱工業化社会という議論は非常に誤解を招きやすい。大半の富裕国は確かに雇用の点では「脱工業化」している。こうした国では労働者に占める工員の割合は減り、店舗やオフィスで働く人々の割合は増えている。またすべてではないが大半の国では、このことは国家生産高に占める製造分野の割合低下をも伴っている。

だからと言って、これらの国で工業製品の製造量が絶対数で下がっているわけではない。一見するとの減っているようであるのはサービス価格に対して製造物の価格が相対的に下がっているためで、その原因は製造現場の方が生産性向上が速いからである。コンピュータや携帯電話が質を維持しつつどれほど速く安くなっていくかを、散髪や外食の値段の低下速度と比べてみればわかる。この相対的な価格効果を考慮に入れ、さまざまな分野が占める割合を現行価格（今日の価格）ではなく恒常価格（初年度の価格でその後の生産量を評価する）で計算し直せば、富裕国では製造分野の割合はさほど減っていない。後述するように、増えている国さえあるのだ。

脱工業化の一部は誤解の産物

脱工業化の程度は、統計の集計方法が生み出した幻覚によって誇張されてもいる。製造業で自家消費されているサービスの多く（ケータリング、警備、デザインや技術開発）は今日では**アウトソース**（外注）されて独立した業者によって提供されている（外注先は国内外の場合があり、国外の場合はオフショアリングと呼ばれる）。これが、サービスの重要性を実態以上に過大に見せかけている。これら外注されたサービスの中身は別に変わっていないが、今では製造業の一部としてではなく、サービス産業として計上されているのである。

加えて、自社の生産高における製造部門の割合低下を見て、製造業者のなかには相変わらず同じ製造の仕事をしていながら、自社をサービス企業と分類し直す会社もある。英国政府の報告では、1998年から2006年までの英国における製造分野の雇用数低下のうち10％までもが、この「再分類効果」によるものと推計されている。[7]

モノづくりは相変わらず大切

世界は今や「知識経済」に移行した、モノづくりは今日ではあまり重大ではないのだという見方は、知識の根本的な誤解に基づいている。人間はどんな時代も知識経済に生きてきた。より工業化の進んだ国をより豊かにしてきたのは、生産する物理的な商品そのもの（それが物理的な物であれ無形のサービスであれ）よりも、まさしくそこに含まれている知識である。18世紀まで世界の最先端産業だった毛織物産業が今では最もローテクな産業の一つになっていることを考えると、この点がはっきりするだろう。かつてあるフランスの大臣が雄弁に語った「駄目になった産業などというものはない、時代遅れになった技術があるだけだ」という言葉を思い起こせばよい。[8]

最近では、金融や輸送などいくつかのサービス産業で高い生産性向上を見ている。これを見て多くの人が、一国はこうしたサービス産業に立脚して経済開発できると言う。英国のように、そうした国は付加価値の高い製品を輸出して稼いだ金で、海外から必要な工業製品を買うことはできる。この戦略は、ある程度の期間なら有効かもしれない。2008年の金融危機に至るまでの10年かそこら、英国は実際、金融分野の盛況のおかげで急速な脱工業化にもかかわらず、そこそこの成長率を実現した。だが2008年危機は、サービスこそ新たな成長の原動力という信仰はあらかた幻想だったことを無残に証明した。

そのうえ、こうした生産性の高いサービスの多くは、工学、設計、経営コンサルティングなどのいわゆる「生産サービス」であり、その主要顧客は製造業者である。だから製造業ベースが弱まれば、やがてはこうした輸出し難いサービスの衰退にもつながる。

リアルな数字

農業は今も驚くほど重要

19世紀後半まで、農業はほとんどどんな国にとっても経済の大黒柱だった。(9) 今日の富裕国の多くでさえ、ほんの2、3世代前まで国民の4分の3近くが農業に従事していた。1870年のスウェーデンでは、労働力の72%が農業で雇用されていた。1885年の日本でも73%である。

農業は製造やサービスに比べて生産性が低いため、大半の国民がこの部門に属していても、経済生産高の過半を占めることはめったにない。1870年、デンマークでは50%、スウェーデンでは47%だった。韓国では1953年に至っても47%しか占めていない。

今日の富裕国では、農業は生産高と雇用のいずれについてもごく小さな役割しか担っていない。GDPに占める割合はわずか1%～2%程度、労働力人口のわずか2%～3%程度しか吸収していない。富裕国の農業では過去数十年間に膨大な生産性向上が見られたからである。米国、フランス、オランダが世界の農業輸出国のベスト3であること（インドやインドネシアのような巨大な途上国ではなく）は、富裕国の農業生産性の高さを実証している。

だが多くの貧しい途上国では、農業は今もとても重要である。一握りの非常に貧しい国では、経済生産の半分以上がいまでに農業で担われている。[*5] 比較的裕福な途上国でさえ、農業はいまも経済生産の20％～40％を担っている。

雇用の点では、農業の重要性はさらに高まる。最貧国では80％から90％もの人々が農業に従事しており、ブルンジ（92％）、ブルキナファソ（85％）、エチオピア（79％）などがそうである。中国は過去30年に目覚ましい工業化を果したが、それでも37％が今も農民である。

富裕国では製造部門の重要性は衰えている……

工業国である西欧と米国では、その最盛期（国によって1950年代から1970年代にかけて）には40％近い人々が製造部門で働いていた。製造業全体の雇用比率は、50％近くにも及んでいた。

今日、大半の富裕国では、製造部門で働く人々は15％に満たない。例外は台湾、スロベニア、ドイツなどで、20％以上に及ぶ。[*6] 英国、オランダ、米国、カナダでは、おおむね9％～10％程度しかない。

製造業の雇用に占める割合が低下すると、経済生産高における比率も下がる。オーストラリア、フィンランド、日本などでは、GDPに占める製造業の割合は1970年代には25％前後だった。

今日、これら富裕国のなかで20%を超える国は一つもない。[10]

……とはいえ、大半の人が考えているよりも、やはりずっと大切

製造業の対GDP比率に下降傾向が見られる理由はおおむね、製造業では生産性向上が著しく、そのために製造物がサービスや農業産品に比べて安いからだと既述した。ということは、製造業の割合は恒常価格（前述のとおり期初の価格）で見るか現行価格で見るかによって大きく変わるということだ。

過去20年の間、ドイツ、イタリア、フランスなどの富裕国では、対GDPの製造業占有率の落ち込みは現行価格ベースでは非常に大きい（独20%、伊30%、仏40%）が、恒常価格ベースではそれほどでもない（3国とも10%未満）。[11] 富裕国のなかには、恒常価格ベースではかえって増えている場合さえある。米国とスイスでは過去数十年の間にGDP占有率で5%ほど、[12] フィンランドとスウェーデンでは過去数十年の間に50%もの上昇を見ている。[13]

非常に重要な例外は英国で、製造業の占有率は恒常価格ベースでさえこの数十年で劇的に下がっている。[14] これが示唆しているのは、英国の脱工業化は、製造業の高い生産性向上を反映した

＊5　2009年の世界銀行のデータによれば、シエラレオネ（59%）、リベリア（58%）、中央アフリカ共和国（57%）、エチオピア（51%）などがそうだ。
＊6　2011年データで台湾（28%）、スロベニア（23%）、ドイツ（20%）である。

製品価格低下のためではなく、製造業自体の競争力喪失による絶対的衰退によるものであることだ。

途上国の「時期尚早」な脱工業化

過去30年間、多くの途上国では、「時期尚早」な脱工業化を経験してきた。すなわち、富裕国の場合よりはるかに早い時点から製造業（あるいは産業全般）の経済生産と雇用に占める割合が減り始めたのである。

南米では、製造業のGDP占有率は1960年代半ばの25％から1980年代後半の27％まで増え、それから劇的に低下している。今日ではわずか17％しかない。南米の産業化の雄ブラジルにおける脱工業化はさらに著しい。製造業の対GDP占有率は1980年代半ばの34％から今日の15％に至るまで低下している。サブサハラのアフリカでは、1970年代から1980年代の大半に17％〜18％だったものが今日では12％に下がった[15]。

この時期尚早な脱工業化はおおむね、1980年代以降にこれらの国々が採用した新古典主義的な経済政策の結果である（第3章参照[16]）。急激な貿易自由化は、これらの国々の製造業を破壊した。金融自由化を受けて、銀行は貸付を製造業者から（もっと豊かな）消費者へと振り向けた。政策はインフレ対策の高金利政策や自国通貨高誘導などに注力し、製造業は借り入れコスト高や輸出競争力の喪失に苦しめられた。

サービスに立脚した成功譚？　スイス、シンガポール、インド

脱工業化経済と言えば、スイスやシンガポールがよくサービス化経済の好例に挙げられる。これら2国は、金融、観光、貿易などのサービスを通じて非常に豊かになれることを証明している、というわけだ。

だが実際、これら2国が示しているのは、その正反対のことだ。2002年のUNIDOのデータによると、スイスは世界で最も製造業付加価値（MVA）が高く、日本より24％も高い。2005年には日本に逆転されて2位である。2010年のシンガポールは米国より48％高いMVAを生産して世界首位を飾り、2位が日本、3位がスイスだった。この年、スイスのMVAは米国より30％高い。

インドが示しているように一国は工業化を飛び越してサービス化経済で豊かさを達成できるという主張は、誇張もいいところである。2004年まで、インドはサービス**貿易赤字**だった（すなわちサービスの輸出より輸入の方が大きかった）。2004年から2011年まではサービス**貿易黒字**（貿易赤字の逆）を達成しているが、GDPのわずか0・9％を担うにすぎず、財の貿易赤字のわずか17％（GDPの5・1％）を埋め合わせているにすぎない。インドはサービス化経済の成功譚とはおよそ言えないのだ。

地球の資源を食い尽くす？――環境の持続可能性を本気で考える

環境的制約は喫緊の課題

生産についての話を終える前に、経済成長に対する環境的限界の問題を何とかしなければならない。主に物質生産と消費に起因する地球温暖化が人間の存亡にかかわる問題であることには疑問の余地がない。そのうえ、多くの非再生資源（石油や鉱物など）は急速に枯渇しかけている。農産物や材木など再生可能資源の自然回復力も、急激な需要増大に追いつかない。となれば、環境に対する経済活動の影響を管理する方法を見つけないと、いわゆる「地球を食い尽くす」ことになるだろう。

だがそれは、生産能力の増強という経済開発をやめるべきということか？　それならこれまで述べてきたことはいったい何だったのか……？

技術開発は環境問題の原因にも解決法にもなる……

１９７５年か１９７６年頃、12歳か13歳だった著者は、一冊の本と出会った。ローマ・クラブという変わった著者名の『成長の限界』（ダイヤモンド社、１９７２年、訳書の著者名はドネラ・

H・メドウズ他）という本だった。つまみ読みしただけでも、暗澹《あんたん》たる思いだった。世界の石油は1992年頃に枯渇するという。じゃあ僕は30歳を前に、牛車に乗り薪を焚《た》く暮らしに戻るのか？　わが家が石油集中暖房《セントラル・ヒーティング》を備えた住まいに引っ越して数年後のことだったので、ひどく理不尽に思えた。

ローマ・クラブの予想は当たっていた。われわれは石油を使い果たしてしまった。ただし、1970年代の技術で採掘可能だった分である。だがわれわれは今も、膨大な量の石油を燃やし続けている。石油の探索も採掘も非常に効率が上がり、40年前には手の届かなかった場所、とりわけ深海底に眠る石油などが利用できるようになったからだ。

加えて、技術は資源の定義も変えてしまった。以前は厄介者だった波浪もエネルギー源となった。1980年代まで、コルタンという希少鉱物にはほとんど用途がなかった。今日では世界で最も有用な資源となり、生産地のコンゴ民主共和国では反政府勢力の多くが奴隷労働を使って採掘し、資金源にしていると言われるほどだ。コルタンに含まれるタンタルは携帯電話他の電子機器部品に使われる重要な原材料なのである。

すこし地味になるが、技術革新のおかげで再生可能エネルギーの利用効率も上がった。既述のとおり、過去1世紀で、人間の食糧（あるいは綿など他の天然資源）生産能力は、機械化、化学肥料や殺虫剤の使用、選択育種、遺伝子工学などのおかげで驚くほど向上した。自動車や航空機の原動機や発電所の燃料効率も上がっている。原材料のリサイクル比率も上がっている。

……とはいえ技術的解決には限界がある

技術革新がどれだけ速くても、未利用分まで含めてもなお非再生資源の可採埋蔵量は有限である。

当面、どの重要資源についても枯渇の心配はない。だが量が減るにつれ貧しい人々には手が届かなくなり、彼らの暮らしの安寧や存在さえ脅かされかねない。水の価格が上がっていることで、すでに貧しい人々の間で水系伝染病が増え、農作物の収量が減っている。食糧価格の高騰は飢餓と栄養失調をつのらせるだろう。燃料価格がさらに上がれば、富裕国でさえ貧しい高齢者の死亡が増えるだろう。まるでニール・スティーブンスンのSF小説『ダイヤモンド・エイジ』(早川書房、2001年)に描かれているように、貧しい人々は天然材料ではなく、薄っぺらい合成繊維でやり過ごさなければならなくなるだろう。

もちろん気候温暖化ははるかに差し迫った問題だ。すでに影響は起き始め、これから1、2世代のうちに、悲劇的とは言わないまでも極端に深刻になることは確実だろう。そして人類が地球温暖化の完全に技術的な解決法をタイミング良く見出し、さして生活を変えずに済む可能性は、理論的にはともかく実際には非常に考えにくいだろう。

発展途上国は生活水準を上げ気候変動への対応力を高めるため　やはりいっそうの経済開発を必要としている

だからと言ってわれわれが経済開発をやめなければならないわけではなく、途上国についてはとりわけそうだ。第一に、途上国にはもっと経済生産——すなわち経済成長——が必要だ（ただしごく一部の者が成果を独り占めするのでなければ）。こうした国にとってより高い所得とは二台目のテレビを買うことではなく、きつく危険な環境での就労時間を減らすこと、乳幼児死亡率を減らすこと、平均余命を伸ばすこと、疾病率を下げることなどだ。こうした変化は、単純な成長ではなく経済発展（つまり生産能力向上）によるものの方が持続的だが、天然資源による棚ぼたのような成長でさえこうした国にとっては貴重である。

発展途上国は、気候変動の結果によりうまく対処できるようになる（専門用語でいえば**気候変動適応**）ためにも、生産能力を向上させる必要がある。多くの途上国は気候、位置、地勢のため、地球温暖化の原因にはほとんど責任がないのに由々しき影響を受ける。それでいて、そんな影響に対してまさに脆弱な国々なのである。[*7] 気候変動への対応力を高めるため、貧困国にはよりよい技術と組織能力が必要で、それは経済発展によってのみ達成されるのだ。

後発開発途上国（ＬＤＣ）における経済成長・開発は大問題である。ＬＤＣ所得を一定段階（例えば今日の中国程度）に向上させても、気候変動にはさしたる違いはもたらさない。このことは、エコ・イクイティとストックホルム・エンバイロメンタル・インスティテュートの二つのシンクタンクが開発した枠組み「グリーンハウス・デベロップメント・ライツ（GDR）」などで議論されている。(17)

富裕国も経済開発を続けるべきだが、生産や消費の優先順位は画期的に変わらなければならない

気候変動の程度を抑制しようと思えば、すでに世界の資源の大半を使い、消費をこれ以上に伸ばす必要のあまりない富裕国は、消費を減らさなければならない。だが国全体で消費を減らしても生活水準が低下するとは限らない。米国、英国、ポルトガルのような非常に格差の大きい国では、格差を是正すればより多くの人がより多く消費できるようになる。比較的に平等な社会でも、消費量を増やすのではなく消費の内容を変えれば、暮らしの質を高めることができる。(18)集約的なサービス、とりわけ公共交通機関やレジャー施設の利用を増やせば、散発的な資源浪費を減らし、福祉を高められる。例えば交通渋滞で無駄にする時間を減らしたり、韓国で人気のある小さな個人図書館で重複するサービスを削減するなどである。

消費量を減らすことに加え、エネルギーも節約できる。建物、自動車、電化製品の省エネ基準も強化できる。自動車で行く郊外のショッピングモールを挫《くじ》く政策とともに公共輸送手段の改良投資をすれば、自動車利用は減る。買い物より家族や友人と充実した時を過ごすことに喜びを見

出すような文化的な転換も必要かもしれない。再生可能エネルギーに完全移行できるまでのつなぎとして、原子力発電の継続使用あるいは増大さえ、主要な地震多発地域（日本、チリ、米国の一部）以外では考慮されるべきかもしれない[19]。

だがこれらのいずれも、富裕国が少なくとも本章の定義による経済開発をやめるべきであることを意味しない。生産能力を高め労働時間を減らして従前にも増す生産をすることはできる。気候変動やその他の問題に取り組む環境技術を磨き、さらには途上国に手の届く価格で技術移転してやることはできる。より優れた再生可能エネルギー、より効率が良くしかし環境に優しい農業技術、もっと手の届きやすい脱塩技術などである。

結び——なぜもっと生産に注目しなければならないのか

新古典主義派が席巻する経済学の主流において、生産はひどくないがしろにされてきた。大半のエコノミストにとって、経済学はいわゆる工場の門（昨今ではますます「オフィス街のはずれ」

＊7　自然災害の影響度を決定づけるうえで、物理的な強度は被災するコミュニティの適応力に比べればさして問題ではない。例えば2010年のハイチ大地震は犠牲者20万人を数え1世代にわたる傷跡を国に残したが、マグニチュードでいえば7にすぎず、これは日本なら運の悪い人が数人ほど死ぬ程度の強度である。

になっているが）で終わるのである。生産過程は予測可能で、任意の製品を作るためには「生産機能」で予め明確に規定された資本と労働を投入すれば良いとされてきた。

生産に目が向くのは、最も集約的な段階すなわち経済成長をめぐってだった。それを最も雄弁に物語るのは、１９８０年代の米国の競争力をめぐる議論における「一国にとって、ポテトチップスを作ろうがマイクロ・チップスをつくろうがどちらでもよい」というせりふである。経済活動の中身が変われば結果も異なりうること──生産量のみならず国の生産能力の発展にどう影響するかというより重要な問題──は、ほとんど顧みられなかった。そして国の生産能力に及ぼす影響という点では、製造業の右に出る者はない。製造業こそが過去20年の技術革新や組織能力を生み出した主要な源だったのである。

残念ながら、机上論としての脱工業化社会論の台頭と金融分野の支配力増大という現実を受けて、製造業への無関心は軽視へと変わっていった。新たなる「知識経済」においては、製造のような低次元の仕事は低賃金の途上国でやればいい、というのだった。

だが工場こそ現代社会がつくられ、今後もつくりかえられる場所である。さらに、言うところの脱工業化社会でも、その経済的原動力となるサービス業は、活気ある製造業なくして栄えることはできない。サービス主導の繁栄の権化と喧伝されるスイスとシンガポールが、実際には日本と共に世界で最も工業化された3国のうち2国であることは、その何よりの証左である。

一般通念とは裏腹に、生産力の増大、特に製造分野におけるそれは、現代最大の課題である地球温暖化に取り組むうえで欠くことができない。富裕国は消費パターンを変えるとともに、環境技術分野での生産能力増大に取り組まなければならない。途上国は、気候変動の負の影響に対処するためだけでさえ、技術的、組織的な能力を増大させなければならず、それはおおむね工業化によってのみ獲得できるものである。

第8章

信用第一……
のはずなのに
——金融という仕組み

マイケルは途方にくれた。問題の種を父に返したのに、どうしてこんなことに？　大人ってどうしてこんなに変なんだろう？　マイケルは2ペンス銅貨で聖パウロ大聖堂の階段に座っている老婆から鳥の餌を買うつもりだった。なのに父はマイケルを騙して銅貨を取り上げたのだ。父は、お前の2ペンスで買えるもっと面白いものを職場で教えてやると、マイケルとジェーンの子ども二人に言った。

マイケルとジェーンが父の職場に行ってみると、父が重役と呼ぶドースさんと父は、マイケルの2ペンスをドース・トムズ・モーズリー・グラブス・フィデリティ・フィデュシアリ銀行に預けることを讃えて歌った。このお金のおかげで、聞いたこともない知らない場所のありとあらゆるものの一部が君のものになるのだと言うのだった。「アフリカを縦断する鉄道、ナイル川を堰《せ》き止めるダム、快速船の船団、自己償却の巨大運河、緑濃い茶プランテーション」などだ。歌に気を取られたマイケルは、ついうっかり握った拳を開いてしまった。そのすきにドースさんは、老人とは思えない素早い身のこなしで、マイケルが握っていた銅貨を取り上げてしまった。

マイケルは思わず叫んだ。「僕のお金を返してよ！」だがどうしてか、それが呼び水となって銀行のお客はみな金を引き出そうとし始めた。銀行は払い戻しを拒んだが、混乱は収まらなかった。マイケルとジェーンは何とか老人から2ペンス銅貨を取り返して走って家に戻った。だが家に着いてみると、待っていたのは銀行で起きた騒ぎのために父がそこを解雇されたというニュースだった。マイケルは2ペンスを父に渡したが、父は仕事を取り戻すことはできなかった。

どうしてマイケルが叫んだことが問題を起こしたのだろう？　どうして他の人々も皆、お金を引き出したがったのだろう？　なによりわからないのは、どうして銀行はお客に彼らのお金を返すことを拒んだのだろう？

銀行と「伝統的」な金融制度

銀行は守れない約束をする

右はディズニー映画『メリー・ポピンズ』の一節である。魔法使いのメリーの乳母子マイケル・バンクス坊やの視点で見直したものだ。そしてこのシーンは銀行業の本質を雄弁に物語っている。信用である。

フィデリティ・フィデュシアリ銀行が問題を起こした原因は、端的に言えば、できもしない約束をしたからである。他の銀行と同じく、同行も預金口座で預かる資金はいつでも現金で払い戻しますと約束しながら、実際にはその一部しか手元に残していなかったのだ。[*1]

銀行がそんな「偽り」の約束をしても、通常は何ら問題はない。どんなときでも銀行から預金を引き出そうとする人はごく一部なので、銀行は預かり資産のごく一部の現金（あるいは銀行債券など換金性が極めて高い現金同等資産）しか持っていなくても安泰である。

だが預金者は銀行の払い戻し能力に不安を感じたら、すぐにでも預金を引き出そうとする。もし大勢の預金者が同時に預金を引き出そうとしたら、銀行はそれに応じられないことがわかっているからである。仮に不安が事実無根であっても（フィデリティ・フィデュシアリ銀行の場合はそうだった）、多くの預金者が同時に不安を覚え預金を引き出そうとしたら、その不安は自ずから実現してしまうのだ。

この状況を**取り付け騒ぎ**という。2008年金融危機の後には、その例が見られた。英国のノーザンロック銀行の支店には顧客が列をなし、一方で英国とオランダの預金者は倒産したアイスランドのランズバンキ銀行のネット部門アイスセーブのサイトをフリーズさせた。

銀行は一種の信用詐欺のようなものだが、社会的に有益なそれである（ただしちゃんと経営されていれば）

では銀行は信用詐欺なのか？　まあ一種のそれと言えないことはない。厳密に言えば、信用詐欺とは被害者に偽りを信じさせることを伴う。銀行の場合、他にどれだけの人が真偽と思うかにいゝ、いゝ、いゝ、いゝ、いゝ、いゝ、よって真にも偽にもなることを信じさせている。十分に多くの預金者が銀行でいつでも預金を引き出せると思っている限り、実際にそうできる。だがそう思わなくなったら、実際に引き出せなくなるのだ。[*2]

銀行業が一種の信用詐欺を含んでいるという事実から、銀行に全預金者に対して同時に払い戻しができるだけの現金を持たせる「ナロー・バンキング」を提唱する向きもある。だが考えてみれば、信用詐欺こそ銀行業の肝——誰もが現金がもたらす柔軟性つまり流動性を求めていながら、同時にすべての人がそれを必要とすることはないという事実を利用して手持ち資金以上の金を生み出すこと——なのである。

銀行がニュー・マネー（すなわち信用）を生み出す能力は、まさに不安定性の代償すなわち取り付け騒ぎのリスクによって購われたものだ。さらに事を難しくするのは、いくつかの銀行で取り付け騒ぎが起これば、全銀行に信用不安が**伝染**することだ。

これは人々が不安になり、銀行はどこも危ないと思うためだけではない。銀行は銀行間市場で

＊1　銀行の預金者には、借り手も含まれていることに留意する必要がある。銀行から金を借りると、融資額を現金で受け取るのではなく預金口座を持たされ、そこに融資金額が振り込まれる。だから銀行から金を借りると、預金者の一員にもなるのである。

＊2　この特殊な信用詐欺は実際、経済管理の世界では実に多用されている。他の顕著な例では、景気後退期における政府の財政赤字支出がある。政府はまず「実際には持っていない金」を支出し、予算を赤字にする。だが政府支出が需要を増大させ、すると企業も消費者もより楽観的になる。こうして将来に対する見通しが十分に明るくなれば、彼らは投資をし、支出を増やす。投資や消費の増大は所得と税収の増大を招く。税収が十分に増えれば赤字予算は解消し、政府は投資を回収できる。

互いに資金を融通し、金融商品を売買し合うことも増えているからだ（詳細後述）。だから銀行の信用とは、個別にではなく制度全体で維持されなければならない。

銀行制度の信用維持で最も重要な中央銀行

この信用問題に対する古典的解決策は、随意に「紙幣を刷る」ことができる中央銀行を設立し、その独占的通貨発行権を利用して、信用不安に陥った銀行に無制限で貸し付けることだ。だがこの「策」が奏功するのも信用問題がキャッシュフローすなわち**流動性危機**にとどまっている限りである。この状況では、不振銀行は負債（預金、発行債券、他行からの借り入れ）以上の資産（貸付金、買い入れた債券他の金融資産）を持っているが、その資産をすぐにすべて売り払って負債を償還することができないだけだ。

だが銀行が**支払い能力危機**《ソルベンシー》に陥った場合、すなわちその銀行の負債総額が資産総額を超えている場合は、中央銀行がいくら金を貸し付けても問題は解決できない。その銀行は破産するか政府に**救済**を求めるかで、後者になると政府が新規資本を注入する（ノーザンロックとアイスセーブの場合はそうなった）。政府による銀行救済は2008年金融危機いらいおなじみの光景になったが、資本主義の歴史を通じてずっと行われてきたことだ。

さらなる信用を——預金保険と健全性規制

銀行に対する信用を増強する手段は、中央銀行制度の他にも、**預金保険**がある。この保険制度のもとでは、もし銀行が払い戻しできなくなれば、政府が全預金者に一定額（現在のユーロ圏では10万ユーロまで）までの預金の弁済を約束する。この制度があれば、預金者は少しばかり不安に駆られてもパニックに陥って預金を引き出す必要はなくなる。そのため取り付け騒ぎの心配は大きく減る。

銀行の信用を増す方法は他にもあり、銀行がリスクを取る能力を制限することもそうだ。これが**健全性規制**である。健全性規制の重要な指標の一つが**自己資本規制比率**である。これは銀行の貸出額（すなわち預金者に対する負債）を株主資本（株主による出資額）の一定倍までに制限する規制である。こうした規制は、もともとの自己資本の何倍まで「レバレッジ」をかけられるかについての規制なので、**レバレッジ規制**とも呼ばれる。その他の有力な健全性規制に**流動性規制**があり、銀行の資本の一定割合以上を現金もしくは非常に「流動的」な資本（国債などいつでも換金できる資本）で持つことを定めるものである。

「伝統的」な銀行制度（20世紀半ばまで）

20世紀の半ばまでには、先進資本主義国では機能的な金融制度を整備しており、それが資本主義の黄金時代を促した。この制度の中核には銀行セクターがあり、それについては直前で述べたとおりである。もう一つの核は証券市場と債券市場で、債券市場は国債市場と社債市場に分けられる。

企業は、証券市場で株券を売って多額の資金を調達できる。相手は見知らぬ出資者すなわち匿名投資家である（国によっては有限会社を「匿名ソサエティ」というのはこのためである。例えばスペインでは株式会社をSA：ソシエダー・アノニマという）。

企業が初めて株式を部外者に売ると、私企業（一般大衆に広く株式を売っていない企業）だったものが公開企業（株式を広く一般に公開している企業）になり、これを**株式公開**（**IPO**）という。2004年にグーグルが、2012年にフェイスブックが「株式公開した」と聞いたこともあるだろう。時にはすでに公開している企業が新株を発行し、追加で資本を集めることもある。

企業が株を売って資本を調達するのは、証券市場の機能の一部にすぎない。他の重要な機能として、企業を売買できるようにする（実際、英米のような国ではこちらの方が重視される）。はやり言葉で言えば**企業支配権市場**である。新たな株主（群）がある企業の過半数株を取得すれば、その株主が新所有者としてその企業の将来を差配できる。これを**買収**とか乗っ取り（第3章で敵対的買収について既述）という。ゼネラルモーターズ（GM）は20世紀初頭に買収を繰り返してできあがった。[*3] 最近ではマイクロソフトがノキアの携帯電話部門を買収したのが最も有名な企業買収事例である。時には、複数企業が株式を統合して一社になることもある。これが**合併**である。

最も有名、というより悪名高いのは、2001年の伝統的マスコミ企業タイムワーナーとインターネット・サービス会社の草分けAOLの合併である。*4

第二次大戦後の大半を通じて、ニューヨーク証券取引所（NYSE：1817年設立）、ロンドン証券取引所（LSX：1801年設立）、東京証券取引所（TSE：1878年設立）が世界最大級の市場だった。1971年に「仮想」市場として設立された（当初はNYSEのような現実の市場がなかった）NASDAQも、多くの急成長IT企業が「上場」していたため、1980年代に大きく成長した。今ではNYSEに次ぐ世界で2番目に大きな市場になっている（3番手は東証）。証券市場での値動きは通常**株価指数**によって表される。選ばれた主要企業の株価に相対的な企業規模を加重した平均である。NYSEの値動きはS&P500（格付け会社スタンダード・アンド・プアーズによって選ばれた企業群）によって捕捉され、LSXではFTSE100（『フィナンシャル・タイムズ』が選ぶ）、TSEでは日経225（『日本経済新聞』が選ぶ*5）に代表

*3　元来のGMが設立されたのは1908年のことで、ビュイックを作っていた。1908年から1909年にかけて、同社はオールズモビル、キャデラック他のブランドを作っていた企業を買収し、さらに後のトラック部門になる企業も買った。シボレーを買収したのは1918年のことである。

*4　この合併はうまくいかなかった。実際、タイムワーナーの元CEOジェフ・ベウクスに「ビジネス史上最大の失敗」と評されるほどだった。あげく2009年には破棄（分割と呼ばれる）された。AOL事業は買収時（ドットコム・バブルの盛りだった）の見通しどおりには成長できず、2社の社風はまったく相容れなかった。

*5　各指数の数字は、それを構成する企業数を示している。

される。

債券市場では、政府や企業が投資家から直接、投資を募ることができ、この債券は誰にでも譲渡可能で固定金利が支払われる。だが国債市場は米国（財務省長期債券こと T ボンドと呼ばれる）以外では大して発達しておらず、社債市場に至っては米国でさえさして発達していない。1968年のシドニー・ホーマー著『債券の買い手のための手引き』（未訳）では米国の社債発行企業はわずか3頁に収まっているようだ。(1)

こうした大括りな枠組みの元、国際的には重要な違いがある。英国や米国では、こうした株式や債券の市場の影響力が大きいが、ドイツ、日本、フランスなどでは銀行がはるかに大きな役割を担っている。このため前者は「市場ベース」な金融制度を持ち、後者は「銀行ベース」の制度を持つとされる。前者の方が後者に比べて、短期的な収益を生む重圧が企業に強くかかると言われる。株主（あるいは債券所有者）は、貸付をする銀行よりも、所有企業に長期的に取り組む覚悟がはるかに希薄だからである。

投資銀行と新たなる金融制度

一般の人目につかない銀行——投資銀行

ここまでは一般の目につく、どこの街角にも支店があるような銀行の話をしてきた。HSBC

やナットウエストのようなこうした銀行はテレビ、看板やウェブサイトでの宣伝も盛んにやっている。そして自分たちが預金者に対してどれほど親切か(学生さんには無料の電車プリペイドカードプレゼント！　英国コールセンター限定！)を謳い上げ、海外旅行はどうですか、スイーツショップ開店の夢をかなえませんか、ご融資しますよと誘う。こうした銀行は**商業銀行**あるいは**預金銀行**という。*6

だがわれわれの目につかない銀行もある。**投資銀行**である。なかには系列の商業銀行とブランドを共有する場合もある。バークレイズは商業銀行を持つが、バークレイズ・キャピタルという投資銀行も持っている。同じ会社が両方の業務を別のブランドでやっていることもある。JPモルガン・チェースはJPモルガンのブランドで投資銀行部門を持ち、一方で商業銀行部門はチェース・マンハッタンの名でやっている。他の投資銀行たとえばゴールドマン・サックスやモルガンスタンレー、今は亡きリーマン・ブラザーズなどには、商業銀行の姉妹企業はない。たいていの人は彼らの名こそ聞いたことがあるだろうし、特にジャーナリストのマット・タイビに吸血鬼の館と誇られたゴールドマン・サックスの名には聞き覚えがあるだろうが、何をやっているのかはよく知らないだろう。

投資銀行は19世紀からあった。時には独立して存在したが、多くの場合は商業銀行と投資銀行

*6　商業銀行が個人から預金を集め、自動車や住宅のローンを貸し付けるような仕事を「リテール・バンキング」という。法人相手の融資や預金受け入れなどは、「コーポレート・バンキング」である。

のいずれの銀行業も営む**ユニバーサル・バンク**の一部としてである。ドイツの銀行たとえばドイツ銀行やコメルツ銀行などは、まさにその典型例だ。米国ではグラス＝スティーガル法によって、投資銀行と商業銀行を兼営することは1933年から1999年まで禁じられていた。だが1980年代以降、こうした銀行は金融制度を全世界的規模で塗り替えつつある。

投資銀行の（かつての）中核的役割は株式と債券を発行し売買すること

投資銀行の名は、企業が投資家から資本を募る手伝いをすることに由来する。少なくとも、それが当初の事業目的だった。企業の株式と社債を発行し、その売買も請け負うのである。投資銀行が依頼者である企業の株や社債を売る際には通常、小口の個人投資家は相手にしない。大規模な投資家たとえば極端に豊かな個人投資家（業界用語では「富裕層」という）や、個人投資家から集めた金をまとめて（プールして）運用する**機関投資家**と呼ばれるファンドなどが相手だ。

代表的なファンドには、年金の掛け金を投資する年金基金、国家資産を運用する**ソブリン・ウェルス・ファンド**（ノルウェー政府年金基金やアブダビ投資評議会などが大手）、**ミューチュアル・ファンド**や**ユニット・トラスト**のような小口個人投資家の資金をプールして公開市場で運用するものがある。他にも、富裕層やもっと「保守的」な基金（年金基金など）から多額の資金を預かってハイリスク・ハイリターンの資産で積極運用する**ヘッジ・ファンド**、ヘッジ・ファンドに似ているがもっぱら企業を買収して立て直し後に売却して利益をあげる**プライベート・エクイティ・ファンド**などもある。

投資銀行は顧客企業の株式や社債を売るだけでなく、自らの資金で株や債券を売買して儲けようともする。これが**自己勘定取引**である。さらに企業の**合併買収（M&A）**の手伝いからも利益を得る。だが合併買収において投資銀行が提供するサービスは「銀行」業というよりコンサルティング・サービスの色彩が強い。

1980年代以降、とりわけ1990年代から、投資銀行はますます新たな金融商品の開発と売買に注力するようになった。例えば債務証券化商品や金融派生商品こと**デリバティブ**である。[*7] 投資銀行がこうした新商品に力を入れたのは、要するに株や債券の売り出しやM&Aの助言などの伝統的な仕事よりも儲かるからである。その内容は次のようにいささか込み入っている。

債務証券化商品は個人向け貸付をプールして混成債券にする

かつては銀行が融資をすれば、その取引で生まれる債権を所有するだけのことだった。だが過去数十年の「金融イノベーション」は、こうした資産から**資産担保証券（ABS）**を生み出した。ABSは膨大な資産――住宅ローン、自動車ローン、クレジットカード残債、学費ローン、事業

＊7　他所における著者自身を含めて人はこうした商品を「金融デリバティブ」と総称しているが、文中で説明しているように別個に扱った方が正確である。

融資など――をプールし、より大きな「混成」債券にする。

個別の融資の借り手が支払い不能に陥れば、焦げ付いた不良債権になる。こうしたリスクがあるから、個別の融資債権は簡単に転売できない。だがそれらをプールしてABSを組めば、例えば膨大な数の住宅ローンをひとまとめにすれば（**住宅ローン担保証券［RMBS］**という）、たとえ個別の借り手に比較的高い返済不能リスクがあっても（米国ではこうしたローンを「サブプライム」という）、全体としては返済のあてがつく。ちょうど保険が契約者をまとめて成り立っているように、こうした商品は大勢の借り手のリスクをプールしているのである。

こうして、容易に売れなかった流動性の低い資産（個別の住宅ローンや自動車ローン契約など）が、簡単に売買できる混成債券になる。ABSが台頭するまで、債券を発行できるのは政府と大企業に限られていた。今日では何でも、例えばささやかな学生ローンでさえ、債券に組み込むことができる。原債権をABSにまとめて売り飛ばしてしまえば、銀行は売却代金を原資にさらに多くの融資ができる。

1980年代まで、ABSはおおむね米国の、しかも住宅ローンからつくられるものに限られていた。だが1990年代初頭から、その他の融資からできたABSが米国で始まり、他の富裕国にも伝播《でんぱ》していった。その背景には、融資銀行が債権を第三者に売却しても良いとする規制緩和があった。

ABSを「仕組」むことでもっと複雑に、そして建前上は安全にできる

さらに最近では、金融商品はもっと複雑になっている。ABSが「仕組」まれて**債務担保証券（CDO）**になったからだ。ここでいう「仕組み」とは、数多くのABSたとえばRMBSなどをまとめてCDOなどのさらに大きな混成債券にし、この新債権をリスク程度別にいくつかの**トランシェ**（切れ端）に切り分けることだ。最も「シニア」なトランシェは安全である。もし損失が発生しても、それを被る順位が最後（つまり他のより「ジュニア」なトランシェを買った人が順繰りに損失を被った後）だからである。こうすれば、あまり安全ではない資産から、少なくとも理論的には非常に安全な金融商品を作り出すことができる。[*8] そして、個別のCDOがデフォルト（償還不能）したときに保険のように働くクレジット・デフォルト・スワップ（CDS）というデリバティブ商品が作られた（「スワップ」については後述）。

プールや仕組みはリスクをなくすのではなく見え難くしているだけ

右のすべては、まず数をまとめる（プール）ことで、次にそのプールの安全な部分を慎重に切

*8　やがて話はもっと複雑になっていった。CDOから切り出したトランシェ同士をプールして「CDOスクエアード（本来は2乗の意）」というものが作られたからだ。そしてCDOスクエアードのトランシェをプールして、「CDOキューブド」というさらに高次なCDOが生み出された。

り出す（仕組み）ことで、金融商品にまつわるリスクを軽減したと見られていた。

こうして作られたCDOのシニア・トランシェはえてしてAAAの格付けを与えられる。本来は最も安全な金融資産たとえば一握りのリッチな産油国の国債やごく一部の非常に安定している企業の社債などに与えられる格付けである。

AAAの格付けを得たことで、こうした資産は年金基金、保険会社、慈善団体など保守的な資産運用を求められているところにも売れるようになった。商業銀行も大量に買い込んだ。CDOは最上位格付けで譲渡性が高いので、前述の流動性規制をクリアしつつ、伝統的なAAA格付け商品（安全性と引き換えに通常は利回りが低い）に投資するより高利率で運用できたからだ。仕組み債商品市場は爆発的に成長した。

だがこうした資産は、収入の不安定な人向けの住宅ローンや信用歴のあやふやな人のクレジットカード債務など、結局は怪しげな資産の上に成り立っているという事実は変わっていない。米国の住宅バブルが崩壊したとき、CDO最シニアの超安全だったはずのトランシェさえ、実態はその正反対だったことを証明した。

デリバティブとは要するに、「他の物事」がこれからどうなるかに対する賭けである(2)

この30年間、投資銀行は金融商品を「プール」し「仕組む」ことに加え、金融派生商品ことデリバティブを生み出し売買する主役でもあった。

デリバティブが派生商品と言われるのは、それ自体は何の本源的な価値も持っておらず、外部の物事や出来事から価値が「派生」したものだからである。ちょうど、マンチェスター在住の男が、ラスベガスで行われるボクシングの賭けをブックメーカーや友人から買って儲けるのと同じである。(3) 要するにデリバティブとは、他の物事や出来事が今後どうなるかに対する賭けと言ってよい。

当初デリバティブは、商品市場に限られていた

昨今ではデリバティブ契約には何でも組み入れられる。商品（米や石油など）、金融資産（株式、外国為替）、市況（株式市況指数、不動産価格）、気候さえ対象にできる。だが当初は、基本的に商品市場に限られていた。

古典的な例は、米作農家と米穀商が、コメをあらかじめ決めた価格で収穫後に売り渡す契約を結ぶということだ。こうした契約を先物契約あるいは単純に**先物**という。先物が唯一のデリバティブではないが、しばらくこれをデリバティブの「原型」として例にしよう。

デリバティブ契約は対象とする現実の事柄への賭けのようになる。この例では、コメの先物契約を結ぶことは、将来のコメ価格をめぐる賭けをするようなものである。

店頭取引vs取引所――カスタムメイドvs標準化デリバティブ

多くのデリバティブは「カスタムメイド」である。すなわち、契約当事者である二者間で結ばれたもので、右記の例ではコメ農家と米穀商だ。より現代的な例では、企業が為替レートの変動に備えて投資銀行と為替先物契約を交わすなどが考えられる。例えば「ある通貨を23日後にあるレートで交換する」などである。こうしたカスタムメイドのデリバティブを**店頭デリバティブ（OTC）**と呼ぶ。

デリバティブ契約を「標準化」すると、取引所で売ることもできる。こうなると**取引所型**デリバティブと呼ばれ、19世紀中ごろに設立されたシカゴ商品取引所（CBOT）などが取引所の重要な例である。店頭（相対《あいたい》）取引の先渡し契約はフォワードというが、それを規格化して取引所でいつでも売買できるようにすると、**フューチャーズ**と名が変わる。例えば石油のフューチャーズ取引とは、1年後にある油種（ブレント原油やウエスト・テキサス・インターミディエートなど）1000バレルをバレルあたり100ドルで、誰であれそのときに契約を持つ相手から買うというようなものである。

デリバティブはリスクに対するヘッジになるが、投機も可能にする

デリバティブの一般的な擁護論とは、リスクヘッジができるというものだ。例えば製油会社に

とっては、右記のような石油フューチャーズを買っておけば原油価格が上がっても安心である。ということは、もし原油価格が100ドルに満たなければ損をするということでもある。例えば、そのフューチャーズ契約を転売せずに持ち続ければ、1年後に原油が1バレル90ドルになっていても100ドルで買わなければならない。当然、製油会社がこんな契約をするのは、原油価格が100ドルを下回る可能性は小さいと思う場合だけである。

このヘッジあるいは保護機能は、デリバティブの唯一の機能ではなく、昨今では主たる機能でさえない。これによって原油価格をめぐる投機（すなわち賭け）ができるようになるのだ。言い換えれば、原油そのものに本来は関心がない者（石油の消費者や製油会社などではない）でさえ、原油価格の値動きをめぐって賭けができるのだ。だから金融活動家のブレット・スコットは、挑発的だが見識豊かなたとえ話をしている。「身を守るヘッジのためにデリバティブが存在しているのは、自馬がレースで負けるリスクから馬主が身を守るために競馬産業が存在しているのに、どことなく似ている[4]」

他のタイプのデリバティブも発達している――オプションとスワップ

やがてフォワードやフューチャーズ以外のデリバティブ類も発展してきた。主に二つのタイプがあり、それがオプションとスワップである。

オプション契約とは、何かを任意の時点で一定額で買う（売る）権利（だが義務はない）を得る契約である。買う権利の場合は「コール」・オプションと言い、売る権利は「プット」・オプションと言う。オプションが広く知られるようになったのは、「ストック・オプション」を通じてのことだ。すなわち、上級経営陣に自社の株価が上がるような経営をさせる動機付けとして、自社株を任意の時点で任意の金額で一定量買える権利を与えるものである。

フォワードが将来の単一の出来事に対する賭けのようであるのに対し、スワップは将来の一連の出来事に対する賭けに似ている。いわばフォワード契約を数珠つなぎにしたようなものである。例えば、スワップ契約をすると、変動する一連の支払いや収入を、いわば携帯電話や電気料金の月額定額料金のように、一連の固定額の支払いや収入に変えることができる（この例もスコットによる有益なたとえ話だ）[5]。支払いや収入の変動要因には、ありとあらゆることが考えられる。だからスワップにもさまざまな種類がある。金利（金利スワップ）、為替レート（為替スワップ）、商品価格（商品スワップ）、株価（エクイティ・スワップ）、任意の金融商品（CDO）のデフォルト（債務償還不能）リスクに対するスワップさえある。

こう聞くと複雑さに混乱するかもしれないが、ある意味でそれこそが要点である。こうした新たな金融商品の複雑性こそまさに、それらを危険にしている元凶である（後述）。

デリバティブの普及が始まった1980年代

通貨のフューチャーズの市場取引はシカゴ商品取引所で1970年代には始まっていたが[6]、デリバティブ市場は1980年代初頭まで大して重要視されなかった。

だが1982年に歴史的な変化が起きた。この年、米国の二大重要金融規制当局である証券取引委員会（SEC）と商品先物取引委員会（CFTC）が、デリバティブ契約の精算においては原資産（米や原油）の受け渡しを伴わずに現金で精算しても良いと規制を緩和したのである。

この規制緩和は、「概念的」な物事から派生するデリバティブ契約の急増を招いた。例えば、単なる商品や特定の金融資産と違い、決して物理的に精算できないような株価指数などを原資産にするデリバティブが可能になったのである。[7] このときから、想像力が及ぶかぎりのあらゆるデリバティブも組めるようになった。

リアルな数字

金融の爆発的成長

1990年代まで、欧州にはごくわずかな債務証券化商品（ABS、CDOなど）しか出回っていなかった。だが2010年のOECD統計によると、欧州のこれら商品の市場は2兆7000億ドル規模に拡大している。これでもより債務証券化商品の歴史の長い米国に比べれば小さく、米国の市場規模は10兆7000億ドル規模に達している。EUのGDPが米国のそれを10％上回ることを考えると、この差は大きい。[8]

デリバティブ市場の成長はさらに速かった。１９８０年代まではさしたる市場ではなかったが、２０１１年の世界のＯＴＣデリバティブ市場は「現存高」ベース（締結済みのデリバティブ契約の総額。通常は原資産の何倍にもなる）で６４８兆ドルに達した（ＩＭＦ推計）。契約の「市場価値」は27兆ドルと見込まれ、対して世界の銀行預かり資産は１１０兆ドル、全世界のＧＤＰ総額は70兆ドルほどである（これら数値の比較には別に意味はなく、単に金額規模の程度を示すためのもの）[9]。

金融における急激な変化は新商品に限ったことではない。１９８０年から２００７年までの間に金融資産高の世界経済生産高に対する割合は１・２倍から４・４倍へと増えた（ケンブリッジ大学のガブリエル・パルマによる試算）[10]。

金融分野の相対的な規模は富裕国とりわけ英米ではさらに大きい。パルマによれば、英国では金融資産の対ＧＤＰ比は２００７年には７００％に及んでいる。*9 別の出典のデータを見ると、ＬＳＥ教授ラパビトサスは、英国の金融資産額は１９８０年代後半には対ＧＤＰ比で７００％だったものが２００９年には１２００％を超えているとし、海外在住の英国人や英国企業の保有資産まで入れると１８００％にまで及ぶと推計している[11]。マサチューセッツ大学アマースト校の

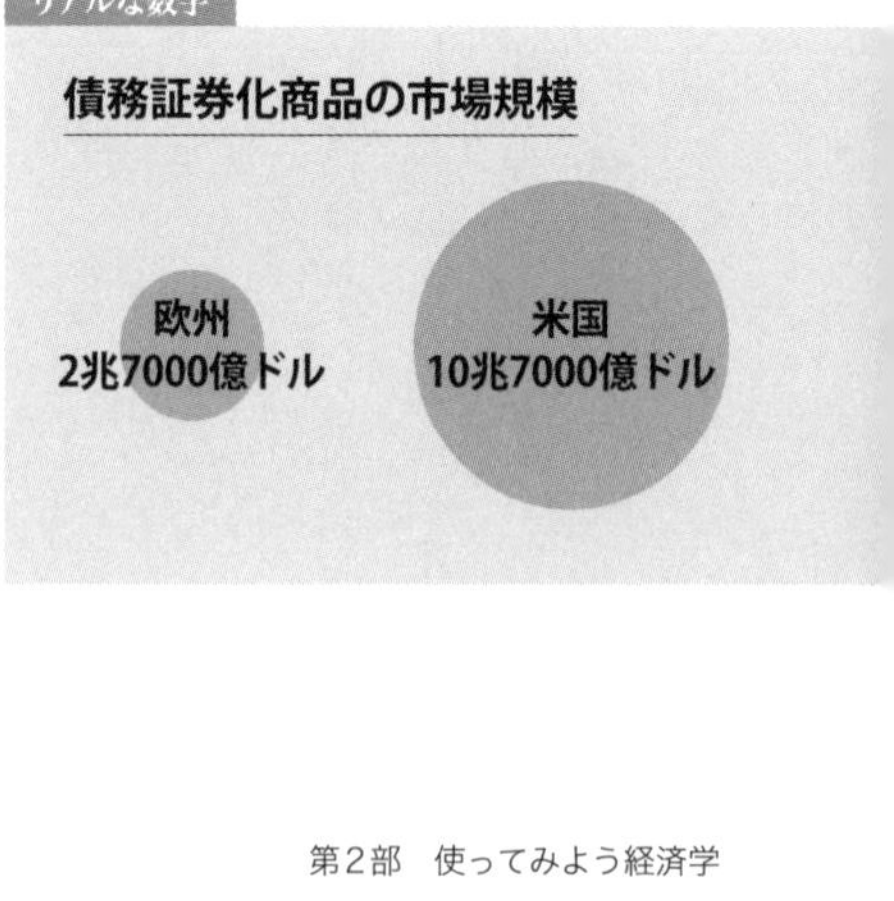

ジェームズ・クロッティは米国政府データを用い、米国の金融資産の対GDP比は1950年代から1970年代までは400%から500%あたりで推移していたが、金融規制緩和を受けて1980年代に急増し、2000年代初頭に900%を突破したとしている。(12)

新金融制度とその影響

新金融制度はより効率よく安全であるべき

要するに、新たなる金融制度は過去30年の間に立ちあがったということだ。金融イノベーション（一部の人が好む用語では金融工学）によって複雑な新商品が広まったのである。それを強く後押ししたのは**金融規制緩和**だった。後述するように、既存の金融規制を撤廃したり希釈化したのである。

この新たなる金融制度は、愚鈍な商業銀行が支配し、多様化の一途をたどる金融リスクヘッジ需要を満たせない限定的な金融商品しかなかった古い金融制度よりも効率が良く、**さらに**より安全であるはずだった。契約の自由度を高めれば革新的な金融資産のリスク査定法も見出されやすく、

＊9　フランスはえてしてアングロ・アメリカン的金融資本主義に対する対抗軸を自称したがるが、この点では英国に大きく後れをとってはいない。金融資産の対GDP比率は英国よりほんの少し低いだけである。

資産価格もより効率よく決定できるようになり、ひいては制度の安定性を強化するはずだった。

新たなる金融商品は複雑過ぎてかえって危険という懸念はそっちのけにされた。市場シンパのエコノミストは、自由市場では契約が成立するのは当事者がその契約に利点を見出したときだけであり、特に彼ら当事者が「おおむね洗練された金融機関で詐欺や債権の焦げ付きから巧みに自衛できるはずの場合」(当時米財務副長官だったラリー・サマーズによる1998年議会証言)にはなおさらと主張した。*10

2008年の苦境で米国政府に救済された保険会社AIGの最高財務責任者だったジョー・カッサーノは間違いなくそんな「洗練された金融機関」の経営者の一人だが、社が崩壊するわずか半年前に、「われわれにとっては、こうした(CDS)取引からたとえ1ドルでも損失を被るなど、考えることすら馬鹿げている」と述べている。

規制当局もこうした市場の無謬《むびゅう》性《せい》神話を共有していた。米国の住宅バブルの頂点でも、政策の担い手らはバブル発生を否定し続けた。2005年6月、当時連邦準備制度理事会(FRB)議長だったアラン・グリーンスパンは「いくつかの地方市場にあぶく(フロス)が浮いてはいるが、全米で住宅価格がバブル化している様子はない」と連邦議会で証言した。数カ月後の2005年10月、当時ジョージ・W・ブッシュ政権の大統領経済諮問委員会の委員長で2006年2月から2014年1月まではFRB議長も務めたベン・バーナンキは、それまでの2年間に米国で見られた25%の住宅価格上昇は「おおむね強い経済的ファンダメンタルズを反映したもの」と議会証言した。

いや増す複雑性が金融制度をより非効率かつ不安定にしている

こうした安請け合いにもかかわらず、米国の住宅バブルは2007年から2008年にかけて崩壊した。経済状態に比して価格は単純に高すぎ、もはや持続できなくなったのだ。それとともに住宅ローンを組み込んだCDOやCDS市場も崩壊し、大恐慌いらい最大の金融危機が訪れた。2008年の世界的金融危機の後、サマーズの言う「洗練された」金融機関経営者らや自信たっぷりな規制当局者がどれほど五里霧中だったかを示す事実が相次いで明るみに出た。

それも金融制度の複雑性が増したためだった。そしてその程度たるや、ちょっとやそっとではなかった。イングランド銀行の金融安定担当専務理事アンディ・ホールデインはかつて、CDO^2——けっこう複雑だが最も複雑とも言えない金融商品——を十分に理解しようと思ったら10億頁分の情報を咀嚼《そしゃく》しなければならないと述べた。(13) 筆者の知る銀行家らも、数百頁だての目論見書のデリバティブ契約をしょっちゅう結んでいるがもちろん目を通す時間はないと告白している。こ

＊10　ハーバード大学教授職を休職しかつて世銀のチーフ・エコノミストだった（1991年～1993年）サマーズは、その後も第二次クリントン政権で財務長官になり（1999年7月～2001年1月）、次にバラク・オバマ政権で国家経済会議の委員長（2009年1月～2010年12月）を務めた。

うした情報過多を扱うために複雑な数学的モデルが開発されたが、結局その後の経過が証明したのは、それらも由々しき問題を抱えているか、悪くすると自信の幻想を生んだだけだったという事実だ。そうした数学的モデルによれば、2008年危機のような出来事が実現する可能性は、宝くじに21回か22回連続して当選するのと同じ程度であるはずだった。[14]

高まる結びつきも金融制度の不安定性をいや増した

こうした商品の取引が膨大になったのは、認可される金融契約（指数のような概念に基づくデリバティブなど）やプーリング、仕組みについての定義がより自由化され、金融制度全体で規制緩和が行われたためだった。

1980年代の英米をはじめとして、各国は相次いで金融規制を広範に緩和、あるいは廃止した。商業銀行の健全性規制とくに流動性規制や自己資本比率規制、上限金利、さまざまなタイプの金融機関が保有できる資産種類の規制たとえば1980年代までの米国における貯蓄貸付組合（S&L）に消費者金融や商業不動産向けローンを禁じていたこと、融資の積極性規制（住宅ローンの頭金比率など）、資本の国際的移動にまつわる規制（第12章で後述）などの規制緩和（しばしば廃止）である。

その結果は、かつてなら考えられなかった金融機関同士の結びつきだった。これは異なる分野の結びつき（商業銀行と保険会社がデリバティブの取引で深く結びついた）だけではなく、外国の金融機関同士の結びつき（２００８年に米国のＣＤＯについての問題が最初に発覚したのはそれを買ったドイツとスイスの銀行においてだった）でもあった。こうした結びつきの高まりとともに、システムのどこかで問題が起きるとあっという間に他にも広がり、制度全体が不安定性になっていった。

問題は、プール、仕組み、デリバティブ組成をどんなにうまくやっても、それら新金融商品の下地になる融資を返済しなければならないのは相変わらずフロリダのサブプライム借り手であり、名古屋の中小企業であり、ナントの自動車ローンの借り手であるということだ。それを金融制度のあちこちに結びつく千差万別の金融商品に仕立てることで、焦げ付いたときの問題をかえってこじらせているのである。

新たなる金融制度は非金融分野の企業も近視眼的にしている

新たなる金融は、金融分野のみならず非金融分野の企業経営も大きく変えた。この変化が特に著しいのは英米で、この両国では新世代の金融が最も発達し、ドイツや日本と違って株主以外のステークホルダーが企業経営にほとんど影響力を持っていない。

最初の重要な変化は、経営がさらに近視眼的になったことだ。１９８０年代の敵対的買収の勃興とともに（第３章のゴードン・ゲッコーを思い出してほしい）、なんなら長期的な競争力を犠牲にしてでも目先の利益を捻出する重圧がいや増した。だがこの数十年、短期高利回りの各種金融商品が普及したことで、株主はますますせっかちになっている。例えば英国では、1960年代半ばには5年間だった株式の保有期間は1980年代にはすでに2年に短縮していたが、2007年末には約7・5カ月だった。(15)

その結果は、「株主価値最大化」（第5章参照）の旗印の下での職業経営者と短期的株主の「非神聖同盟」だった。この同盟においては、経営者が製品品質や従業員の士気を犠牲にしてでも短期利益を最大化する見返りに天文学的な給料を手に入れ、配当や**自社株買い戻し**（流通株数が減るので株価が上がる）を通じて利益を株主に最大限に還元する。

これでは設備、R&Dや研修などへの投資余力はごくわずかになり、長期的な生産性を減じ、ひいては競争力も衰える。だが企業が苦境に陥ったときには、それを指揮した経営者や株主はもはや去った後である。

非金融企業の金融企業化

新たなる金融制度は、非金融企業の経営をより近視眼的にしたのみならず、より「金融化」すなわち自社の金融活動への依存を深めさせもした。本業より金融資産からの実入りの方が良いとあって、多くの企業はますます経営資源を金融資産に注ぎ込んだ。こうした変化は、技術に基づいた長期的な生産能力蓄積への動機をさらに薄らがせ、目先に逸《はや》る株主からの重圧への対処に向けさせた。

この数十年、こうした企業のなかには金融部門を積極的に拡大する会社が相次いだ。ゼネラルエレクトリックのGEキャピタル、GMのGMAC、フォードのフォード・ファイナンスなどだ。なかにはあまりにも大規模に至った社もある。あげく2013年夏、米国政府の金融安定監視協議会はGEキャピタルを、「システム上重要な金融機関（SIFI）」の一つとした。これは通常、大銀行だけに与えられる地位である。

金融分野の過剰発展とその影響

世は代わり、金融はいまや非金融部門よりはるかに高収益な部門となった。(16) それによって他業種よりはるかに高い給料とボーナスを出せるので、大学の専攻にかかわらず最高の人材を引き付けられるようになった。残念ながらこれは才能の不適切配分につながり、例えば工学や化学などでより生産的に働けたはずの人材がデリバティブ取引やその価格算出の数式づくりに精を出すことになった。さらに、本来の修学内容を使わずに高等教育投資が無駄になることをも意味した。*11

富を不均衡なほど集めた金融分野は、社会的に有益な規制にさえ反対するロビー活動を展開しやすくなった。金融産業と規制当局の間で人材交流がいや増すと、そんなロビー活動さえ不必要

＊11　数年前、ケンブリッジ大学の著名な化学者で2000年から2007年まで英国政府の顧問も務めたデビッド・キング教授は筆者に、おそらく自分が教えた博士課程学生の60％は金融産業で働いているだろうと話した。

になった。規制当局の当事者の多くは金融機関出身で、規制対象に親和的だった。この問題は**回転ドア**と呼ばれる。

さらに問題なのは、回転ドアが狡猾《こうかつ》な腐敗の一形態であることだ。規制当局が将来の雇用主になるかもしれない相手のためにルールを（時にはぎりぎりまで）曲げる可能性もある。また辞職しても、新たな職を探す必要さえないかもしれない。自らプライベート・エクイティ・ファンドかヘッジ・ファンドでも起こせば、過去にルールを曲げたお礼にとその受益者らが運用金を預託してくれる。たとえこの元規制当局者が投資ファンドの運営にほとんど経験がなかったにしても、である。

さらに厄介なのは、金融部門の剛腕から生まれ、関係者らに報いる、親金融的イデオロギーである。2008年危機の後、大半の政治家や規制当局者が金融規制の抜本的改革を渋ったのは、この業界（無能で無鉄砲な皮肉屋であることが明るみに出たにもかかわらず）が強い政治的影響力を持っていたためだけではない。金融業界の最大限の自由こそ国益に適《かな》うのだという、彼らのイデオロギー的信念のためでもあった。

リアルな数字

金融危機の頻度は急増している

たいていの人にとって、2008年のグローバルな金融危機は、新世代金融制度が効率性と安定性を安請け合いしていたことの十分な証明となっただろう。だがこの危機には過去30年のさまざまなより小規模な危機という前触れがあったことは特筆に値する。この危機のリストは、代表的なものだけを列挙しても壮観である。

1982年、チリは1970年代いらいのピノチェト独裁政権下で行われた大規模な金融自由化のあおりを受けて、深刻な金融危機に陥った。1980年代後半、米国の貯蓄金融機関こと貯蓄貸付組合（S&L）が大やけどをしたのも、商業不動産向け融資や消費者金融など、よりハイリスク・ハイリターンの営業活動を認可された結果だった。事態の収拾を迫られた米国政府は、S&Lの4分の1を閉鎖し、GDPの3％にも及ぶ公金を注入せざるをえなかった。

1980年代後半に金融規制緩和を行ったスウェーデン、フィンランド、ノルウェーでは、1990年代に入って金融危機が訪れた。1994年から1995年にかけてはメキシコの「テキーラ」危機があった。それに次いで起こったのがアジアの「奇跡」の経済ことタイ、インドネシア、マレーシア、韓国の危機だった。1980年代後半から1990年代初頭にかけての金融市

リアルな数字

主な金融危機

チリ金融危機	（1982年）
米国S&L危機	（1980年代後半）
北欧金融危機	（1990年代前半）
メキシコ通貨危機	（1990年代半ば）
アジア危機	（1997年）
ロシア危機	（1998年）
ブラジル危機	（1999年）
アルゼンチン危機	（2002年）
世界金融危機	（2008年）

場開放と規制緩和の結果、1997年に危機が勃発した。アジア危機に次いで翌1998年にはロシア危機が到来。1999年にはブラジル危機、2002年にはアルゼンチン危機が続いたが、いずれもおおむね金融緩和の結果だった。

これらは主要な危機だけで、世界は1970年代半ば以降、実に多くの金融危機を経験している。広く引用される研究[17]によれば、金融部門が強く規制されていた第二次大戦終戦後から1970年代までの間に金融危機に陥った国は事実上なかった。1970年代半ばから1980年代後半までに金融危機を来した国は、世界の生産高で加重すると5%~10%に上った。その後この割合は急増し、1990年代半ばには20%にまで上った。それから2、3年の間事実上ゼロになったかと思うと、2008年のグローバル金融危機を受けて35%にまで上った。

目先しか考えない株主と職業経営者の「非神聖同盟」は企業の投資能力を損ねた

新たなる金融の「株主価値最大化」モデルの台頭は、非金融企業の長期的投資能力を劇的に弱めた。

この時代には配当や自社株買い戻しのかたちで株主に還元された**利益分配金**が劇的に増えた。例えば、米国企業の場合、1950年代から1970年代まで、配当金に回された利益は35%から45%程度だった。[18] 2001年から2010年まで、米国企業では利益の94%、英国企業は89%を分配している。[19]

これは企業の投資余力を大きく衰えさせた。一般通念に反して、投資資金は新株発行や銀行融資ではなく、**留保利益**（株主に分配されなかった利益）が主な財源である。米国では55％から66％はあった留保利益がわずか6％になってしまったことは、とりもなおさず長期的投資能力の激減を意味した。

金融以外の企業も、少なくとも米国では、ますます金融事業に収益を依存している

特に米国では、非金融企業も金融資産を大きく膨らませている。非金融企業が保有する金融資産は、1950年の30％から1982年には40％と徐々に増えてきた。それから急激な増加が始まり、2001年には100％に達した。その後、2008年には81％まで低下。だが2009年にはまた急増し、104％という新高値を更新し、それから事実上、同水準を保っている。[20]

なかには、もともと製造業だったのに昨今では金融部門が主な収益源になっている企業もある。2003年、GEの収益の45％はGEキャピタルが稼ぎ出している。2004年、GMの収益の80％は金融子会社GMACによるもので、一方フォードでは2001年から2003年まで利益の全額がフォード・ファイナンスによるものだ。[21]

結び――金融は、まさに非常に強力であるからこそ、厳しく規制されなければならない

金融制度の発展なくして、今日の資本主義の発展はなかっただろう。商業銀行の発展、証券市場の台頭、投資銀行の躍進、社債や国債の市場の成長のおかげで、未曽有の規模で資源を動員し、リスクを分担できるようになった。これらの発展がなければ、今もリカードの言う「親方製造業者」の資金で運営される中小工場が林立し、無能な政府が下手で間抜けな金融支援をするばかりだっただろう。

だが残念ながら、この30年間の「新金融」の台頭いらい、われわれの金融制度は負の勢力となってしまった。金融企業は収益力こそ非常に高くなったが、それも資産バブルという犠牲を伴っており、その実態はプールや仕組み他のテクニックで覆い隠されてしまった。バブルが崩壊するとこうした企業は経済力や政治的影響力を存分に行使して公金から救済資金や助成金を引き出し、それを増税や財政支出削減で補填するのは一般大衆だった。この構図が巨大な規模で繰り返されたのは２００８年金融危機の際だが、それまでの30年間も、チリ、米国、スウェーデン、マレーシア、ロシア、ブラジルなどでより小規模に数十回も起きていた。

金融制度をもっと厳しく規制しない限り、こうした危機はまた繰り返されるだろう。１９８０

年代以降に撤廃されたり緩和されたりした前述の規制の多くを取り戻し、強化さえする必要がある。こうした規制の変更には読者には関係のない技術的な議論を含むが、改革を考えるうえで一つ明確な原則を心に留めておかなければならない。金融制度をもっと単純にする必要があるということだ。

右に記したとおり、われわれの金融制度は複雑すぎて、「無知な」規制当局者にとってのみならず「洗練された」金融業界自身にとっても手に負えなくなってしまった。過度に複雑化した金融商品の普及を制限しなければならない。その商品には欠点を上回る利点があることを証明できなければ、いっそうである。

この原則は過激に聞こえるかもしれないが、そんなことはない。製薬についてはこれまでも常にこの原則が用いられている。人体の複雑さと新薬が引き起こす潜在的な害の深刻さのため、製薬会社には新薬に副作用を上回る主作用がある証明が課せられてきた[22]。そして金融規制は前述のとおり、常に政治的判断によって書き換えられてきた（デリバティブの例を思い出してほしい）。

金融制度の規制強化を唱えるからと言って、それが経済の重要な部分であることを否定するものではない。むしろ逆に、重要かつ強力であるからこそ規制が必要なのだ。大半の人々が歩き、牛車やせいぜい馬に乗っていた頃、交通信号、アンチロック・ブレーキ・システム（ABS）、シートベルト、エアバッグなどはなかった。今日ではそれらは存在するし、規制によって要求されるようになっている。それはまさしくわれわれが自動車を持ち、それが強力なあまりちょっとでも異常があると大きな損害を及ぼすからに他ならない。金融にも同じ論理を当てはめない限り、われわれは自動車事故、ひき逃げ、高速道路の多重事故の経済版を繰り返すだろう。

第9章

こんな不公平って あり?

——格差と貧困を考える

小作人のイワンは隣人のボリスが妬ましかった。ボリスは羊を飼っていたからだ。そこに妖精が現れてイワンの願いを一つかなえてあげると言う。さあ何がお望み？ボリスの羊の首を切り落としてくれ。

『「強国」論』D・S・ランデス、三笠書房、2000年

格差

イワンだけではない——人類史の原動力としての平等の追求

イワンだけではない。韓国には従兄弟が土地を買うと腹が痛くなるという諺がある。他人の成功を僻《ひが》む人にまつわるジョークや諺はどこにでもあるだろう。

平等の追求は実に人間的な感情であり、人類史の強力な原動力だった。平等はフランス革命の背景となった理想の一つであり、その有名なモットーは「自由、平等、博愛しからずんば死を」だった。ロシア革命やそれに続く社会主義革命では、平等こそがそれらを突き動かす動機だった。多くの産業ストライキ、デモ、革命や無数の紛争は、平等の追求がなければ起きなかったはずだ。

「そんなのただのやっかみさ」

しかし自由市場の主唱者らは、こんな根源的本能に従うことに反対する。豊かな人により多額

の税金を支払わせようとしたり、銀行家のボーナスを制限しようとする政治は「嫉妬の政治」だというのだ。誰もが平等であるために、高位にある人々を引きずり降ろそうとすべきではないと彼らは言う。人によって生産性が異なる以上、格差は不可避の結果だ、豊かな人々は富を作り出すのが人並み以上にうまいから豊かなのだ、この自然の因果に逆らえば平等に貧困に陥るだけだ、とも警告する。２０１２年大統領選の共和党候補だったミット・ロムニーは、こうした格差にまつわる世論の高まりを「そんなのただのやっかみさ」と切り捨てた。

過去数十年間、自由市場の主唱者らは、国民所得のより大きな部分を稼ぎ頭に与えることは万人のためになるのだと説き伏せてきた。彼らが好んで唱えるスローガンは「上げ潮になればすべての船が浮かぶ」だ。もともとはジョン・Ｆ・ケネディの金言だが、広く知らしめたのはクリントン政権で財務長官だったロバート・ルービンである。

豊かな者が自由に使える金をたっぷり得れば、投資をし、他の人々の収入を増やす。もっと多くの人々を雇い入れ、仕入れも増やす。個人所得が増えれば、金持ちはもっと金を使うようになり、例えばスポーツカーやブランド服などを作っている会社を潤す。すると自動車部品や繊維産業などへの需要が増し、そこで働く人々の収入は増え、食料や安物衣料への需要も増す……。このように所得最上位にいる人々をさらに富ませれば、やがて富は経済全体に「トリクルダウン《したたり落ちる》」し、誰もをより富ませる、という理屈だ。貧しい人々が相対的には国民所得のより小さな割合しか得られなくても、彼らの所得の絶対額は増えるというこの理屈は、自由主義経済界の花形ミルトン・フリードマンの「経済的誤謬《ごびゅう》の大半の出所は……パイが固定的と考え、誰かの得は他の誰かの損と考えるところにある」という言葉に表れている。(1)

この30年間、トリクルダウン効果を信じて多くの政府が親富裕層的政策を採用もしくは少なくとも掲げてきた。製品、労働、金融市場を巡る規制は緩和され、金持ちにとって金儲けがしやすくした。法人税や富裕層の所得税は減税され、彼らにとって稼いだ金を留保しやすくもした。

過度な格差は経済にマイナス――格差と社会的流動性の低下

毛沢東時代の中国やポル・ポトが支配していたカンボジアのような極端な平等主義を唱える人はほとんどいない。とはいえ、多くの人が、過度な格差は悪いことであり、単に倫理的な面だけではなく経済的にもそうなのだ、と主張している。*1

エコノミストのなかには、格差がつのると社会の団結が薄らぎ、政治的に不安定になるとする向きもある。すると投資が阻害される。政治の不安定は将来を不確かにするので、本質的に将来に回収されるものである投資の収益率が見込み難くなるからだ。

格差がつのると経済的不安定性も増し、それは成長を阻害する。(2) 国民所得のより大きな部分が稼ぎ頭に集中すれば、投資比率は高まるかもしれない。だが投資比率が増えるということは同時に、経済がより不確実性に晒《さら》されやすくなり、不安定になることでもあるのはケインズが指摘しているとおりだ（第4章参照）。また格差の高まりが2008年グローバル金融危機に重要な影響を及ぼしたというエコノミストも多い。特に米国の場合、大半の国民の実質賃金は１９７０年代からさして変わっていないのに、最上位層の所得はうなぎ上りになっていた。賃金停滞のおかげで、人々は最上位層が引き上げる消費標準に追従するために負債まみれになっていった。家計負債の対ＧＤＰ比率の高まりが、経済を衝撃に対してより脆弱にしたのである。

格差の高まりが社会的流動性を減らして経済成長を阻害したという意見もある。ごく一部の者しか享受できないが高給職に就くために必要な金のかかる教育、小規模な特権階級の間の個人的なつながり（フランスの社会学者ピエール・ブルデューはそれを「**社会的資本**」と言い表して名高い）[*2]、エリート間の「サブカルチャー」（学費の高い学校で身につけるアクセントや態度）さえもが、社会的流動性の障壁となるのである。

社会的流動性の低下とは、貧しい出自の人は高度な専門職から排除され、個人としても社会的にも才能を無駄にするということである。さらに、最高給職についている人のなかには、社会的流動性が高ければその職には就けなかったような資質の者も混じっているということでもある。

＊１　不平等をめぐる倫理的な反対論は、次のようなものだ。高度な不平等は道徳的に容認できない、彼らの稼ぎはとどのつまり幸運によるもの（生家の貧富など）であって自らの努力の結果ではないからだ、成員間の違いが大きすぎる集団は真のコミュニティとして機能できない、不平等がつのると豊かな者が不相応な政治的影響力を行使するようになるので民主主義を衰退させる……などである。

＊２　この単語には他にも語義があり、米国の政治学者ロバート・パットナムは社会成員間の社会的絆の集まりとした。

そうした流動性の障壁が世代を経て温存されれば、恵まれない出自の若者たちは良い職を得ようとさえしなくなる（第5章参照）。このことはエリート層の文化的、知的な「近親交配」につながる。大きな変化には斬新なアイデアや因習にとらわれない態度が必要であるなら、「近親交配」エリートの社会は革新を生み出しにくいだろう。その結果は経済活力の喪失である。

格差は甚大な社会的影響を伴う

昨今、格差が健康他の人間的福祉状態の悪化につながるとする研究が相次いでいる。そしてこれは、格差の高まりがより多くの貧しい人々を生み、彼らはこうした点でも状態が悪いこととは別個の問題なのである。

この議論をこのたび一般的にしたのはリチャード・ウィルキンソンとケイト・ピケットの『平等社会』（東洋経済新報社、２０１０年）である。この本では十数カ国の富裕国を調査し（国民一人あたり所得2万ドル程度のポルトガルよりも豊かな国）、不平等な国ほど乳幼児死亡率、ティーンエイジャーの妊娠率、学業成績、殺人率や収監率などが確実に悪く、平均余命、精神疾患、肥満などの点でも悪い可能性があると指摘している。(3)

より平等な社会の方がたいてい成長が速い

格差がつのると経済的、社会的に悪い結果が伴う証拠が数多くあるばかりか、平等な社会の方

が格差社会よりもはるかに速く成長することを示す証拠も枚挙にいとまがない。(4)

1950年代から1980年代まで、格差が小さかった日本、韓国、台湾は、他国よりも速く成長した。日本の成長は米国よりはるかに速かったし、韓国と台湾もアフリカや南米のもっと不平等な社会よりもずっと速く成長した。

フィンランドは世界で最も平等な社会であり、その程度は社会主義時代のソビエト圏を凌ぐが、富裕国で最も不平等な米国よりもずっと早く成長した。1960年から2010年まで、フィンランドの一人あたり収入増加率は平均して2・7%、対して米国は2・0%である。すなわちこの期間に米国人の収入は2・7倍になったのに対し、フィンランド人のそれは3・8倍になっている。

これらの実例は、より不平等になると成長率が下がることを意味しているわけではない。より平等主義的な社会が、比較しうるもっと不平等な社会よりも成長が遅い例もある。だが「不平等な方が経済成長に良いのだ」という短絡を排するには十分だ。何より、大半の統計的研究は多くの国で格差の程度と成長率が逆相関（必ずしも因果関係とは言えないが）していることを示している。

一つの社会を時系列的に研究してみても、やはり格差が成長に負の影響を及ぼすことは証明される。この30年間、大半の国で富裕層の所得割合は増している一方、投資や経済成長は減速している。

動物によって平等さは違う——あまりに平等であるのも考えもの

もちろんこうした証拠はなべて平等であるほど良しと意味しているわけではない。かつての社会主義国が明示しているように、所得格差が少なすぎると勤労意欲を削《そ》ぎ、進取の気象が損なわれる。なかでも毛沢東時代の中国は悪名高い。

さらにいけないのは、所得格差の低さはえてして茶番のようであることだ。こうした国々では所得格差こそ少ないが、その他の面の不平等（高品質な外国製品へのアクセス、海外旅行の機会）が共存している。しかもそれは、イデオロギーへの従順さや個人的な人脈次第でさえある。

ジョージ・オーウェルは社会主義の非常に早い段階でこれを喝破し、ロシア革命を風刺した作品『動物農場』で「動物によって平等さは違う」というスローガンを提示した。1970年代にはこうした認識が社会主義国における広範なシニシズムにつながり、「連中は支払うふりをし、俺たちは働くふりをする」というジョークに昇華された。1980年代後半に体制が崩壊し始めた際には、偽善そのものの体制を守ろうとする者はいなかった。

さまざまな理論や経験的証拠から引き出す最もまっとうな結論は、格差は多すぎても少なすぎてもいけないということだ。過度に高すぎたり低すぎたりすると、格差は経済的成長を阻み、（諸般の）社会問題を生み出してしまう。

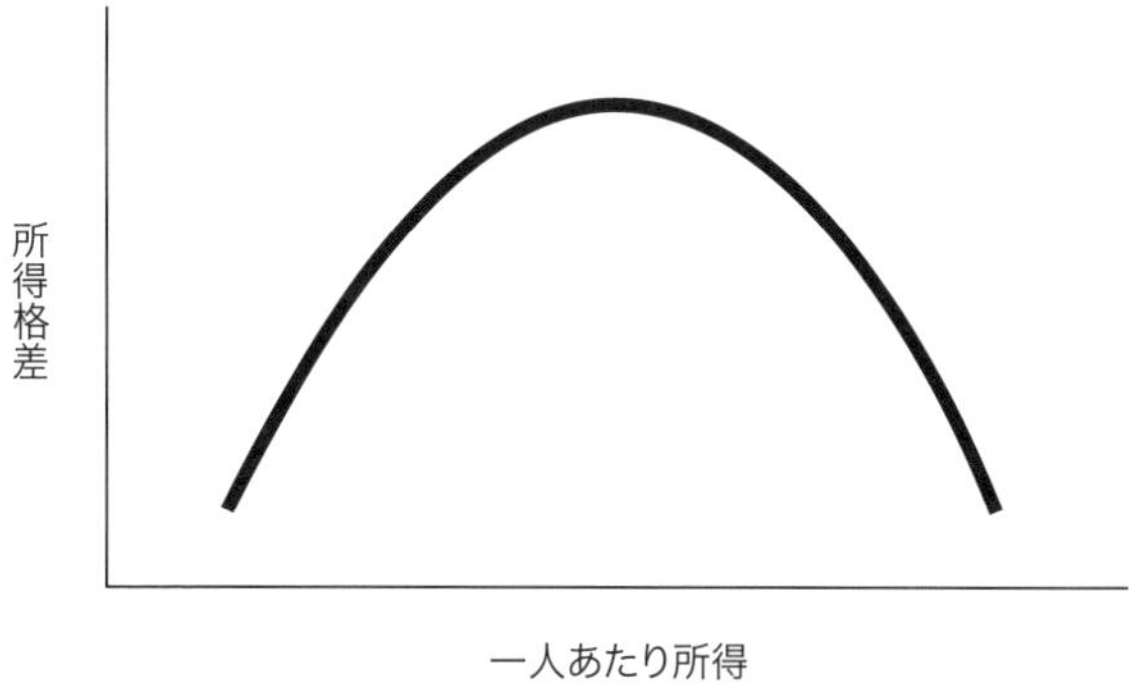

クズネッツ仮説——経時的格差

ロシア生まれで米国で活躍し初期のノーベル経済学賞を受賞（1971年受賞。賞の始まりは1969年）したサイモン・クズネッツは、経時的な格差についての有力理論を提唱した。この通称**クズネッツ仮説**は、国が経済発展するにつれ、まずは格差がつのっていき、やがてそれが緩和されていくことを示している。この仮説（「クズネッツの逆U字仮説」）は過去半世紀の格差研究に非常に大きな影響を与えたものなので、ぜひ知っておきたい。

クズネッツによると、経済発展の当初の時期においては、所得分布は極めて平等である。この段階では、ほとんどの人は貧農だからだ。国が産業化して成長するにつれ、人々が農業から工業へとどんどん移動し、賃金が上がって、格差をつのらせていく。だがさらに経済が発展していくと、格差はまた縮小し始める。今や大半の人は工業分野かそれに奉仕する都市のサービス分野で働いており、低賃金の農業に残る人は少ないからだ。つまり有名な逆U字カーブ、いわゆるクズネッツ曲線になる。

クズネッツの逆U字仮説が当てはまらないことがあるのは……

クズネッツの逆U字仮説は人気が高いが、実証性はむしろ弱い。とはいえ1970年代までは、今日の富裕国には当てはまっているようだった。こうした国々では産業化時代の初期には格差はつのり、やがて頂点に達し（英国では19世紀半ば、米国では20世紀初頭に）、それから減じていった。しかしこれらの国の大半では、1980年代からまた格差がつのり始め、曲線の後ろにもう一つの曲線が勃興し始めたようである。なかには英国や米国のように著しくそうなった国もある。

クズネッツの仮説は、今日の発展途上国にもあまりすんなりと当てはまらない。その大半では経済発展の初期に格差がつのったが（台湾と韓国は例外）、経済開発が進んでもほとんど減りはしていない。

……経済政策次第だから

クズネッツ仮説が実証されないことへの主な説明は、格差の程度を決定するうえで経済政策が大きく関わっているからというものだ。

英米の発展段階後期である近年、格差が劇的に拡大し始めた理由は、主に規制緩和と富裕層向けの減税政策であることは既述した。

韓国と台湾で経済開発の初期（1950年代と1960年代）に格差がつのらなかったことも、政策によって説明がつく。この期間、両国では**農地改革**が行われ、地主は小作人に地所の大半を格安で譲渡させられた。その後も政府が新興の中小零細農民を輸入制限や肥料の助成、灌漑事業などを通じて保護した。また中小商店を大規模商店から保護することもした。

実際、クズネッツ自身も経済発展後期の格差減少が自発的に起きるとは信じていなかった。現代的な経済開発の本質は逆U字型曲線を生み出しやすいとは思っていたが、実際にどれだけ格差が減るかは労働組合の強さと、特に福祉国家化に強く影響されると考えていたのだ。

平等性を決定するうえで福祉国家が重要であることは、徴税及び福祉による所得再分配前の段階では、欧州諸国のなかには米国と同程度（フランス、オーストリア、ベルギー）、もしくは米国以上に所得格差が大きい国（ドイツとイタリア）があるという事実で証される。これらは税引き後および所得移転後には、米国よりもはるかに平等な国になる。

各種の格差

経済的格差のうち所得格差は最も一般的に議論されるものだが、他にも**富**（不動産や株式など）や**人的資本**（教育や訓練によって人が獲得していくスキルをめぐる多義的で議論の多い語彙）の分布をめぐる格差もある。

さらに非経済的要因についての格差もある。多くの社会では、身分制度、民族、宗教、性別、性的志向やイデオロギーをめぐる差別のため、政治家になったり高等教育を受けたり高給職を得る機会が得られない。

格差の尺度——ジニ係数

格差はさまざまにあれ、容易に測定できるのは所得と富の格差のみである。これら二つを比べると富についてのデータは乏しいので、格差をめぐる情報の大半は所得をめぐるものである。所得格差についてのデータは、把握しにくい実所得ではなく、消費調査から得られたものであることもある。

所得分配の格差を測る方法はいくつかある。[5] 最も一般的なものは、20世紀前半のイタリアの統計学者コッラド・ジニが開発した**ジニ係数**だ。図表が示すように、これは現実社会の所得分配（図中の**ローレンツ曲線**[6]）を完全な平等状態（対角線）と比較するものである。ローレンツ曲線は、横軸を累積人数の百分率として縦軸に累積所得をプロットして描かれる。ジニ係数は対角線とローレンツ曲線に挟まれた部分（A）の面積と対角線下の全面積（＝正四角形の図の面積の半分。A＋B）の割合として計算する（＝A／A＋B）。

より最近ではケンブリッジでの著者の同僚ガブリエル・パルマが、上位10％の所得層が得ている所得と下位40％の所得の比率を比較する方が、一国の所得格差の指標として正確であると提唱

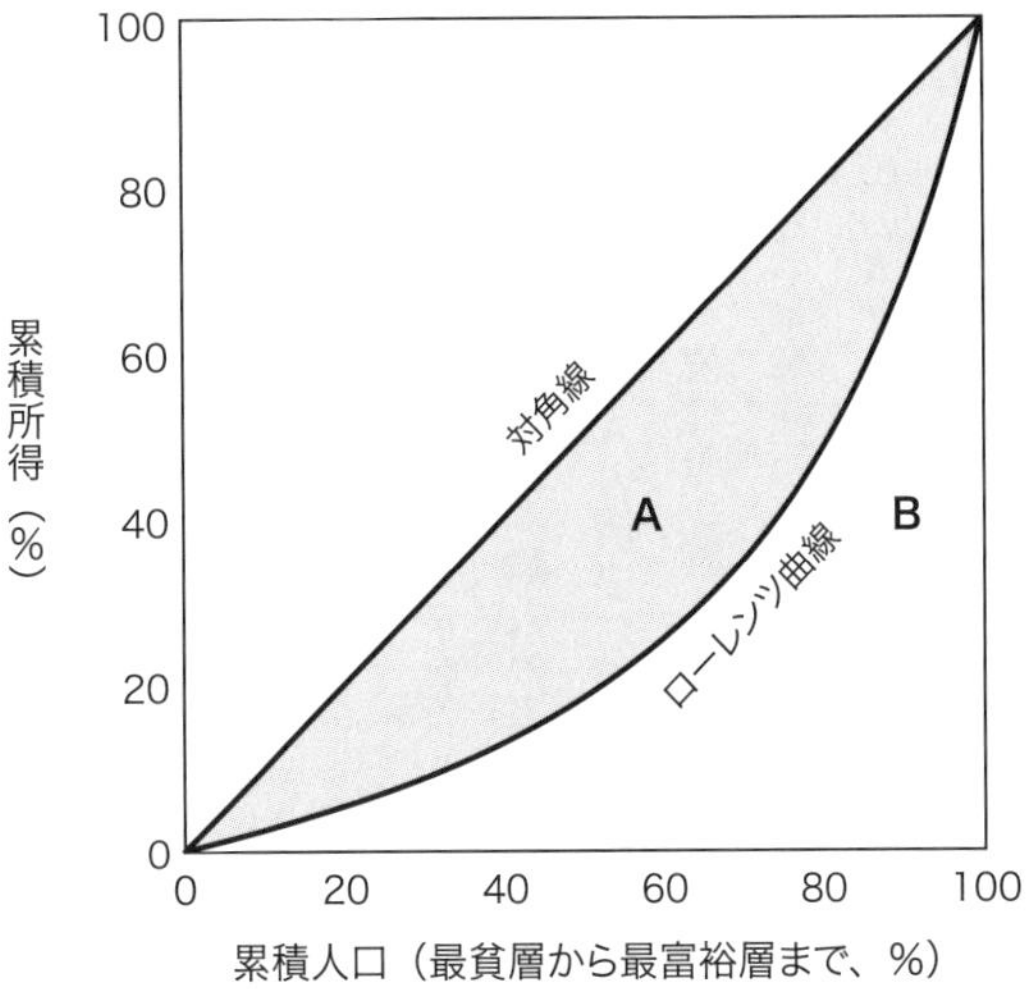

ジニ係数＝A/(A＋B)

$$=\frac{\text{対角線とローレンツ曲線に挟まれた部分の面積}}{\text{対角線下の面積}}$$

している。[7] 所得分配中位50％の層が得ている所得は、どんな経済政策の国でも驚くほど似ているため、各国の所得格差を見るには貧富両極の所得層の割合を見た方が手っ取り早いというのである。**パルマ比率**と呼ばれるこのデータは、ジニ係数の欠点である所得中位層（どのみち政策介入によって変化をもたらすことが難しい）の変化過敏性という欠点を克服するものだ。[8]

誰の間の格差？

たいていの所得格差データは、ジニ係数のように個々の国を対象にしている。だがグローバリゼーションによって国家経済がより世界経済に統合されるようになるにつれて、世界全体の所得格差への興味がつのっている。これはグローバル・ジニ係数と呼ばれ、一国をあたかも個人のように扱って描かれる。

筆者自身を含めた一部の人は、グローバル・ジニ係数にはさほどの意味はなく、世界は（少なくとも今のところ）真のコミュニティではないと考えている。所得格差が問題になるのは、その統計に含まれる他者に対して感情を——積極的な、消極的な、連帯的な、不快な——抱くからである。これを**準拠集団**と呼ぶ。われわれは自分の準拠集団に含まれない人がどうなろうが、さほど気にしていないものである。[*3]

実際、冒頭のイワンは皇帝を貧しくしてくれとは願わなかった。皇帝は彼の準拠集団に含まれないからだ。彼はただ、隣人のボリスが彼よりわずかに豊かであったことを解消したがっただけだ。同様に、韓国人の例でいえば、大地主がさらに大きな地所を手に入れたとしても気にしなかっただろう。彼の腹が痛くなったのは、自分の従兄弟がわずかな土地を手に入れたからだ。

世界的な不平等性がより重要になっているのも、そしてマスメディアとインターネットのおかげで外国の人々に対する興味がつのっているのも、ひいてはグローバル・コミュニティという感覚が育ち始めているのも、事実だろう。

だが中国の貧農に対して、あなたの国の格差にそんなに怒りなさんな、世界全体では少しは平等になっているのだし、それはおおむね中国の稼ぎ頭が国内の他の人々の暮らしをも引き上げてくれているおかげなのだから、と慰めてやれるようになるまでは、まだ時間がかかりそうだ。

リアルな数字

理論的には、ジニ係数は0から1までの間の何らかの数値になる。だが実際には、両極の数値は現実的ではない。精神的、政策的にどんなに平等主義的な社会でも、誰もを完全に平等（＝ジニ係数0）にはできない。ジニ係数が1の社会では、1人がすべてを所有することになり、その他の人々は早晩死んでしまうだろう。[*4] 現実社会のジニ係数は、0・2から0・75までに収まっている。

所得最平等と最不平等

ジニ係数は、採用する推計データによって同一国をめぐっても大きく異なることがある。2000年代後半、OECDではデンマークのジニ係数を0・25とし、一方でILO（国際労働機関）は少し高く0・28としていた。米国のギャップは大きく、OECD発表では0・38前後、対

＊3　この点をはっきりさせるには、ちょっとした思考実験をしてみると良い。科学者が知的生命体の住む惑星を銀河系内に55個発見したとする。そしてこの惑星のいずれもが地球よりもはるかに豊かで、それでいて彼らの星内では大きな所得格差があるのだという。銀河系ジニ係数が非常に大きいわけである。それにひどい憤りを感じるか？　おそらく感じないだろう。そんな知的生命体にはなじみもないし、彼らがどんな暮らしをしているのかなど想像もつかないからだ。

＊4　となるとジニ係数はゼロになり、完全平等になる。持てる1人の人だけがすべてを所有するからである。

してILOによれば0・45である。[9] 以下はILOのデータを用いて論じる。[10]

最も平等な社会は主に欧州に見られ、ジニ係数は0・2から0・3の間である。その多くは強力な福祉国家で、先進資本主義国である。アルファベット順に列挙するとオーストリア、ベルギー、デンマーク、フィンランド、フランス、ドイツ、オランダ、ノルウェー（世界で最も平等な国）、そしてスウェーデンなどだ。先述のとおり、これらのなかには税引き前、再分配前の所得で米国よりもはるかに不平等な社会が含まれているが、GDPのかなりの部分を徴税し再分配するので、米国よりもずっと平等な社会になる。平等な国のなかには旧ソビエト圏の経済もあり、社会主義時代の平等主義の残り香であろう。クロアチア、チェコ共和国、ハンガリー、スロバキアなどがこの集団に属する。

逆の極致には、ジニ係数0・6に至るまでの諸国がある。アルファベット順に並べるとボツワナ、マダガスカル、ナミビア、南アフリカなどだ。いずれもアフリカ南部諸国である。ジニ係数が0・5を超えている国は非常に不平等と考えられる。その多くは南米諸国で、ボリビア、ブラジル、チリ、コロンビア、コスタリカ、ホンジュラス、パナマ、パラグアイなどがある。アフリカ諸国（コートジボワール、モーリタニア、ルワンダ）もあるし、アジア諸国（カンボジア、フィリピン、タイ）もある。このグループに属する国には旧ソビエト圏からも一国あり、なんとも皮肉なことにスターリンの故郷グルジア（ジョージア）である。

その他の大半の国のジニ係数は0・3から0・5の間である。米国と中国は中でもかなり不平等（0・45～0・5）なあたりに分布している。ウガンダ、ポーランド、ニュージーランド、イタリアはその逆のレンジ（0・3前後）に当てはまる。大雑把に言えば、ジニ係数0・35あたりが割合に平等な国とそうではない国の境目と言える。(11)

所得格差よりはるかに大きい富裕格差

富の格差のデータは所得格差データに比べて、はるかに得難く、また信頼性が低い。だがはっきりしていることがある。富裕格差は所得格差よりもはるかに大きいことである。その主な理由は、富を蓄積することは所得を得ることよりもずっと難しいからだ。

UNCTAD（国連貿易開発会議）の調査によれば、調査対象となった15カ国の富裕ジニ係数は、インドやインドネシアのような貧困国も米国やノルウェーのような富裕国も含めて、0・5から0・8ほどである。(12) 所得格差と富裕格差の差は、所得格差の低いノルウェーやドイツにおいて特に大きい。(13)

1980年代から大半の国で所得格差は増大している

1980年代から、大半の国で所得格差は拡大している。(14) 最も著しく増えたのは親富裕層的政策で世界を牽引している英米とくに米国である。米国では最富裕層1％が持つ富は1940年代から1970年代までざっと10％程度だったが、2007年には23％になった。(15) トップ0・1％の最富裕層の持つ富は同期間に3〜4%程度から12%にまで増えている。[16]

格差増大の傾向は2000年頃にはいくらか緩和した。伝統的に格差の大きい南米やサブサハラ諸国では少し緩んだが、それでも国際的に見て非常に不平等な国である。少なくとも南米の場合、この格差緩和の理由は富裕層に対する増税、最低賃金の上昇、社会福祉支出の増大などの政策介入によるもので、クズネッツ仮説で論じた結論をまたも支持している。

過去2世紀に拡大した世界の格差

ブルギニョン（世界銀行）とモリソン（パリ大学）による有名な推計によると、グローバル・ジニ係数は1820年には0・5だったものが、1910年には0・61に上がり、1950年には0・64、1992年には0・66になった。[17] 前述のUNCTADの推計によると、1980年代後半から1990年代前半の0・7程度から2000年代後半の0・66程度まで、若干低下している。[18]

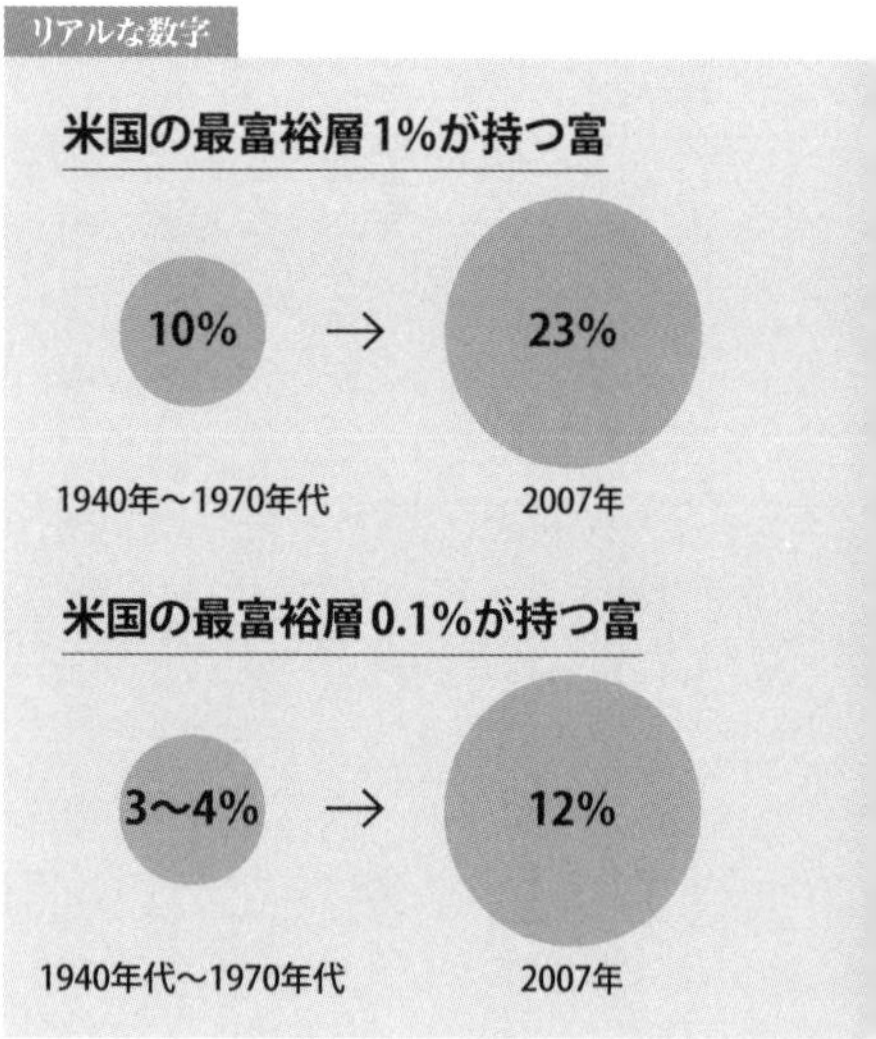

だがこれらの推計は国別のジニ係数算出に比べると信頼性に乏しい。

これが意味するところは、世界を一つの国と考えるのなら、2世紀前には非常に不平等なパナマやルワンダのようであったものが、やがて南アのように極度に不平等になり、1990年以降はほんのわずか不平等さが和らいだ、その原因は中国の急発展による部分が大きい、ということになる。

貧困

歴史を通じて貧困こそ人間世界の常態

貧困は人類史を通じて一貫して苛酷であった。王族や英雄をめぐる物語はともあれ、19世紀以前の物語や民話の大半は貧困とその影響に関するものだった。それもちょっとやそっとではない。人々はパンを盗み（『レ・ミゼラブル』）、土を煮て食い（『大地』）、口減らしのため捨て子までした（『ヘンゼルとグレーテル』）。今日の常識では、ムンバイのスラムを舞台とした『スラムドッグ$ミリオネア』並みの貧困であり、この映画ではトイレに行くのも難行苦行という暮らしが描かれている。

エコノミストはこの種の貧困を**絶対的貧困**という。生存のために必要な最も基本的なもの、例えば栄養、衣服、住まいさえ賄えないほどの貧困を意味する。この人間的状況が変わったのはほんの19世紀に産業革命が始まってからで、第3章で論じたとおり、その当初には状態はかえって悪化した。

貧困の定義――絶対的貧困と相対的貧困

今日では米国やドイツのような富裕国では、絶対的貧困にあえぐ人々はほとんどいない。だがこれらの国でも貧困はなくならない。どんな社会にも、「まっとうな」暮らしとして認められる消費水準があるからだ。

この見方はアダム・スミスの時代にさかのぼる。スミスは何かが必需品になるのは、「たとえ最貧層であっても、まともな人ならそれなしには済まされなくなったとき」であると喝破し、有名な例を挙げている。亜麻のシャツは「生存のために不可欠ではない」が、「現代における欧州の大半の地域では、まともな日雇い労働者であれば亜麻のシャツを着ずにはおいそれと人前に出られず、だからそれを求めることは貧困の恥辱の象徴である」としている。

こうした貧困の概念は**相対的貧困**と言われる。今日、大半の国ではこの概念を用いて独自の貧困線を設定しており、通常は所得メジアン（所得平均ではなく）の一定程度（通例は50%～60%程度）に設定されている。例えば米国政府では、2012年の貧困線を4人家族で年収2万3050ドルに設定している。

こう定義されているため、相対的貧困は本質的に格差に関わっている。ある国が十分に豊かであれば、非常に格差が激しくても、絶対的貧困が存在しないこともありうる。しかしそんな国では、相対的貧困率は高くなる。

貧困もいろいろ――所得貧困と多次元貧困

ここまで絶対的であれ相対的であれ貧困を所得という観点からだけ定義してきたが、多次元貧困という議論もできる。衣食こそなんとか賄っているが教育やヘルスケアなどにはおよそ手が出ないという人などだ。どんな貧困線の線引きをするかについてコンセンサスはないが、貧困層の人数は自ずから増える。

貧困の測定法――頭数か貧困ギャップか

貧困線を設定すると（絶対的であれ相対的であれ、所得基準であれ多次元基準であれ）、それ以下で暮らす人々の人数がわかる。これを**貧困の頭数方式（貧困者数）**という。

この方式には明らかな問題があり、それは貧困線をわずかに下回る人とはるかに下回る人を区別できない点である。このため**貧困ギャップ**という測定方式も考案されている。貧困線からの偏差に応じて個々の貧困者に加重する計算方法である。この方法は単純な頭数方式より多くの情報を必要とし、したがって容易には算出できない。

どちらの測定方式を採用するのであれ、それらは貧困の一断面であり、どうしても全体像は示せない。どんなときも多くの人が貧困に転落し、またそれを脱出しているからだ。だから長期的には、一時点で測定された貧困数よりも多くの人が貧困を経験していることになる。生涯あるいはその大半を貧困状態に暮らす人を慢性的貧困者という。

貧しい人はどうして貧しいのか？　貧困の原因

子どもの頃にディズニー映画で自分を信じればどんなことでも達成できると吹き込まれることに始まり、われわれは人生で何を得るかは一個人としての自分次第であるというメッセージに晒され続ける。そして年に数千万ポンドもの高給を取る人がいるのは彼らに「その価値がある」からだという考えを受け入れていく。そこに仄めかされているのは、貧しい人は才能か努力が足りないのだ、という考えだ。

人生で何を達成するかは、とどのつまり個人の責任だ。おおむね同じ出自にあってもやがて差がつくのは、人は異なる物事に対する異なる才能を持っており、異なる努力を異なる程度にするからである。すべては「環境」のためだ、運のためだとするのは愚かしい。個人の才能と努力を過度に抑圧するのは、かつての社会主義国に見られたように、うわべだけ平等だが根本的に不公正な社会を生み出してしまうことは既述した。

しかし一方では、個人にはどうしようもないという意味で構造的な貧困もある。

幼少時の不十分な栄養補給、学習刺激の欠如、貧困地域に多い標準以下の学校などは貧困児童の発達を制限し、将来の可能性を減じてしまう。子どもの栄養補給や学習刺激については両親にできることもいくらかあるが（そして貧しい親の名誉のために言い添えると、なかにはそんな境遇のよその親よりはるかに努力する人もいるが）、それにも限りがある。貧困者はもちろん大きな金銭的重圧にさらされている。彼らの多くは不安定な仕事を二つも三つも掛け持ちしてくたくたである。そして大半は貧しい幼少時代を過ごし、自らも教育程度が低い。

要するに、貧しい出自の子どもは人生のスタート時点で足かせをはめられているということだ。こうした不利をいくらかでも補うような社会的手段（貧困世帯への所得補助、育児助成、貧困地域の学校に対する公共投資の拡大）なくして、こうした子どもたちは生来の可能性を十分に活かすことはできない。

仮に幼少時の障害を跳ねのけ、社会的階層をよじ登ろうと志しても、貧しい出自の人々は他にもさまざまな障害に直面する。個人的なコネがなく、エリートと文化的なギャップがあることはえてして、「雇用や昇進をめぐる差別を意味する。彼らがさらに別の「悪い」特徴――性別、人種、カースト、宗教、性的嗜好など――を持っていたら、能力を発揮する公正な機会を得るのも一苦労だ。

八百長市場

こうした不利を抱える貧困層は、どれほど公正な市場でも勝つのは難しい。まして市場はえてして富裕層のために捻じ曲げられており、それは金融商品の不適切な販売や規制当局への虚偽報告などをめぐる昨今の一連のスキャンダルにも明らかだ。

大金持ちらは、金に物を言わせて合法的にも非合法にも政治家や当局を抱え込んで基本的なルールを書き換えることもできる（第11章で詳述）。金融および労働市場の各種の規制緩和や富裕層向け減税は、こうした金権政治の所産である。

リアルな数字

14億人が絶対的貧困に暮らす。そしてその大半は中所得国の市民である

現在、世界の（絶対的）貧困線は購買力平価（ＰＰＰ）ベースで一日あたり1・25ドルに設定されている。この線未満の人々は、貧しさの余りまともに栄養を摂ることもできないとみなされる。慈善団体オックスファムが「貧困を過去のものにしよう」というキャンペーンを張ったり、世界の指導者たちが「極端な貧困と飢餓を撲滅しよう」と初めての国連ミレニアム開発目標で誓った際の、これが貧困の定義である。

これを年収に換算するとＰＰＰベースで４５６ドルになり、すると世界で最も貧しい３国（ＤＲＣ、リベリア、ブルンジ）のＰＰＰベース所得はこれを下回ることになる。

現在、世界でざっと14億人（おおむね５人に１人）が一日あたり1・25ドル未満で暮らしてい

る。多次元貧困ベースで計算すると、この数字は4人に1人、すなわち17億人に増える。

意外にも、世界で最も貧しい人々は最貧国の住人ではない。実際に絶対的貧困に暮らしている人々の70％以上は、中所得国に暮らしている。２０００年代半ば時点で、中国には1億７０００万人（国民人口のおよそ13％）、インドには4億５０００万人（同42％）の国際的貧困線未満の人々がいる。

各国別貧困線定義による貧困率は2％から80％の間

相対的貧困問題は、各国ごとに設定された貧困線を下回る人々の率で把握できる。富裕国においては、国別貧困線未満で暮らす人々の割合（**貧困率**）は5％～6％（アイルランド、フランス、オーストリア）から20％（ポルトガルとスペイン）に及ぶ。

多くの貧困国では国民人口の半分以上が国別貧困線未満で暮らしており、その貧困線はもちろんＰＰＰ 1・25ドル／日を上回る。国によっては、国別貧困線ベースでの貧困率は80％にのぼる。ハイチの貧困率は世銀によれば77％で、ＣＩＡのデータ（経済学的統計の情報源としては驚くほど良質！）によれば80％である。

リアルな数字

絶対的貧困線以下で暮らす人

約14億人

1日あたり → 1.25ドル（約150円）
年収換算　→ 456ドル（約54720円）

だが各国別貧困線を根拠にした貧困率は、そのまま国際比較できない。国によって貧困線の設定が違うからである。

各国別貧困線による最新の貧困率は、カナダでは9・4%だがデンマークでは13・4%である。しかし「ユニバーサル」(相対的)貧困線——各国の徴税・社会保障による再分配後で所得メジアンの50%に設定——に基づくOECDの統計では、デンマークは6・0%、カナダは11・9%と、デンマークの方が貧困問題がはるかに緩い。

実際、2011年に一人あたり所得2万ドル以上のOECD加盟国の内、デンマークの貧困率は最低であり、それに次ぐのがアイスランド、ルクセンブルク、フィンランドである。最も貧困率が高いのはイスラエル(20・9%)で、それに米国、日本、スペインが次ぐ。[*5]

結び——貧困と格差は克服できる

貧困と格差は、由々しいほどに拡がっている。世界の5人に1人は、今も絶対的貧困にあえいでいる。米国や日本のような富裕国の多くでも、6人に1人は(相対的)貧困の下にある。一握りの欧州国を除けば、所得格差は深刻あるいは衝撃的と言える。

あまりにも多くの人が、貧困と格差を個人の自然な能力の違いの不可避な結果と受け入れている。あたかも地震や火山の噴火のような自然現象と同様に受け入れさせられているのだ。だが本章で見たとおり、こうした物事への人為的な介入は可能である。

多くの貧困国では手ひどい格差があるため、絶対的（相対的も）貧困は、生産高の向上がなくても所得再分配さえ適切になされれば是正できる。しかし、絶対的貧困を長期的に大きく減らすには経済開発が必要であり、昨今の中国がそれを示している。

富裕国は事実上、絶対的貧困を撲滅したが、相対的貧困とひどい格差という宿痾《しゅくあ》を抱えている国もある。これらの国々の間でも（相対的）貧困率が5％〜20％、ジニ係数が0・2〜0・5と大きく差があることは、特に不平等で貧困問題の激しい米国のような国があり、格差と貧困を大きく減らす政策的余地があることを示している。

貧困層を政策で救う余地は十分にある。貧しい個人に自助努力でそんな境遇を脱出させるためにさえ、より平等な生育環境（より良い福祉施策と教育）を与え、雇用アクセスを改善し（差別撤廃と上流層の排他意識改善）、金権政治を廃するなどだ。

工業化前の韓国では、「全能の王でさえ貧困問題はいかんともしがたい」と言われた。かつてはいざ知らず、今日では違う。世界は今

＊5　各国の貧困率は、アイスランド6・4％、ルクセンブルク7・2％、フィンランド7・3％。米国では17・4％、日本16％、スペインでは15・4％。

リアルな数字

国別の貧困率では…

イスラエル	（20.9%）
米国	（17.4%）
日本	（16.0%）
スペイン	（15.4%）

日、絶対的貧困を撲滅できるだけの十分な生産をしている。世界的な所得再分配がなくとも、最貧困以外の国はすべて絶対的貧困撲滅に十分な生産をしているのだ。格差はこれからも常になくならないだろうが、適切な政策がなされれば、ノルウェー、フィンランド、スウェーデン、デンマークなどのように、非常に平等な社会に暮らすことができる。

第10章 働くことの経済学

――仕事と失業

おしゃべりおばさん：お仕事はなさっておられますの、ウースターさん？
バーティ：仕事？　骨を折って働くという意味ですか？
おしゃべりおばさん：ええ、そう。
バーティ：薪を割ったり、畑仕事をしたり？
おしゃべりおばさん：そうそう、そのとおり。
バーティ：仕事をしたことのある人を何人か知っていますよ、そりゃもう間違いない。
なかには仕事をする人もいます。

BBCコメディドラマ『天才執事ジーヴス』、第一話「ジーヴス登場！」

仕事

人間の状態としての仕事

1980年代のBBCコメディの登場人物バーティ・ウースターにとって、仕事とは他の誰かがやるものだった。だがこうしたごく一部の**有閑層**[*1]を別にすれば、有史いらい仕事は常に人を形作ってきた。

19世紀まで、今日の西側富裕国の大半の人々は週に70時間から80時間働くのが典型的で、なかには100時間以上も働く人々もいた。日曜日の朝はたいてい（常ではないが）教会で礼拝するため休みだったので、日曜日以外は少なくとも11時間、ともすれば16時間も働いていたことになる。

今日、貧困国でさえめったにそんな長時間は働かない。週労働時間の平均は35時間から55時間ほどである。それでも成年人口の大半は、週末や有給休暇時以外の起床中の時間のほぼ半分を労働に費やしている（通勤時間を加えればさらに多くなる）。

吠えない番犬──（主流派）経済学からなぜか抜けている仕事

仕事は私たちの生活で圧倒的な位置を占めているにもかかわらず、経済学では割合に顧みられない。経済学で扱われる場面は、ちょっと奇妙ながら失業問題くらいだ。

主流派である新古典主義の見地からは、仕事は基本的に所得を得る手段と割り切られる。人は所得や余暇を求めているとされ、仕事そのものに価値を見出すとは考えない。人が仕事という非効用に耐えるのは、そこから生じる所得によって購入できるものの効用が得られるからにすぎない、とする。それなら人が働くのは、仕事という非効用が、仕事で得る所得で買える物品の効用と等しくなるまでのはずである。

＊1　この言葉が経済学の世界で知られるようになったのは、ソースティン・ヴェブレンの『有閑階級の理論』（ちくま学芸文庫、1998年）いらいである。これは彼の言う「誇示的（衒示）消費」（そのものの喜びのためではなく、富を見せびらかすための消費）についての手厳しい批判の書である。

だがたいていの人にとって、仕事とは単に所得を得る手段にとどまらない。それに十分な時間をつぎ込めば、職場のできごとはわれわれの心身の幸福に影響し、果ては私たち自身を形作りさえするようになるのだ。

基本的人権を損なわれながらも多くの人が働き、また今も働いている

多くの人にとって、仕事とは基本的人権、あるいはその欠除に関わる。人類史の大半において、膨大な数の人々が最も基本的な人権である「自己所有権」を奪われ、日用品のように売買されてきた。すなわち奴隷である。19世紀に奴隷制が廃止されると、ざっと150万人のインド人、中国人（「苦力《クーリー》」と呼ばれた）、そして日本人らが、奴隷に代わる**年季奉公人**として海を渡った。トリニダード島出身のインド系で2001年にノーベル文学賞を受賞したV・S・ナイポール、英国国立バレエ団の中国系キューバ人ヤ・セン・チャーン、インド系フィジー人ゴルファーのヴィジャイ・シンなどは、こうした歴史を知るよすがとなる人々である。

年季奉公人は、雇用主に所有されていないという意味で奴隷ではない。だが職を変える自由はなかったし、年季明け（3年から10年）までは最低限の人権しかなかった。たいていの場合、労働条件は彼らが取って代わった奴隷たちのそれと大差はなかった。多くの人々は奴隷たちが住んでいたバラックそのもので暮らした。

だがこれはすべて過去の話であると誤解してはならない。今も、基本的人権を踏みにじられて

働く人々は大勢いる。今や合法的な奴隷はほとんどいないかもしれないが、他の形態の**強制労働**に携わっている人々は少なくない。強制（すなわち人身売買）されている人もいれば、自発的に働き始めたかもしれないが離職する自由を奪われた人もいれば、雇い主による暴力（家事労働者に最も多い）や採用諸掛、旅費、食費、居住費などを水増しされて借金漬けにされたあげくの人もいる。移民労働者のなかには、19世紀から20世紀初頭の年季奉公人とさして変わらない条件下で苦役にあえぐ人々もいる。

仕事の変遷

基本的人権の侵害を伴わない場合でさえ、労働は根本的に影響するあまり、実際に私たちを「形作り」さえする。

その典型は**児童労働**である。*2 子どもが大人向けの仕事をすれば、精神的肉体的発達は滞る。そのため幼少から働くと、十分に人間開発できなくなる。

仕事は成年をも形作る。アダム・スミスは分業の生産性向上を讃えたが（第2章参照）、過度な分業は労働者の精神能力を損なうと心配もしていた。この問題は後に、チャーリー・チャップリンの滑稽だが辛辣な名作映画『モダン・タイムス』に描かれている。この作品でチャップリンは、

＊2　ＩＬＯでは14歳以下（職種によっては11歳以下）の児童の肉体的成長や教育の妨げになる仕事と規定している。そのため児童が家事を手伝ったり新聞配達をするなどは除外される。

反復的な単純作業をするだけの労働者役を演じ、やがて錯乱してしまう。

仕事は良い人格形成もする。仕事が気に入っている人々は、えてして充実感も大きい。工場労働が、商業や農業と比べてさえ、政治意識を高めることはよく知られている。大勢の労働者が閉鎖的かつ組織的な環境で緊密に協調して働くためである。

仕事はわれわれの肉体的、知的、心理的幸福に影響する

人を「形作る」ほどでなくても、仕事は肉体的、知的、心理的幸福に深く影響する。

仕事のなかには、肉体的にキツく、危険で有害なものもある。人は長時間働くほど疲れ、いずれは健康を損なう。

一方、創造性が高くてより知的に面白いとされる仕事――工芸、芸術、デザイン、教師、研究など――もある。

心理的な面は、仕事の物理的、知的側面以上に、労使関係に関わっている。同じ仕事をするのでも、休憩時間が少なかったり、過度な重圧や雇用不安がある場合は、もっとまともな環境を提供する雇用主の下で働く場合よりも幸福度が低い。

「働きたいだけ働く」――裁量労働対自由選択

人々の幸福が職場のあり様にそれほどまでに影響するのなら、勤務時間、職場の安全、職の安

定などを定める**労働基準**の影響は非常に大きいはずである。

労働基準に反対するエコノミストは多い。特にそれが、雇用主が定める「服務規程」や労使協約に基づくのではなく、政府規制として強制される場合はいっそうである。ある種の職種がどんなに「過度に長時間労働」で「ひどく危険」に見えても、まともな判断力のある自由な労働者に選択されている限り、その存在を認めなければならない、というのである。そんな「劣悪な」仕事をやる人間がいるのは賃金が悪条件を補って余りあるからだ、という論法だ。実際、1905年に米連邦最高裁がロッチナー対ニューヨーク州の裁判でパン屋の従業員の労働時間上限を10時間と定めた州法に違憲判決を下したのも、まさにこの論理によるものだった。[1]

これはまったく無分別な主張である。もし何かをまったく自由な意思で選択すれば、確かにそれを選好したことになる。だが問題は、その選択がどんな条件でなされたのかだ。その条件は変えるべきものか、そして変えられるのか？　大半の労働者が「悪い」仕事でもいそいそとやるのは、さもなければ飢えるだけだからだ。失業率が非常に高く、他の仕事が容易に見つからないからかもしれない。肉体的欠陥や児童労働のため、よそでは雇ってもらえないのかもしれない。故郷の水害で無一文になりどんな仕事でもと血眼になっている浮浪労働者なのかもしれない。そんな条件での選択を「自由な」と言えるだろうか？　食べていくためにやむにやまれないだけではないか？

この点については、1950年代から1970年代の南米で特に人気が高かったカソリック左派で「解放の神学」を説いた代表的人物であり、オリンダとレシフェのブラジル人大司教だったエウデル・カマラの言葉を胸に刻まなければならない。「食糧を貧しい人に与えると、彼らは私を聖人と言った。そして貧しい人々はなぜ食べ物を持っていないのかと問うと、人々は私を共産主義者と呼んだ」たぶん私たちはいくらか「共産主義者」になって、貧しい人々がひどい職でも進んで求める背景状況を問うべきなのだ。[*3]

リアルな数字

強制労働

ＩＬＯの推計によると、２０１２年時点で世界でおよそ２１００万人が強制労働させられている。世界の労働者人口33億人の０・６％（あるいは世界人口の０・３％）にすぎないが、それでも０・６％ほど多すぎる。

ＩＬＯによれば、最も強制労働が多いのは欧州の旧共産主義国、旧ソ連邦（人口の０・42％）、アフリカ（同０・４％）などである。富裕国でも、人口の０・15％は強制労働させられていると推計されている。(2)

児童労働

ＩＬＯではさらに、５歳から14歳までの児童労働者も1億２３００万人いると推計しており、世界の労働力人口の３・７％にあたる。だがこれは世界全体で見た場合で、最貧困国では子どもたちの半分は働いていると思われる。最も率が高いのはギニアビサウ（57％）で、それに次ぐのがエチオピア（53％）、中央アフリカ共和国、チャド、シエラレオネ、トーゴなど（いずれも47％〜48％）。その他の児童労働率が非常に高い国々（30％台程度）の大半もアフリカ諸国だが、アジア（カンボジア39％、ネパール34％）や南米（ペルー34％）にもある。

児童労働率は国の貧困と関係しているようだが、それが決定因では*ない*。ブルンジは２０１０年に世界で最も一人あたり所得が低い国だったが、児童労働率は19％である。これはペルーのおよそ半分の率で、同年のペルーの一人あたり所得は４７１０ドルとブルンジの30倍近くに上る。他にも、１９６０年代の韓国は当時世界で最も貧しい国の一つだったが、初等教育の義務化と実施の徹底によって事実上12歳未満の児童の労働を廃絶していた。これらの例は、貧困は蔓延する児童労働をどこまで減らせるかの障害かもしれないが、言い訳にはならないことを示している。

＊3　この考えは、第4章の「非現実的な個人、現状維持の過剰な支持、そして生産の無視――新古典主義の限界」の項で述べた。

貧困国の人々は富裕国人よりはるかに長く働いている

大半の富裕国で、人々は週に35時間ほど働いている。とはいえ東アジア諸国では、労働時間ははるかに長い（日本42時間、韓国44時間、シンガポール46時間）[3]。だがこうした国々の人も、彼らの曽祖父や高祖父の半分もしくはそれ未満（週に70時間から80時間）しか働いていない。

今日の貧困国の人々は、現在の富裕国の先人が18世紀や19世紀に働いていたほどの時間を仕事に費やしてはいないが、現在の富裕国人と比べれば長時間働いている。エジプトのように平均して週に55時間から56時間ほど働く国もあれば、ペルーのように53時間から54時間働く国もある。平均した週労働時間が55時間から56時間に達する国々をアルファベット順に列挙すると、バングラデシュ、コスタリカ、コロンビア、インド、マレーシア、メキシコ、パラグアイ、スリランカ、タイ、トルコなどになる。

これらの数字では、実際に仕事に費やす時間が過小評価されている。公共交通機関が乏しくスプロール化が著しい国々では、長く苦しい通勤時間が大きな苦悩の種になっている。他にも、イ

リアルな数字

2100万人	世界の強制労働者
1億2300万人	世界の児童労働者
35時間	大半の富裕国の週あたり労働時間
55～56時間	貧困国の週あたり労働時間
42時間	日本の週あたり労働時間

ンターネットの発達のおかげで、ホワイトカラーの多くがかつてとは違う時間に働くことを強いられている。

干ばつか洪水か？　労働時間の不均一配分

労働時間データを見るときには、いずれも平均であることを忘れてはならない。多くの国では、特に長時間働いている人もおり（ＩＬＯでは週48時間を超える勤務をそう規定している）、健康を損ないかねない。他にも、２００８年のグローバル金融危機の際に多くの人が陥ったような、フルタイムで働きたいのにパートタイムの仕事しか得られない**時間に関する不完全就業**もある。途上国では、多くの人々はわずかな収入のためにろくに何も生み出さない仕事をする**偽装失業**状態にある。例えば農村部の人が人手は十分に足りている家の田畑で働くとか、貧しい人々が**インフォーマル・セクター**（行政把握されずに零細たいていは単独で行われている仕事）で仕事を「作り出し」し、実質的な物乞いの隠れ蓑にする（後述）などだ。いわゆる「失業する余裕もない」人々である。

特に長時間働く人々の割合が最も高いのはインドネシア（51％）と韓国（50％）で、タイ、パキスタン、エチオピアなどもいずれも40％を超えている。最も低いのはロシア（３％）、モルドバ（５％）、ノルウェー（５％）そしてオランダ（７％）などである。

実際にどれだけ働いている？　有給休暇と実質労働時間

だが週労働時間では実情は十分にはわからない。年中働き詰めの国もあれば、年に数週間は有給休暇という国もある。フランスやドイツでは有給休暇は年に5週間（就業日換算25日）にも及ぶ。そのため各国の人々が実際にどれだけ働いているかを知るには、年次労働時間を見なければならない。

そんなデータは、ＯＥＣＤ加盟国についてしか得られない。そのなかで２０１１年時点で最も年次労働時間が短い国は、オランダ、ドイツ、ノルウェー、そしてフランスなど。[4] 逆に最も長いのは韓国、ギリシャ、米国、イタリアなどだ。[5] ＯＥＣＤデータには、富裕国には含まれない国のデータも含まれている。その一つメキシコの年次労働時間は２２５０時間と、韓国（２０９０時間）を凌いでいる。[6] やはりＯＥＣＤ加盟途上国であるチリは２０４７時間と、韓国とギリシャ（２０３９時間）の間である。

「怠け者」は誰？　労働時間の神話と現実

これらの数字は、国別の勤勉ぶり怠け者ぶりについてのステレオタイプがまったく見当外れであることを明かしている。

米国ではえてして「怠け者のラテン系」扱いされるメキシコ人は、実際には「働きアリ」と揶揄《やゆ》される韓国人より長く働いている。最も労働時間が長い国々のリストで12カ国中5カ国は南米諸国である。だらだらした南米人というステレオタイプは、およそ間違いもよいところだ。

現在のユーロ圏危機でギリシャ人は勤勉な北部欧州人をあてにする怠け者の「たかり」扱いされているが、韓国を別にすれば富裕国界で誰よりも長時間働いている。仕事中毒と思われているドイツ人やオランダ人よりも、1・4倍から1・5倍も長く働いているのだ。イタリア人も「怠け者の地中海人」扱いされがちだが、アメリカ人並みに、すなわちドイツ人よりも1・25倍長く働いている。

なぜ勤勉な人々が貧しいのか？

こうした誤解がはびこる原因の仮説の一つは、情報がひどく古いことである。例えばオランダ人は勤勉でしまり屋の清教徒という通念があるが、これは少なくとも50年、いや80年も古い情報に基づいている。1870年代から1920年代まで、オランダは今日の富裕国のなかでも最も長時間働く国だった。しかし1930年代に変わり始め、1960年代には一転して世界で最も「怠惰」な国——すなわち世界で最も年次労働時間が短い国になったのである。

もう一つの仮説は、貧しさは怠惰の結果という誤解に基づいて貧

リアルな数字

年次労働時間の短い国

オランダ、ドイツ、ノルウェー、フランスなど

年次労働時間の長い国

韓国、ギリシャ、米国、イタリアなど

しい国々を怠惰な国々と短絡していることである。[7] だがこうした人々を貧しくしているのは生産性の低さであり、それが彼らのせいであることはめったにない。国家の生産性を決定する最も重要なことは資本設備、技術、インフラストラクチャー、国内制度などであり、これらはまさに貧しい国が提供できないものである。だから、もし責められるべき国があるとすればそれは、ギリシャやメキシコのような豊かで強力な国だ。彼らはこうした生産性の決定要因を持っているにもかかわらず、それを質量ともに十分に分配できずにいる。

仕事の危険――労災と職の安定

職の質については、知的充実という側面にはこれという好指標はないが、物理的、心理学的側面については少なくともいくつかの指標がある。

物理的な職の質について最も入手しやすい指標は、就業中の死亡事故率（通常は労働者10万人あたりで表される）である。オーストラリア、ノルウェー、スウェーデン、スイス、英国のような国（アルファベット順）は、最も安全な職場を提供している。毎年、労働者10万人あたり労災で死ぬのは1人か2人程度だ。他方、エルサルバドルやインドでは30人から40人ほどで、エチオピアとトルコではざっと20人ほど。データが得られる途上国（めったにない）の大半では10人から15人の間である。

仕事の心理的な側面について最も入手しやすい指標は、既述のとおり職の安定である。[8] これにも決定版といえるものはないが、最も信頼できるのはOECDが加盟国を対象に調査・発表している就業6カ月未満の労働者の比率データだろう。これによると、2013年現在、トルコの労働者の就業状況が最も不安定（26％）で、これに韓国（24％）、メキシコ（21％）などが次ぐ。この測定方法によると、ギリシャ、スロバキア、ルクセンブルクなどが最も雇用状況が安定している（いずれも5％前後）。

失業

ジャーコモはみんなのため失業し続けるべきだ……。私たちはどうして高い失業率に慣れてしまったのか？

2009年、私はさる会議でイタリアの著名産業エコノミスト、ジョバンニ・ドーシと会った。彼はイタリアのドイツ語を話す地域アルトアディジェ地方のボルツァーノという街で友人が経験したことを話してくれた。この街が非常に景気がよいと聞いていたその友人（イタリア人ではない）は、タクシーの運転手に何気なく尋ねた——運転手さん、失業している人を何人知っている？返事を聞いて驚いた。街全体で失業している人はたった一人だけ、ジャーコモとかいう男だけだというのだ。

友人は信じなかった。10万人規模の街で、失業者がたった一人だけということはないだろう？

運転手はそう反問されて収まらず、客待ちする他のタクシーの列に車を寄せ、運転手仲間に同意を求めた。運転手たちはしばし鳩首会談《きゅうしゅ》をすると、件《くだん》の運転手の話を請け合ったばかりか、さらにそのジャーコモは皆のためにもっと失業しているべきだ、さもないと職安が閉鎖されて4人の職員が余ってしまう、というのだった。

ボルツァーノのタクシー運転手たちが外国人をからかったのか、それとも真実を語っていたのかは知らない。だがこの話の肝は、私たちがこれまで30年間の高い失業率に慣れすぎて、小さな街でさえ失業者が皆無同然と聞いて驚くようになってしまったことだ。

だがかつての黄金時代には、先進資本主義国の多くで失業率は非常に低かった。失業者を根絶する努力もし、成功は目前だった。1970年代初頭、スイスのジュネーブでは（当時の人口は20万人程度）、失業者の数は10人もいなかった。黄金時代は例外かもしれないが、完全雇用は可能であることの証拠にはなる。失業はまったく「不可避」なものではないのだ。

失業の個人的対価――経済的苦難、尊厳の喪失、そして鬱

失業しても、**失業保険**によって失職前の給与の60%～75%が給付される欧州国に住んでいるのなら、経済的には何とかやっていける。だが世界全体では、これは例外だ。米国では失職前給与のたった30%～40%（居住州による）しか給付されない。大半の途上国では、失業保険など存在しない。

失業は尊厳にも関わる。米国の小説家カート・ヴォネガットは1952年の名作『プレイヤー・ピアノ』（早川書房、2005年）で、誰も肉体労働などする必要はない世界を描いている。機械がすべてやってくれるからだ。この小説では、機械はまるで自動ピアノのように指示書を飲み込んでいく（題名の由来である）。人々は基本的な物質的ニーズを機械に満たされて遊んで暮らせるにもかかわらず、ごく一部のエンジニアと管理者以外は深い鬱に陥っている。社会で役立っていることから得られる尊厳を奪われたからだ。

失業は健康、とりわけ精神の健康に非常に悪い影響を及ぼす。経済的苦境と尊厳の喪失が失業者をよりいっそう沈鬱にし、より自殺させやすくする。(9)

失業の社会的コスト――資源の無駄、社会的衰退、スキル喪失

失業は社会的にも非常に大きな資源の無駄である。人は仕事を見つけられず、生産設備は遊んでいる。

特定の地域の長期的な失業は、社会的衰退や都市の退廃を招く。「ザ・ラスト・ベルト（錆びた地帯）」と呼ばれる米国の都市や、英国北部の（前）工業地域は、いまだに1970年代から1980年代の高い失業率の影響から脱しきっていない。

失業期間が長引くと、技能が陳腐化し、自信を失い、将来にわたって生産性が低くなる。長期的な失業（例えば1年以上など）は再雇用の機会を大きく下げ、するといっそう失業期間が長び

くという悪循環に陥っていく。

雇用の合間の人々――摩擦的失業

次に述べるように失業にはまったく異なるタイプが少なくとも5種類ある。

第一に、「自然」に起きる失業がある。企業が生まれ、成長し、縮小し、死ぬまでの間に雇用は生まれたり消えたりする。労働者も、さまざまな理由で仕事を変える。今の仕事に飽き足りなくなったり、別の街で暮らそうと思ったり、家族の介護に専念するためだったり、新たなパートナーと暮らすためだったりなどだ。だから職場の人の入れ替わりは自然である。

仕事を辞めて再雇用されるまでには時間がかかる。そのため、いくらか失業期間が長くなる人もいる。これを**摩擦的失業**という。

技能の陳腐化――技術的失業

さらに、求められる労働者のタイプと手に入る労働者の間のミスマッチによる失業もある。これは**技術的失業**とか**構造的失業**と呼ばれる。これはマイケル・ムーア監督が処女作『ロジャー&ミー』で描いた、GMの工場が彼の故郷ミシガン州フリントで閉鎖された影響を描いたノンフィクションや、英国の6人の元製鉄工が長らくの失業を経て男性ストリッパーになるという筋書きの映画『フル・モンティ』などで描かれている失業である。

標準的な経済学理論では、こうした労働者は「新興」産業でスキルを身につけ、他の分野に移っていけたはずだ。例えば右の映画の例ではそれぞれ、カリフォルニアの電子産業やロンドンの投資銀行界などである。しかし現実には、市場任せにしていては、円滑な移行などほぼ決して実現しない。組織的な政府助成や、北欧諸国で行われているようなリトレーニング（再職業訓練）やリロケーション（転居）のための制度的な支援策（現在の住まいが売れる前に新たな職が得られる街で新居を買うためのつなぎ融資など）があってさえ、技術的失業をなくすことは難しい。

政府や組合が生み出す失業――政治的失業

現代版セーの法則（商品を生産すると供給ばかりかその商品への需要も生まれるとする説）に入れ込む新古典主義派エコノミストの多くは、需給の法則によっていずれは誰もが折々の賃金相場で職を見つけられるとした。彼らの言い分では、仕事が見つからない人がいるとすれば、それは市場でまとまる賃金相場を政府か組合が阻んでいるからだ、ということになる。

富裕国には、相場並みの賃金では働こうとしない人がいる。政府の福祉給付で生活できるからである。労働組合は賃下げを不可能にしている。同時に、政府の労働市場規制（最低賃金、馘首《かくしゅ》制限、退職手当の支払い義務など）や雇用関連税たとえば雇用保険や厚生保険の雇用者負担分などはいずれも、あるべき水準よりも雇用費用を高くしている。このため雇用者側は人を雇う動機を失い、すると失業率はさらに高まる。

ここでは政府や労働組合などの政治的主体による干渉が失業の原因となっているので、この種の失業を**政治的失業**と呼ぶ。その解決法として提唱されているのは、労働市場をより「柔軟」にする方策で、例えば労働組合を弱体化させる、最低賃金法を廃止する、不足の事態に備える労働者の保護を縮小する、などだ。

需要不足の可能性——循環的失業

第4章でケインズについて論じた際、全体的な需要不足によって起きる非自発的な失業があると述べた。大恐慌や2008年金融危機後の「グレート・リセッション」などの折がそうだ。こうした循環的失業には、右記のサプライ・サイドの方策すなわち賃下げやスキルを持て余している労働者を引き留めることなどは効果がない。

循環的失業の主な対策は、政府が赤字で財政支出をし緩和的金融政策（金利引き下げなど）を採って、民間分野が回復し、新たな雇用が生まれるのを待つことである。[*4]

資本主義には失業が必要である——システミック失業

ケインジアンが失業を循環的と見る一方、マルクスからジョセフ・スティグリッツ（その「効率賃金仮説」により）に至るまでの多くのエコノミストは、失業は資本主義に本来備わっているものと主張している。

発想の発端は単純だが重要なもので、人は機械と違って意思を持っているということだ。ということは、仕事に励むもサボるも気の向くままということでもある。すると資本家は自然と、仕事を監視しやすい細切れに分解したり、一方的に速度を調整できるベルトコンベアを導入したりする。それでも**労働者側**には労働過程をめぐるわずかな裁量が残る。だから資本家は、何とかして労働者が最大限に働くよう――あるいはサボらないよう――にしなくてはならない。

そのためには何より、相場以上の給料を支払って労働者にとって失職が高くつくようにしてやることである。同等の収入をよそで簡単に得られるなら、労働者は馘首を恐れなくなるからだ。しかしすべての資本家が同じことをすれば賃金相場が上がってしまい、失業が生まれる。

こうした論理に基づいてマルクスは失業者を**産業予備軍（相対的過剰人口）**として、扱いにくくなった労働者に替えて雇用者がいつでも召集をかけられる予備人員と位置づけた。これに基づき、ケインズより早く有効需要理論を生み出していたポーランドのエコノミスト、ミハウ・カレツキー（1899年〜1970年）は、完全雇用は資本主義とは相容れないとした。ここではこんな失業を**システミック失業**と呼ぶ。

＊4　ケインズ理論によれば、そうなった時点で政府は財政支出と金融政策を引き締め、経済の過熱ひいてはインフレを防ぐべき、ということになる。

さまざまな失業はさまざまな状況でさまざまな組み合わせで共存する

こうした各種の失業は共存できるし、実際にする。ある種の失業が主であるかと思えば、状況次第で別の失業が主になりもする。

1980年代の欧米の失業の多くは、東アジアとの競争のあげく多くの産業が衰退したことによる「技術的」なものだった。「構造的」失業は、その名が示唆しているとおり資本主義につきものだが、黄金時代の西欧と日本ではないも同然だった。今日、多くの国では需要不足による「循環的」失業にあえいでいるが、2000年代半ばの好景気にはそうではなかった。「政治的失業」は存在するが、その程度はえてして自由市場主義論者によって誇張されている。

誰が働けるか、働きたいか、そして働くか？　失業の定義と測定

失業率は実際にどう測定されているのか？　最も明らかな方法は、一国の働いていない人の頭数を数えることかもしれない。だが失業の定義と測定法は、そうではない。

若すぎたり高齢すぎて働けない人もいるので、失業率を計算する際には**生産年齢人口**だけを考える。どんな国でも子どもは生産年齢人口から除外しているが、子どもの定義は国によって違い、最頻は15歳未満だが、5歳までとしている国（インドとネパール）[10]もある。国によっては高齢者も生産年齢人口から除外しており、最も多くは65歳か75歳以上だが、64歳以上という国もあれば

80歳以上としている国もある。

生産年齢人口に属していても、無職の人をすべて失業者に数えるわけではない。なかには、学生、無給の家事労働、家族や友人の介護をしているなど、有給で働くつもりがない人もいる。失業者と定義されるには、「積極的に仕事を探」している（最近も有給職に求職していることが条件）こととされ、たいていは直近の4週間が対象期間とされる。生産年齢人口から積極的に求職していない人を引くと、**経済活動人口（労働人口）**が得られる。経済的に活発（すなわち積極的に有給職を求職しており）だが働いていない人だけが失業者と定義されるのである。

この失業者定義はＩＬＯ定義として万国で（わずかな修正とともに）用いられているが、深刻な欠陥がある。一つは、「働いている」状態の基準が、週に1時間以上と緩いことだ。もう一つは、積極的に求職していることを条件としているために、求職意欲喪失者（仕事が欲しいにもかかわらず、求職活動がうまくいかず職探しをあきらめてしまった人）を失業者統計から除外していることである。[11]

リアルな数字

富裕国の失業率は黄金時代から大幅に上昇している

黄金時代の日本と西欧では失業率は1％～2％で、それに先立つ期間の3％～10％とは対照的だった。スイス、西ドイツ、オランダのような国では、1%を切ることも珍しくなかった。失業率が3%～5%程度だった米国は、高失業率国と見なされていた。

黄金時代が終わると、富裕国は5%～10%程度の失業率に慣れた。一方で日本、スイス、オランダ、ノルウェーなどのいくつかの国では、2%～4%程度の低い失業率を維持していた。

2008年のグローバル金融危機の後、失業率は大半の富裕国で上昇した。米国、英国、スウェーデンでは特に顕著で、6%程度から9%～10%程度になった。危機から5年経っても、8%程度に高止まりしたままだ。米国の失業率は、求職意欲喪失者や短時間就労者などを調整すると実際には優に15%に達するとする向きもある。

ユーロ圏の「周辺」国は2008年金融危機に殊のほか打撃を受け、ただでさえ破滅的だった失業状況は酸鼻《さんび》を極めた。危機前の失業率は8%ほどだったギリシャとスペインはそれぞれ28%と26%になり、若年失業率（15歳から24歳）は55%を超えた。ポルトガル（18%）やアイルランド（14%）でも状況は深刻である。

途上国での失業の定義の難しさ——アンダー・エンプロイメントと低生産性

発展途上国での失業率は、定義も測定もはるかに困難である。問題は何より、途上国では多くの人々が標準的な定義（週に有給労働1時間以上）では働いているが、暇を持て余して経済生産にほとんど寄与しない「アンダー・エンプロイメント」状態にあることだ。

世界の最貧地域では、人口の50％から60％は農業で働いている。サブサハラ諸国では平均して62％、南アジアでは51％ほどである。その大半は家の畑で働いており、生産にはほとんど寄与するところがなくとも、それしか収入を得る方法がない。こうした人々を雇用されていると見るべきかどうかは議論の余地がある。彼らがいなくても、その農場の生産高はほとんど減らないからだ。

農業分野以外では、希望に反してごく短時間しか（例えば週に30時間未満など）働けずにいる人が多い。彼らは時間的アンダー・エンプロイメント状態と言える。ＩＬＯの推計では、発展途上国によってはこうした労働力が15％〜20％にも及ぶとされている。こうした国では、彼らをフルタイムの雇用に換算するだけで失業率は優に5％〜6％は上がるだろう。

仮に長時間働いていても、貧困国では多くの人が「働かない贅沢」は許されないために非公式な分野で社会的生産にほとんど寄与しない瑣末《さまつ》な仕事をしている。なかには、自ら「発明」しているとしか言いようのない仕事もある。優しい人がいくらか投げ銭でもくれないかと高級街で他人のためにドアを開けてやったり、誰も欲しがらないようなチューインガムを売って回ったり、渋滞している車の窓を拭いたりなどだ。こうした人々を被雇用者と見るべきか失業者と見るべきかは悩ましい。

途上国での失業

発展途上国での失業率を見てみよう。ただしこれらの数字は、最大限の注意をもって見る必要があることをお忘れなく。

この10年かそこら、発展途上国で最も失業率が高い国は南アフリカで、通常は25％を下らず、時には30％を超える（ILO統計による）。それに僅差で続くのがボツワナとナミビアで、共に20％ほど。他の高失業率国にはアルバニア、ドミニカ共和国、エチオピア、チュニジアなどがある（15％～20％ほど）。

中失業率国にはコロンビア、ジャマイカ、モロッコ、ウルグアイ、ベネズエラなどがある（10％～15％）。ブラジル、エルサルバドル、インドネシア、モーリシャス、パキスタン、パラグアイ、スリランカなども中失業率国のなかでましな部類（5％～10％）に数えられる。

途上国のなかには、1％から5％程度ほどとILOデータで非常に失業率が低いとされる国もある。バングラデシュ、ボリビア、中国、グアテマラ、マレーシア、メキシコ、タイなどだ。

結び――仕事を真剣に考えよう

大半の人にとって、仕事は暮らしの最大の側面だ。公式には「無職」とされていても（例えば家事労働者のように）、大半の成人は働いており、それも劣悪な環境で非常に長時間を費やしている。最貧国では、子どもの多くも働いている。こうした国々では、人は切羽詰まったあげく仕事を「発明」して生き抜こうとしている。

それにもかかわらず、経済学的議論の大半において、人は労働者ではなく主に消費者として考えられている。特に主流派の新古典主義経済学理論では、つまるところ人は消費するために働いていると見る。仕事についての議論は、いわゆる工場の門や店舗の入り口で終わってしまい、創造的な喜びや充実感、社会で「役に立つ」ことからくる自尊心など、そこに宿る価値は認められない。

実際には職場のあり様は労働者に多大な影響を及ぼすものであり、特に貧困国では、多くの人が基本的人権を奪われ、肉体的にも危険なうえ人間開発の可能性も奪われている（児童労働など）。富裕国でさえ、職場のあり様によって人は充実を感じ、退屈し、喜び、落ち込む。仕事は非常に深いレベルで私たちを形作っている。

職はそれが欠如しているときにより注目される。すなわち失業時である。だがその失業でさえ、不可避のものと甘受されているという意味で、十分に真剣に受け止められていない。完全雇用──かつて先進資本主義国で最重要視され、そして達成されていた──など不可能な戯言と思われている。失業の人間的損失──経済的苦難、鬱、恥辱、自殺さえ──など、ほとんど顧みられない。

いずれもが、経済と社会のあり様の深刻な結果である。仕事は収入を得るために我慢すべき不効用と考えられており、私たちはもっぱらその収入を消費したいという欲求に突き動かされているとされている。特に富裕国では、こうした消費主義的メンタリティがごみ、買い物中毒、持続不可能な家計負債などにつながっており、一方で炭素排出の低減や気候変動との戦いを困難にしている。仕事を無視することは、賃金が上がりさえするなら労働環境が悪化して労働者の肉体的、精神的幸福がどうなろうが構わないという考えにつながる。高失業率は、人間的損失がとても大きいにもかかわらず比較的ささいな問題とされ、一方でインフレ率が少しでも上がれば国家的破滅であるかのように騒がれる。

仕事は経済学において、二の次に置かれてしまい、私たちはそれから目をそらしている。しかしもっと深刻に受け止めない限り、私たちはよりバランスのとれた経済、もっと充実した社会を作ることはできないのだ。

第11章 全体主義、それとも哲人王?

——国家の役割

政府はわれわれを互いから守るために存在している。政府がその限界を超えるのは、われわれをわれわれ自身から守ろうとするときだ。

――ロナルド・レーガン

政府が自然の産物であり、個人に先立って存在していたことの証拠は、個人は孤立すると、自らを十分に支えられないことだ。だから彼は、全体に対する部分のようである。

――アリストテレス

国家と経済学

政治経済学――名は体を表す？

かつては防衛相を持つ国などなかったが、どんな国にも戦争大臣がいた。何しろ、戦争こそ国の本業だったからだ。特許はかつて独占特許と呼ばれていたが、それはたとえ社会的に有益とはいえ人為的に作り出された独占であったからだ（いまもそうだが）。もうおわかりだろう、時には古く忘れ去られた名前が物事の本質を教えてくれ、現代の語彙よりもずっと表現力豊かであることもある。

経済学にもそれが言える。古の政治経済学という名は、それが経済の政治的管理についての学問であることを教えてくれる。今日では経済学は「万物についての科学」とされ、ともすれば経済政策など経済学の中心でさえないという印象を受けかねない。だが経済学は現在でも、国家あるいは政府の行動についての、あるいはそれに反対するためのものだ。[*1] そして、経済学は万物についての科学なり、なぜなら何事も経済的（合理的）判断を伴うのだからと喧伝するエコノミストらでさえ、少なくとも期せずして、国家が経済に果たす役割について言及している。彼らは暮らしの最も意外な側面——家族生活や相撲をめぐる八百長など——でさえ人は合理的に行動していると言い、人は自分にとって何が良いのか、そしてそれをどう達成すれば良いのかがわかっているとする。その含みは、だから放任が良いのだ、政府があたかも国民にとって何が良いのかを知っているかのように慈父主義を発揮して指図すべきではないというものだ。

もちろんまともな経済学理論が政府を全廃せよと言うことはない。だが政府の適切な役割については、振り幅は大きい。一方には自由市場主義があり、軍事的防衛力、財産権保護、インフラ（道路や港湾など）などの最低限の役割以外は求めない。片やマルクス主義があり、市場は無視されるべきだ、あるいはいっそ全廃されるべきだ、経済全体を国家による中央計画によって調整すべきだとする。

こうした両極に挟まれた、政府がすべきこと、すべきではないことの順列・組み合わせは、目

＊1　多くの人が「国家（state）」という言葉を「政府（government）」よりも広い意味で、むしろ「国（country）」に近い意味で使っている。この区別は哲学的、そして政治的正当化として良いものだ。だが本書では、「国家」も「政府」も互換的に用いる。

も回るほどだ。実際、最小国家や中央計画経済などの「極端」な解決法を求める者自身の考えも、最小国家とは何をすべきものなのか、経済はどのように計画されるべきものかについてであることは否めない。

国家介入の道徳性

国家は個人を超越すべきではない——コントラクタリアンの視点

国家の役割についての永遠の議論のテーマの一つは、道徳についてである。国家は個人に何をすべきか指図する権利があるのか？

今日の大半のエコノミストは**個人主義**を信奉している。すなわち個人を凌駕する権威は存在しないという考え方である。それを突き詰めると、政府とは主権的個人との間の**社会的契約**の産物であり、したがって個人を超越することはできないという哲学的立場に至る。**コントラクタリアニズム**として知られるこの見地では、国家の行動はすべての個人が同意を与えた場合だけ正当化されることになる。

「薄汚く、傷だらけで、短い」トマス・ホッブズと初期のコントラクタリアン議論

社会的契約論にはさまざまな異論もあるが、現在最も影響力を保っているのは17世紀の英国の

政治哲学者トマス・ホッブズによるものだ。1651年に発表した『リヴァイアサン』（聖書に出てくる海の獣にちなむ命名）ではまず、「自然状態」として政府なき自由な個人を想定している。その世界では、個人は「万人による万人に対する戦争」にふけり、その結果、彼らの暮らしは「孤独で、貧しく、薄汚く、傷だらけで、短い」。この状態を克服するため、個人は自発的に政府による自らの自由への一定の制限を受け入れ、それによって社会的平和を得られるようにしている。

現代的コントラクタリアン（リバタリアン）理論による国家の役割

実際にはホッブズ自身はこの理論を君主制を正当化するために用いた。彼が主唱したのは個人による君主的権威への絶対服従であり、君主的権威は人間を自然状態から引き上げてやれると正当化したのだ。しかし、哲学者ロバート・ノージックや1986年ノーベル経済学賞を受賞したジェームズ・ブキャナン他の現代的コントラクタリアニズムの主唱者らは、ホッブズの考えを換骨奪胎し、最小国家を正当化する政治哲学へと発展させた。この親自由市場的コントラクタリアニズム（米国では**リバタリアニズム**という呼称の方が一般的）において国家は、くびきを課すべき潜在的怪物として描かれる（それはホッブズの意図ではなかった）。この考えを最も端的に表現しているのは、ロナルド・レーガンによる「政府はわれわれをわれわれを互いから守るために存在している。政府がその限界を超えるのは、われわれをわれわれ自身から守ろうとするときだ」というセリフである。

リバタリアンに言わせれば、社会の全個人による満場一致の同意がない限り、いかなる国家介入も不法である。だから、国家の行動で許されるのは、法と秩序（特に財産権の保護）をもたらすこと、防衛、インフラの供給などに限られる。これらは市場経済が機能するために絶対に必要なサービスであり、そのためその提供の賛否を問えば全国民によって認められるはずである。最低限の機能を超える物事はすべて個人の主権に対する侵害であり、ひいてはフリードリヒ・ハイエクが有名な1944年の著書の題名にした『隷属への道』と見なされた。

現代的コントラクタリアンあるいはリバタリアンの哲学的立場は、真摯に受け止める必要がある。国家は市民を「超える」存在とひとたび信じ始めると、国家権力の掌握者が規定する「公益」のために少数派に犠牲を強いるようになるまであと一歩だ。実際、歴史は、左派のポル・ポトやスターリンから右派のピノチェトやヒトラーに至るまで、我こそ公益を知るとうぬぼれた独裁者で満ちている。国家は市民を超越できないとみなすことは、国家による、いや国家機構を握る者による権力の乱用からの、非常に重要な個人の防衛である。

コントラクタリアン議論は個人の社会からの独立を誇張している

とはいえコントラクタリアンの主張にはいくつか非常に重要な限界もある。第一に、ブキャナンやノージック自身もすんなり認めるように、架空の歴史に立脚している。人類は「自然状態」で自由意思で契約を結ぶ者として存在したことはなく、常に何らかの社会の成員だった（第5章の「型にはまる個人——社会によって形作られる個人」の項で詳述）。独立した個人という考えそのものが資本主義の産物であり、資本主義そのものが国家成立よりはるか後に現れた体制である。

こうして見ると、コントラクタリアンは架空の史観に基づいていることで個人の社会からの独立性を大きく誇張し、集約的存在（とりわけ国家）の正当性を見くびっている。

市場の失敗

市場は社会的に最適な結果を生み出し損ねることがあり、これを市場の失敗という。すでに第4章で外部性を例に説明したとおりだ。だがここではもう少し掘り下げてみよう。国家のさまざまな潜在的役割を分析する非常に重要なツールになるからだ。

集約的にもたらされる財――公共財

多くの財やサービスは私的財である。対価を支払えば、それを消費できるのは私だけだからだ。しかしなかには、ひとたび提供されれば、支払いをしていない人の使用を拒めない財もある。そうした財やサービスを**公共財**（公共サービス）という。公共財の存在こそ、本来の市場の失敗の典型である外部性以上によく論じられる市場の失敗だろう。

公共財の古典的例に、道路、橋、灯台、治水設備他のインフラがある。誰かが金を集めて建設する道路を無料で通行できるのなら、ドライバーにとってわざわざ金を拠出する必要はない。灯台の建設運営費用を支払っていない船に対して、だから光を届けないということはできない。したがって船主は、他の誰かに灯台の費用を支払わせて、自らはそのサービスを享受できる。

言い換えれば、公益のために他の誰かが支払っている物事に**ただ乗り**できるのなら、自発的にその支払いをする動機は働かないのだ。だが誰もがそう考えれば、結局誰も支払いをしなくなり、するとその公益がまったく果たせないことになる。せいぜい大口消費者が他のただ乗りを黙認しながら、ないよりましだと最小限のものを提供するのが関の山だ。例えば大企業がある地域で道路を建設して他の人々にもそれを無料で使用させるのは、その会社にとって道路がなくては話にならないからである。しかしこの場合でも、道路の利用条件は社会ではなくその企業の都合によって決められ、したがって社会的に見れば最善のものには至らない。

このため、政府がすべての潜在的利用者（たいていは全市民／全住民）に課税できる場合のみ公共財は最適量を供給できるという考え方が広く認められている。そのためには、税収で公共財を直接提供する場合もあれば、その供給者に支払いをする場合もある。

大半の公共財は政治的理由で提供され、公共財でなければならないものは少ない

大切なことがある。公共財でなくてはならないものは実際あまり多くない。もちろんなかには、ただ乗りを排除できない（少なくともそうすることが非常に高くつく）財もある。国防はその古典的な例である。「防衛サービス」の対価を支払った国民だけを守ることは事実上できない。治水

も同じで、建設費用を払わなかった家屋だけを選択的に浸水させる術はない。しかし多くの公共財は、われわれがそう決めたから公共財として供されている。税金で賄われている多くの「公共財」は簡単に私的財に転換できる。道路や橋の通行を有料化することは、現に多くの国でやっている。今日では、費用を負担した船舶だけに無線信号で航行の安全情報を提供することさえ技術的に可能である。それにもかかわらず、多くの政府は（善し悪しの）政治的理由によってさまざまな財やサービスを提供している。

供給者が少ないと社会的効率が下がる——不完全競争

さらに議論を呼ぶことだが、多くのエコノミストが独占や寡占をめぐって市場の失敗を論じている。新古典主義派では、これらを総じて**不完全競争**という。

競争者が多ければ、生産者は任意に価格を設定できない。競争相手が常に価格を切り下げ、やがては収支ぎりぎりまで相場が下がってしまうからだ。だが独占的、寡占的生産者は、第2章で述べたとおり供給量を調整して価格を決められる（独占者は完全に、寡占者は部分的に）。寡占の場合なら生産者はいつでもカルテルを組んであたかも独占者のように振る舞うことができ、するとより高い独占価格をつけられるようになる。

しかし新古典主義経済で市場の失敗とされるのは、消費者から生産者に余分な利益が移転することではない。市場支配力を持っている生産者でさえ占有できない社会的損失のためであり、この損失を**アロケーティブ・デッドウェイト・ロス（死重的損失）**という。[*2]

分割、国営化、それとも規制？　不完全競争への対処

市場が支配的な企業ばかりだと、政府がその市場支配力を削いでデッドウェイト・ロスを減らそうとすることがある。

そのための最もドラスティックな方策は、企業を分割し、市場の競争を増すことだ。1984年、米国政府は実際に巨大電話会社AT&Tを7つの「ベビー・ベル」に分割した。より一般的には、政府は寡占的企業がカルテルを組んで価格維持を共謀することを禁止している。またそうした市場では、完全競争状態なら実現したと思われる水準に価格を抑えることもできる。

自然独占――電気、水道、ガス、鉄道などの業界に見受けられる――には独特の問題がある。こうした産業では、複数の供給者が独自に水道網や鉄道網を持っていると費用が嵩み、そのため独占が最も費用効率が良い。そうした場合、政府がSOEを設立して、あたかも独占ではないように運営することもある。また、民間企業に独占を許可する一方でその価格設定を規制し、価格を単位あたり費用（あるいは**平均費用**[*3]）並みに抑えるなどの方策も考えられる。

公共財や外部性に比べると、不完全競争による市場の失敗は論争の余地が大きい

公共財や外部性が市場の失敗を引き起こすことに異論のあるエコノミストはほとんどいない。

あるとすれば、こうした現象の実際の程度についてくらいだ。しかし不完全競争についての議論は、もっと喧《かまびす》しい。

第4章で述べたとおり、シュンペーター派とオーストリア学派は、新古典主義派が理想とする完全競争をイノベーションのない経済的静止状態とする。一時的にでも独占的利益が得られる魅力こそまさに企業がイノベーションを追求する動機であり、独占を締めつけたり分割したりすればイノベーションが減じ、技術革新が停滞するというのである。シュンペーター派が言う「創造的破壊の興奮」のもとでは、長い目で見ればどんな独占も安泰ではない。ゼネラルモーターズ、IBM、ゼロックス、コダック、マイクロソフト、ソニー、ブラックベリー、ノキアその他の多くの企業はかつて各々の市場で独占同然で難攻不落に見えたが、皆そうではなくなったし、コダックに至っては歴史のひとコマに消えた。(1)

＊2 市場支配力を持つ企業（独占的生産者）にとって利益を最大化できる生産量は、社会的に最適な量（消費者余剰と生産者余剰の合計）——すなわち消費者が喜んで支払う最大の価格が生産者にとって黒字を維持しながら提供できる最低金額と等しくなる場合——よりも、少なくなる。この差は、生産者が要求する最低価格以上の価格を支払う意思があるが、しかし生産者の利益が最大化されるほどの価格を支払う気はない一部の消費者が供給を受けられないことを意味する。こうして顧みられなくなった消費者の満たされない欲求がアロケーティブ・デッドウェイト・ロスであり、これは独占と寡占の社会的費用である。

＊3 ここで言う費用には「通常の収益」すなわちその企業の所有者が他の非独占産業に投資していたら得られたであろう収益を含む。

何が市場の失敗を構成するかは、市場の働きをめぐるどの理論を採用するか次第

右に、独占こそ至高とする学派（シュンペーター派とオーストリア学派）がある一方で、最悪と見る学派（新古典主義派）がある例を示した。独占をめぐる例は極端だが、本書ではさまざまな場合について、いくつかの学派がそれを成功と見なし、他の学派が失敗と見ることを提示した。例えば新古典主義派は、自由貿易こそすべての国が資源と生産能力に応じて収入を最大化できる方法と見る一方、デベロップメンタリストの見地からは、自由貿易は後進経済国が生産能力を改革して長期的な収入を最大化する妨げになるとされそうなことなどだ。

要するに、何を市場の失敗と見なす（ひいては政府の行動を正当化する）かは、市場の働きについての経済学説次第である。となると、各種の経済学派が市場の働きやその失敗について多様な視点を持っている以上、一連の経済学理論群について包括的に知らなければ国家の役割についてバランスのとれた判断が下せないことになる。この点は、第4章で用いた多元論的方法論の要点を裏づけるものだ。

政府の失敗

自由市場主義者の一部が正しく指摘しているように、市場が失敗しているからといって、必ず

しも政府の介入がない方が良いことにはならない。こうしたエコノミストら――アン・クルーガー（ジョンズ・ホプキンズ大学教授）、ジェームズ・ブキャナン、アラン・ピーコック（LSE他）やその追従者ら――は、市場の失敗論は、国家をプラトンが説いた慈悲深く全知全能の哲人王の現代版とのほほんと当て込んでいると批判し、現実世界の政府は理想的でもなければ市場の失敗を正すこともできず、最悪の場合はその意思もないと指摘する。政府の失敗論とか公共選択理論と呼ばれるこの主張によると、政府の失敗の費用は通常、市場の失敗の費用よりも高い。だから通常は、市場の失敗を甘受する方が、政府に介入させてさらに事を悪くするよりましということになる。

独裁者、政治家、官僚、利益団体――政府あるいはその支配者は公益の促進を求めさえしない

政府の失敗論者は、政府は仮にそうできるときにさえ「正しい」政策を欲するとは限らないさまざまな理由を挙げている。

政府が独裁者によって牛耳られており、市民の幸福より私腹を肥やすことが目的である場合もある。モブツ・セセ・セコ（ザイール、1965年～1997年在任）やフェルディナンド・マルコス（フィリピン、1965年～1986年在任）などはその古典的例である。こうした「捕食国家」あるいはそれを支配する独裁者は、課税と賄賂で国家経済から絞りとり、長期的には悲惨な禍根を残す。

民主主義では政府を牛耳るのは政治家で、彼らの主な目的は権力を掌握し保持することであり、公益は二の次だ。そのため彼らは、歳入も伸びていないのに歳出を増やすなど、選挙で勝てそうな政策を実施する。比例代表制ならともかく選挙区制では、政治家は全国的には無益であっても地元に利益誘導しようとする。多くの国に無駄な運動場や空港があるのはこの例だ。

たとえ政治家が正しい政策を選択しても、それが適切に実施されるとは限らない。実施に当たる官僚には官僚なりの目標があるからである。官僚は有権者よりも自分たち自身のためになるように政策を設計する。省予算を水増しし、仕事に手を抜き、「縄張り」を守るため他省庁との連携を減らすなどだ。まさしく「官僚主義」と呼ばれる現象である。その姿は、BBCテレビの名作コメディ『イエス、ミニスター』やその続編『イエス、プライム・ミニスター』で南ア系の伝説的名優ナイジェル・ホーソーン（『英国万歳！』で有名）が演じた洗練されているが変わり者の官僚サー・ハンフリー・アップルビーに見ることができる。

最後に、しかし小さからぬ問題として挙げられるのは、さまざまな利益団体からの陳情やロビー活動だ。銀行家は金融規制の緩和を、製造業者は貿易保護の強化を、労働組合は最低賃金引き上げを要望する。それでいてそれぞれ、国の金融体制の安定、消費者物価、失業がどうなろうが知らん顔である。時にはこうした利益団体が単純なロビー活動にとどまらず、自分たちを規制する省庁を事実上、乗っ取ることもある。これが「規制の虜」である。例えば、米国金融業界の強さを振り返るに、過去32年間（第一期ロナルド・レーガン政権が始まった1981年から第一期バラク・オバマ政権満了の2013年まで）米国財務長官は10人いたが、そのうち6人（在任期間総計21年半）が金融産業で働いた経験を持っている。(2) うち2人——ロバート・ルービンとハンク・ポールソン——は、同じゴールドマン・サックス出身だ。

これらの問題点はいずれも同じ。政府が、一般人と同様に利己的である特定の個人らに影響を受けているということだ。彼らが自分たちの利益よりも公益を優先すると期待するのは、妄想とは言わないまでも青臭い。

政府は市場の失敗を正したくてもできないかもしれない。その原因は情報の非対称性と資源上の制約

政府の失敗論では、政府の、いやむしろそれを牛耳る個人の動機を疑うことに加え、仮に彼らが純粋に公益の増大を志向するというありそうにない場合でさえ、それができるのかと問う。

政策が情報の非対称性のせいで失敗することもある。情報の非対称性とは、当事者のうち一方が他方よりも多くの情報を有している場合を言う。例えば政府は業界関係者から陳情を受けて、幼稚産業保護を続けるかもしれない。だが運悪く苦境にあると訴える業界は、実は生産性向上の努力を怠っているのかもしれない。仮に政府がこの情報問題を克服して良い政策を立案しても、特に貧困国によくあるように、それを適切に実施するための人的・資金的資源が不足しているか

もしれない。

脱政治――政治市場に蓋をする

政府の真意と能力を問う政府の失敗論では、市場を矯正する名目で政府の介入を許すことはかえって有害と主張する。市場も失敗するかもしれないが、政府はほぼ必ずもっと大きな失敗をするのだという論である。

そして対策として提示されるのが政治市場に蓋をすること、あるいはやり言葉で言えば**経済の脱政治化**である。これを達成するためには、歳出（ひいては課税）を縮小して政府を最小限にし、市場の規制を緩和し、SOEを民営化することだという。それでも金融安定性の確保や自然独占の規制など政治介入が必要な分野については、当局に政治的独立性を与える。最も一般的な提言に、独立した中央銀行や自然独占（例えばガスや通信など）の規制当局などがある。

市場と政治

政府の失敗は深刻に受け止められるべきだが、加減が大切

政府の失敗は現実だし、真剣に受け止められなければならない。政府の失敗論は、現実の政府は教科書通りでも完璧でもないことを思い出させて経済の理解に役立つ。現実にはごく稀《まれ》な「捕

食国家」を別にすれば、この議論で取り上げられる政府の失敗の例はすべて日常的だ。だがこの議論では、政府の失敗の程度が誇張されている。考えてみればわかることだが、もし指摘されているほど政府の失敗がひどければ、世界にまともな政府が曲がりなりにも存在していること自体が奇跡ということになる。実際には多くの政府はかなりうまく機能しているのであり、なかには優秀と言われるべきものもある。

もちろんその理由の一つは、政治家、官僚、利益団体が、政府の失敗論で言われるほど利己的ではないことだ。選挙の勝利より国家利益の追求に粉骨砕身する政治家、清貧に奉職する公僕、公益のために利己を慎む利益団体は大勢いる。加えて、公務倫理の増進から収賄他の腐敗（縁故採用など）についてのルールの導入に至るまで、利己的な行動を抑制する方法はいくつもある。確かに、政府の失敗論が指摘するように、こうしたルールを迂回したり捻《ね》じ曲げてきた歴史もある。だがルールが不完全だからと言って、それが無効であることにもならない。不完全かもしれないが、それでもおおむねこうしたルールのおかげで、今日の公務の標準ができたのだ。(3)

脱政治の提言は反民主主義的

政府が失敗する可能性がある以上、政府を縮小し中央銀行など必要な当局に政治的独立性を与える脱政治論は良策と思えるかもしれない。だがここで排せと言われている影響力とは、いったい誰のそれなのか？　民主主義国家においては、それは人々の影響力だ。市場は「一ドル一票」

ルールで動いているが、民主主義社会は「一人一票」ルールの原理で成り立っている。だから、民主主義社会において脱政治化の促進を提言することは、つまるところ社会を運営する権限をより豊かな者に傾けんとする反民主主義的策動にすぎない。

市場と政治の間に一線を画する「科学的」な方法など存在しない

政府の失敗論は、経済あるいは市場の論理が政治に――そして芸術や学問など暮らしのその他の領域にも――優先すべきとするものだ。昨今ではとても広く受け入れられており、ほとんど当たり前になっている論だ。だがそこには深刻な瑕疵《かし》がある。

第一に――エコノミスト以外にとっては当たり前だが多くのエコノミストにとっては受け入れ難いことに――そもそも市場の論理を暮らしの他の面に優越させるべき理由がない。人はパンのためのみに生きているわけではないのだ。

さらにこの議論は、何が市場に属し何が政治の領域に属するかをきっぱりと分かつ「科学的」な方法があると暗に仮定して成り立っている。例えば、政府の失敗論者は、最低賃金規制や幼稚産業に対する関税保護などを、神聖冒さざる市場の論理に「政治的」論理を押し付けるものという。だがこれらの政策を正当化する経済理論は現に存在する。それなら彼らの実態は、他の経済理論に「政治的」とレッテルを貼って貶《おとし》め、自分の主張が正当なのだ、これこそ経済理論だとばかりに言いつのっているにすぎない。

白い魔女と古い魔法――脱政治化は根本的にムリ

仮に政府の失敗論者の経済理論を「正しい」と認めたとしても、それでもなお、経済学と政治学の間に一線を画することはできない。それはつまるところ、市場の領域とはいかなる経済学派の理論によってでもなく、政治によって決定されるからだ。

市場交換を始めるには、まず誰が何をどう交易して良いのかについてのルールが陰に陽に必要である。これらのルールはいずれも制約的であり、したがっていかなる市場も純粋に「自由」ではない。*4 そしてこうした基本原則は、経済的論理によって決められるものではない。市場で何を売買すべきかを「科学的」に断じることはできず、その判定は政治的なものだ。

どんな社会も、ある種のものを市場売買の対象から外している。人間（奴隷）、ヒトの臓器、児童労働、武器、公職、ヘルスケア、医師免許、人間の血液、卒業証書などだ。だがこれらがなぜ売買されるべきではないかについての「経済的」な理由があるわけではない。実際、これらはいずれも、時と場所を違《たが》えれば合法的な市場取引の対象とされてきたものばかりだ。

対極的に、かつては売買されなかったものが、今では市場取引の対象とされている。特許保護法、著作権、商標が導入されていなかった18、19世紀までは、「アイデア」（知的財産）は市場で

*4　筆者が拙著『世界経済を破綻させる23の嘘』（徳間書店、2010年）の第1章で「自由市場は幻想でしかない」と述べたのは、このことである。

売買されなかった。今では公害をまき散らす権利も売買できる（「炭素排出権取引」）し、概念的な経済変数に賭ける（証券市場指数やインフレ率に基づくデリバティブ）こともできる。いずれも、1〜2世代前まで存在さえしなかった。

政府はまた、どんな経済的アクターが市場で何をできるのか、またできないのかを決めている。虚偽広告、欺瞞的営業、インサイダー取引[*5]その他の行為は、いずれも禁じられている。最低賃金、職場環境、就業時間などの労働条件についても規制がある。企業の生産活動をめぐる排出物公害基準、炭素排出量制限、騒音基準などもある。そんな例は枚挙にいとまがない。

だから政治が市場を作り、形作り、またそれを修正しないと、いかなる取引も始まらない。まるでC・S・ルイスの児童文学の名作『ライオンと魔女――ナルニア国物語』のアスラン（ライオン）は知るが白い魔女は知らない世の始まりより前からの「古い魔法」のようだ。

政府がやっていること

今日では、政府は膨大な財やサービスを生み出している。防衛、法律や省令、インフラストラクチャー、教育、研究調査、厚生、年金、失業手当、保育、養老、貧困者向け所得支援、文化的サービス（博物館や国家的記念碑の維持、自国映画産業への助成）など際限がない。たいていの国は、電力、石油、製鉄、半導体、銀行、航空会社など他国では民間企業がやっている仕事をするSOEを持っている。

これらをそっくり担うため、政府は膨大な人数を雇用し、鉛筆から原子炉に至るまでの多額の物品調達をする。その給与や調達資金は税金他の歳入源で賄われる。税金には個人所得税、法人税、資産税、消費税、物品税（酒税や揮発油税）などがある。他の政府歳入には国営企業からの配当金、政府が所有する金融資産に対する利子などがある。また発展途上国の場合、富裕国からの移転（海外支援）もある。

政府は経済の一部から別の一部に富を移転させてもいる。一部の人から徴税し、それを別の人の助成に使う。社会福祉は、政府が仲立ちをする所得再分配の最も重要なものである。また特定の生産活動（農業、保育産業、斜陽産業など）や投資（民間分野のR&D投資、住宅の省エネリフォーム）向けの助成もある。

直接の生産活動や財政出動、所得移転に加え、政府はその規模にモノを言わせて経済活動全体に影響を及ぼすこともある。これが**財政政策**である。財政支出を増やし（あるいは減らし）たり減税（増税）するだけで、経済を振興したり沈静化させたりできる。通貨発行の独占権を用い、中央銀行を通じて**金融政策**を実施して、利息や通貨流通量を変動させることなどにより、景気を左右することもできる。

＊5　公開企業の内部情報に独占的に接することができる者がその会社の株を売買する行為を指す。

リアルな数字

GDPに対する政府支出割合で見る政府の規模は、過去1世紀半で大幅増大している

19世紀まで、世界中どこでも政府はあまり広範な仕事はしておらず、したがって実にささやかなものだった。1880年、データが得られるなかで最も大きな政府はフランスのそれで、国家所得の15%を支出していた。英国と米国では10%であり、スウェーデンはわずか6%だった。(4)

過去1世紀半の間、現代経済の要請によって、政府の規模はうんと大きくなった。富裕国よりも政府が小さくなりがちな途上国でさえ、政府支出は通常GDPの15%〜25%に及ぶ。*6 富裕国では30%〜55%程度で、平均は45%である(2009年のOECD平均)。低い方(30%〜40%)には、低い順に韓国、スイス、オーストラリア、日本などがある。高い方(55%超)には、高い順にデンマーク、フィンランド、フランス、スウェーデン、ベルギーなどがある。中間は米国とニュージーランド(40%超)、ドイツとノルウェー(45%前後)、オランダと英国(50%ほど)あたりだ。(5)

政府支出の多くは移転(再分配)であり、政府自身の消費や投資ではない

政府支出の多くは、政府自身によって消費されているのでも投資に使われているのでもないこ

とは特筆に値する。そこには所得移転分も含まれており、特に低所得者に対する所得支援や失業手当などが大きい。だから、GDPを計算するときには、これら移転要素を計算から除外しなければならない。

富裕国では、移転要素はGDPの10%から25%にも及ぶ。だから、例えば政府の総支出がGDPの55%相当に達する国でも、移転要素がGDPの25%に達していれば実際の政府支出は対GDP比で30%ということになる。

途上国の場合、社会的支出についての移転要素はかなり小さく、したがって対GDP比の政府支出とそこから移転要素を除いた比率の差は小さい。世界銀行のデータによれば、社会的支出は事実上ゼロ（パラグアイ、フィリピンなど）という国もあれば、GDPの4%〜5%程度のモーリシャスやエチオピアのような国が典型的でもある。

政府支出データ上ではGDP比で政府の大きさがかなり過大に見えるにもかかわらず、たいていの人は今でも政府が一国の経済にどれだけ大切かを見る指標として、政府支出額データ（付加価値額ではなく）を採用する。これには一理あり、所得移転（再分配）だからといって

＊6　例外は低い方にミャンマー（10%）、高い方にモンゴルとブルンジ（40%超）などがある。

リアルな数字

政府支出のGDP比

45%	（OECD平均）
30%〜55%	（富裕国）
15%〜25%	（途上国）

影響がないわけではないことだ。よく知られているように、社会的支出プログラムは良きにつけ悪しきにつけ、人々の貯蓄、引退、そして労働などに対する態度に影響を与える。さらには、「安全網」を整備することによって、職業選択上でより大きなリスクをとったり、起業活動や転職意欲を掻き立てたりさえするようになる。スウェーデンの社会民主党の有名なスローガンは「あえてやる人を守る」である。

政府の影響力は数字では十分にわからない

人間生活のどんな分野であれ、数字が現実を完全に捉えることはない。数値化することが難しい面は常にあるし、さらにどんな数字も特定の理論の上に成り立っており、となるとどうしてもある面に注目する一方で、たとえ数値化できても他の面を無視することになる（ＧＤＰから家事労働が除外されていることを思い出してほしい）。

だがこの問題は、政府については特に深刻になる。政府はルールを定め、制限を課したり強制できる独自の存在だからだ。政府は予算規模やＳＯＥの数にかかわらず、強い影響力を及ぼすことができる。

別に屁理屈で煙に巻こうとしているわけではない。１９８０年代まで、アジアの「奇跡」の経済と言われた日本、台湾、韓国などは皆（予算規模ベースで）小さな政府を持つ自由市場政策の手本なのだと、多くの人々が信じた。しかし政府規模が小さかったことは、これらの政府が自由放任《レッセフェール》主義を採っていたことを意味しない。この「奇跡」の年月、これら政府は経済計画、規制、その他の指導的方策によって、大きな影響力を発揮してきた。人々は予算数字だけしか見ないことで、これら各国政府の真の性格と重要性を大きく誤解してきたのだ。

結び――経済学は政治的議論である

2000年の米大統領選に先立って世論調査が行われた。『フィナンシャル・タイムズ』が報じたそれでは、単にどちらの候補者を支持するかだけではなく、どうして対立候補を支持しないのかも聞いた。ブッシュ支持層でもゴア支持層でも、対立候補を支持しない理由として最も多かった回答は、「政治的すぎる」からだった。

回答者らは本当に、世界最大の政治の座に政治の素人を望んでいたのだろうか？　もちろん違う。彼らがそう回答したのは、「政治」が卑語になり、だから「政治的」と評することは政治家の信用を貶める効果的な手段になっているからだ。

この点は米国人に限ったことではない。民主化して日の浅い国では、政治的情熱が暴動や死を招く騒擾に発展することもある。だが多くの国では、投票率が過去最低を更新している。政党はどこでも党員減少に悩んでいる。パキスタンの元クリケット選手イムラン・カーンやイタリアのコメディアンだったベッペ・グリッロが当選したのはまさに、彼らが……どう言えばいいのか？……

政治家ではなかったからだ。

いや増す政治不信の理由の一端は、政治家自身の言動にある。世界中で、彼らはこれでもかとばかりに信用を貶めている（なかでもイタリアのシルヴィオ・ベルルスコーニは達人である）。だが政治不信は自由市場経済主義によっても大きく掻き立てられてきた。自由主義経済学の、さらに具体的には政府の失敗論の主唱者らは、政府の担い手は公益のためになれないと世間を（当の政治家や官僚の多くも含めて）説き伏せてきた。だから政府など小さい方が良いのだ、政府が「必要悪」である分野においてさえ大失敗させないように厳格なルールで拘束しておくべきだ、と。そしてこの政治不信はひるがえって、政治による経済への影響を最小限にせよとする自由市場経済の人気を高めた。

だが本章で述べたように、これは非常に問題の多い論法である。また証拠によって裏づけられてもいない。本書を通じて示してきたように、事実上すべての経済的サクセス・ストーリーは積極的な政府によって、調整されたとは言わないまでも促されてきた。

政府介入の成功例はもちろん、常により大きな政府が良いのだということを意味しない。現実の政府は必ずしもリヴァイアサンではないが、プラトンの哲人王の生まれ変わりでもない。経済を傷つけた政府は多いし、時には悲劇的なまでにそうだった。だが政府こそ人類が発明した最も強力な組織的技術であり、したがって大きな経済的（社会的）変化はそれなしには達成しがたかっただろう。

第2部………使ってみよう経済学

第12章 万物があふれる世界
――国際貿易の拡大

国際通商

中華帝国には万物がふんだんにある

1792年、英国のジョージ三世はマッカートニー伯爵を中国使節団の団長として送り出した。マッカートニーは、当時外国人に開かれていた唯一の港である広東（広州）だけでなく、中国全土の港で英国が自由に貿易ができるように乾隆帝を説得する使命を帯びていた。当時の英国は中国との間で大きな貿易赤字を抱えており（今に始まったことではないのだ）、それは何より紅茶という新たな味覚のためだった。英国側は、自由貿易ができればこのギャップを縮小できると考えていたのだ。

使命はまったく果たせなかった。乾隆帝はマッカートニーに託したジョージ三世宛ての親書で、中華帝国はこれ以上、英国との通商を増やす必要はないと伝えた。さらに清朝が広東で欧州各国との通商を許しているのは「友好の印」であり、「茶、絹、陶器など清の産物が欧州各国にとって必要不可欠だからだ」とくぎを刺した。さらに乾隆帝は、「わが中華帝国には万物がふんだんにあり、不足はない。したがって自国産品と引き換えに夷狄《いてき》の製造品を輸入する必要はない(1)」と宣言した。

中国の消費者に英国製品の輸入振興を試みることさえ許されなかった英国は、インドからのアヘンの輸出に拍車をかけた。その結果アヘン中毒が蔓延したため、憂慮した清朝は1799年にアヘンの輸入を禁止した。効果は上がらなかったので、1838年、乾隆帝の孫である道光帝は林則徐を欽差大臣に任命し、アヘン密輸を取り締まらせた。1840年、英国は報復にアヘン戦争を開戦。清朝は大敗を喫した。戦勝の余勢を駆った英国は、1842年の南京条約で中国にアヘンを含む自由貿易を呑ませた。それから1世紀にわたり、清朝には外敵の侵略、内戦、そして国の威信が揺らぐ事件が相次いだ。

中国の皇帝に挑戦するデヴィッド・リカード、そしてアダム・スミス——比較優位対絶対優位

中国がとうとう不名誉な自由貿易を呑まされたことを受けて、人々は乾隆帝の国際通商観を笑い物にした。この後進的な専制君主は国際通商の益を理解さえしていない、と。だが乾隆帝の国際通商観は実際、アダム・スミス自身を含めた当時の欧州のエコノミストらの主流的なそれに沿うものだった。それは**絶対優位**と呼ばれる説である。すなわち、ある国が他国よりも万物をより安価に生産できるのなら通商をする必要はないという考え方だ。実際、常識的に考えて、こんなときにどうして貿易などする必要があるだろう?

だがデヴィッド・リカードによって提唱された比較優位説(第4章参照)によれば、それでも通商はすべきということになる。この説によれば、18世紀に乾隆帝が考えていたように清は万物を英国よりも安く生産できるにしても、国際通商から得るものがあることになる。優位性が最大であることに専門化すれば良いだけである。同様に、何を作るのも下手な国でも、最も程度がま

しなものの生産に特化すれば良い。こうすればすべての国が国際通商の恩恵を受けられるという説である。

比較優位説の論理は非の打ちどころがない——その前提が正しい限り

19世紀初頭にリカードが唱えていらい、比較優位説は自由貿易と**貿易自由化**すなわち政府による通商制限を減らすことの強力な後ろ盾になった。

論理は文句のつけようもない。ただしその底流となる仮定を受け入れればだ。だがひとたびその仮定を疑い始めれば、正当性は大幅に限定される。この説明として、第4章初出の現代版自由貿易擁護論ヘクシャー＝オリーン（＝サミュエルソン）の定理（以下HOSと略）の背景となる二つの重要な仮定に注目してみよう。(2)

HOSはすべての国の能力を同一視することで、有益な保護主義の最も重要な側面を排除している

HOSの背景にある最も重要な仮定は、すべての国は同一の生産能力を持っている、すなわちどこの国でも必要などんな技術も用いることができるというものである。(3)この仮定によれば、一国がある製品に特化する理由はただ一つ、その製品がたまたまその国に与えられている要素に沿った技術で生産されるからということになる（第4章のグアテマラとBMWの例を思い出してほしい）。

このまったく非現実的な仮定は幼稚産業保護という保護主義の何より有益な一面を排除してしまう。今日の富裕国はみな、歴史的には幼稚産業を保護して発展してきたのに。

HOSが貿易自由化に過度に積極的なのは、資本と労働をどんな分野にもすんなりと移転できると前提しているため

HOSでは、自由貿易は良いことであるばかりか、国が貿易を自由化しても対価は伴わないと考える。例えば鉄鋼の関税が引き下げられれば、需要家（鋼板を使う自動車メーカーや自動車の最終消費者）にとってはより安い鋼材が手に入り、すぐさまメリットがある。だがこれは、短期的には国内の生産者（資本家と労働者）に打撃となる。安い輸入品に市場を奪われ、労働者は失業するからだ。だがやがて、彼らにさえ恩恵は及ぶ。経済活動がその国の比較優位性にさらに沿うものになっていくからである。例えばマイクロチップ製造や投資銀行業などで、これは製鉄よりも儲かるからどんどん発展していく。こうした成長産業はかつて製鉄産業が吸収していた資本や労働力を吸収し、その高い生産性のおかげでより高い利益や賃金をもたらす。結局、誰ものためになる、というのである。

だが現実には、保護を失った産業の資本家も労働者も、傷は癒されない。生産要素――資本と労働――はえてして、物理的に固定されている。完全な「汎用」機械などほとんどないし、どんな産業でも通用する「一般的スキル」を持つ労働者もいない。倒産した製鉄所の溶鉱炉はマイクロチッ

プの製造機械に転換することはできないので、二束三文のスクラップ鉄になる。労働者？　あなたは実際、元製鉄所の工員で半導体会社に再就職したり、果ては投資銀行員になった人物を何人知っているだろうか？（第10章の『ロジャー&ミー』や『フル・モンティ』の例を思い出してほしい）

HOSが自由貿易のバラ色の夢を振りまけるのは、すべての資本と労働は同じ（専門用語でいえば「同質的」）なので簡単に他の経済活動に当てはめ直せる（専門用語でいえば「**パーフェクト・ファクター・モビリティ**」仮説という）と見なしているからだ。[4]

補償原理を用いても、貿易自由化で多くの人が傷つく事実を隠すことはできない

自由貿易主義エコノミストは、貿易自由化が敗者を生み出すことを認めたとしても、「補償原理」（第4章参照）を盾に自説を擁護する。自由化によって国全体がより豊かになるのなら、その過程で負け組は十分に補償され、勝ち組にはそれでもなお収入が残るというのである。

先に述べたとおり、この議論の問題は、補償などめったになされないことだ。富裕国では、福祉によって一部――ごく一部――の損失埋め合わせとして失業保険の給付や基本的な社会的サービスへのアクセス、例えば教育やヘルスケア（米国は例外）などが与えられる。だが大半の途上国では福祉体制などひどく脆弱で補償などあらばこそだ。

それなら補償原理を言い立てて貿易自由化のような一部にしわ寄せする政策を正当化するのは、一部の人に「公益」のために犠牲になれと求めるようなものだ。そしてこれは、自由貿易を唱え

るエコノミストが厳しく指弾する社会主義国政府のお家芸だった。

国際貿易は必要不可欠で発展途上国にとってはとりわけそうだが、だからと言って自由貿易が最善というわけではない

自由貿易エコノミストらは、自由貿易批判を聞くとえてして論敵に「反貿易」のレッテルを貼って批判しようとする。だが自由貿易批判は別に貿易反対論ではない。

比較優位説がほめそやす専門化のメリットをおいても、貿易はより大きな市場をもたらすので生産者は生産量を増やすことができ、するとたいていは生産費用を下げられる（**規模の経済**）。これは中小規模の経済国にとってとても重要である。もし貿易によって大市場にアクセスできなければ、何でもひどく割高に生産しなければならなくなるからだ。国際貿易は競争を増すことで生産者に効率を高めさせることもある。ただし、大幅に優れた外国企業に消滅させられかねない途上国企業は別である。さらに生産者に新たなアイデアに触れさせ、新技術、新デザイン、新しい経営手法などイノベーションを生み出すことにもなる。

国際貿易は、発展途上国にとってとりわけ重要である。生産性を引き上げて経済を発展させるためにはより進んだ技術を手に入れなければならない。理論的にはそんな技術を自主開発することもできるが、後進的な経済がそうできたことがどれだけあるだろう？　おそらく第7章で述べた北朝鮮のビニロンくらいだろう。したがってこうした国にとっては外国から技術を導入しない

のは馬鹿げており、その方法は機械の輸入かもしれないし、**技術ライセンス契約**（特許技術の使用許諾契約）かもしれないし、技術指導を受けることかもしれない。だが途上国が技術を導入するには輸出によって「ハード・カレンシー」（米ドルやユーロなど、誰もが受け取る通貨）を稼がなければならない。彼らの通貨など誰も受け取らないからだ。国際貿易はしたがって、経済発展に必要不可欠である。

国際貿易が必要であることは議論の余地がないが、だからといって自由貿易がその最善の形態だということではないし、発展途上国にとってはとりわけ（だが彼らに限ったことでもなく）そうだ。既述のとおり、途上国が貿易を自由化すると生産能力を拡大する機会を妨げられる。国際貿易が必要であることと、そのためには自由貿易が最善なのだという論は、決して混同されるべきではない。

リアルな数字

国によって違う貿易の重要度と、その重要性が近年に増大していること

1960年代初頭、輸出入額の平均で見る財とサービスの貿易市場規模は、おおむね世界GDPの12％程度だった（1960年〜1964年の平均）。だが貿易が世界のGDPよりはるかに速く伸びたため、今やこの比率は29％に上る（2007年〜2011年の平均[5]）。

過去半世紀を通じて貿易がＧＤＰに占める割合はほぼすべての国で増えているが、その程度は千差万別である。

米国のマスコミの論調では、まるで同国がまず日本から次に中国からの輸入で被害を受けている独特の国であるかのように聞こえる。だが輸入は米国ＧＤＰのわずか17％しか占めておらず（２００７年〜２０１１年の平均）、一方で輸出は13％である。対ＧＤＰ比の輸出額と輸入額を平均した**貿易依存度**は15％になる。前述の世界平均29％に比べればはるかに低い。実際、米国は世界で最も貿易依存度の低い国である。

米国よりも貿易依存度が低い国はブラジル（12％）しかない。興味深いのは、外需経済の典型に見える日本が、米国と同じ貿易依存度（15％）であることだ。他の条件（経済政策など）が同じであれば、経済規模が大きいほど貿易依存度は低くなる。経済規模のおかげで生産構造の多様化が進んでいるし、より多くの産業で規模の経済が得られるからだ。

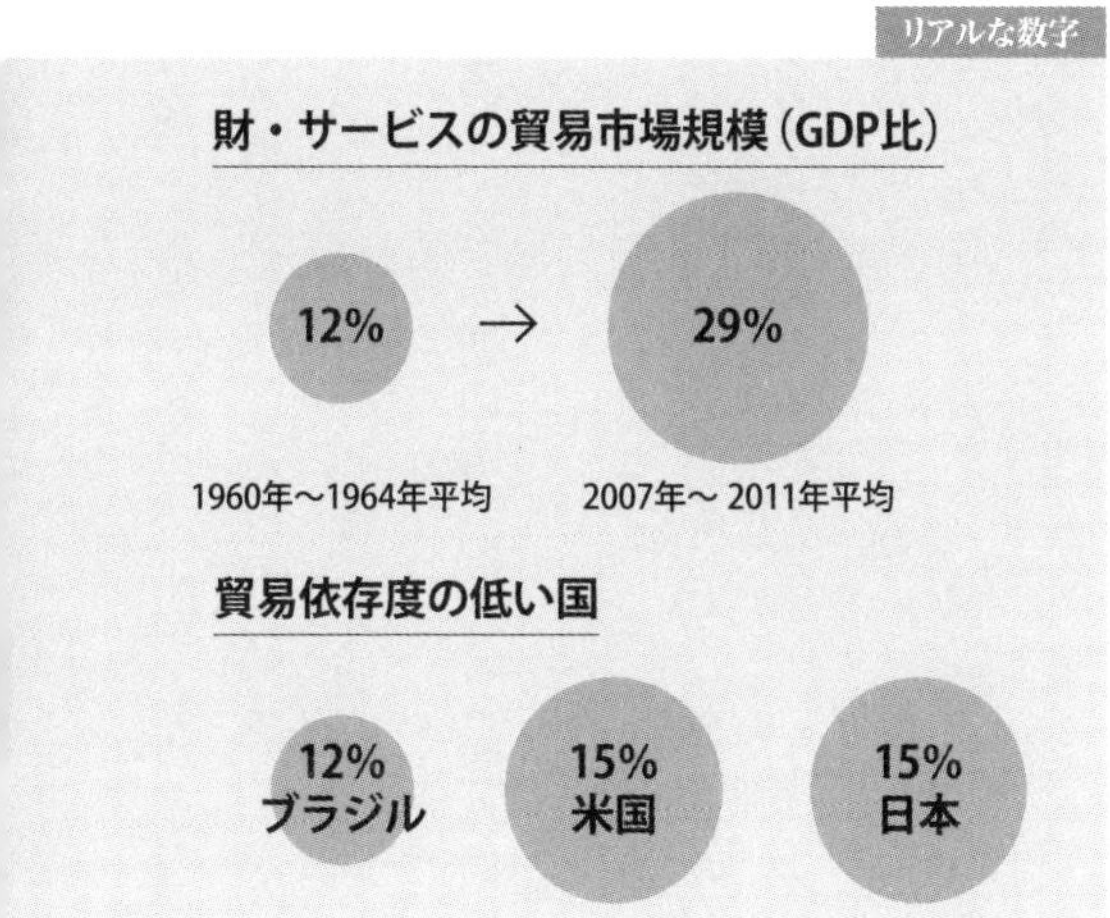

対極には、貿易依存度の大きい小規模経済国が

ある。香港（206％）やシンガポール（198％）などだ。これらの経済は、小国だから自国のニーズを満たすために貿易に依存しているだけではない。経済が国際貿易そのものに特化しており、したがって他国に再販するためだけに輸入をすることもあるのだ。これを「再輸出」と言う。

多くの国は世界平均よりもはるかに貿易依存度が高く、その逆の国はほんの一握りにすぎない

貿易が世界GDPに占める割合が29％とあって、この数値に近い貿易依存度の国は貿易依存が「平均的」だと言える。こうした国には、フランスやイタリアなど割合に大きな国もあれば、インド、インドネシア、中国など非常に大きい国も含まれている。

多くの国は、世界平均よりもはるかに高い貿易依存度にある（60％超など）。この集団には小さな国（オランダやベルギー）もあれば、石油輸出国（アンゴラやサウジアラビア）もあれば、国策で工業製品輸出を推進している途上国（マレーシアやタイ）もある。

国際貿易の構造変化――サービス貿易の（誇張された）増大と途上国からの工業製品貿易の（誇張された）増大

過去半世紀、国際貿易にはいくつもの大きな構造変化があった。

第一は、サービス貿易の重要性の増大だ。マスコミが誇張して伝える新たな形態のサービス貿

易――航空会社のバックオフィス業務、ソフトウェア、医療画像診断読影サービスなど――に影響されて、大半の人はサービスの輸出は新しい現象という印象を持っているかもしれない。まったく違う。サービス貿易は実際、1980年代初頭（1980年〜1982年）の17％から1990年代初頭の20％前後にまで上昇した。しかし、その後はこの水準前後で変動している。[6]

さらに重要なのは、むしろ製造物貿易の比重が増している傾向だ。国連の非公式な報告書によれば、世界の商業貿易における製造物の比率は、20世紀の前半には40％から50％ほどだった。[7] 国連の正式報告コムトレード・データベースによると、1960年代には57％〜60％になっており、1970年代には61％〜64％にまで伸びている。[8] 1980年から始まったWTOのデータでも、国連データとは数値こそ違うものの、傾向は同じ。1980年代初頭（1980年〜1982年までの平均）には、製造物は世界の商品貿易の57％を占めていた。この割合はそれから上昇し、1990年代後半（1998年〜2000年平均）には78％のピークに達している。それから低下し、現在は69％だ（2009年〜2011年平均）[9]。

これが意味するところは、製造物貿易の重要性の高まりの方がサービス貿易のそれよりもはるかに、いや劇的と言っていいほど大きいことだ。これもまた、われわれの暮らす世界が（少なくともまだ）脱工業化知識社会ではないことの証拠である（第7章参照）。

リアルな数字

国際貿易の構造変化

1. サービス貿易の増大
2. 製造物貿易の比重増大
3. 発展途上国の割合の増大

国際貿易をめぐる三つ目の大きな構造変化は、発展途上国が国際製造物貿易に占める割合が、1980年代半ばの9％程度から今日では28％ほどと、大きく伸びていることだ。[10] この伸びはおおむね、中国の輸出志向の強い製造産業の発展によって促された。1980年、中国は世界の製造物貿易のわずか0・8％を占めるにすぎなかったが、2012年には16・8％にまでシェアを伸ばしている。

国際収支

国際収支は、一国が外国とのどんな経済的取引で赤字や黒字にあるのかを示す。財務諸表の常だが、これも退屈なものだ。だがある国の国際的な立場を知るうえでは、何を意味するどんな項目があるのか、実際の数字はどんなものかを知っておくことは重要である。だから少し我慢してお付き合い願いたい。

貿易収支

貿易収支は、財とサービスの動きを金額で反映したものだ。一国が財とサービスを輸出する以上に輸入していれば貿易赤字である。輸入する以上に輸出していれば貿易黒字である。

経常収支と資本調達勘定

貿易赤字の国はどうするのか？　輸出収入では賄えない輸入高の支払い資金が必要ではないか？　そのとおり。そしてその調達法は二つある。

一つは、国際貿易以外の方法で金を得ることだ（国際収支をめぐる専門用語では「所得収支」という）。もう一つは、他の誰かから金をもらうことである（同じく「経常移転収支」という）。

所得収支には従業員の所得や投資収益などが含まれる。ここで言う「従業員の所得」とは、母国に住みながら外資系企業で働いている人々の給与のこと。メキシコ人労働者が米国内の職場に通勤するなどだ。「投資収益」とは海外の金融資産からの所得、例えば自国民が持つ海外企業の株式配当などを言う。

経常移転収支には、**労働者の送金**を含む。外国に住む労働者（後に詳述）からの送金や、**対外援助**すなわち外国政府から与えられる援助などが含まれる。

貿易・サービス収支と所得収支と経常移転収支を合わせたものが経常収支である。その項目は、次の表のようになる。

貿易、所得、経常移転を足し上げてもなお、国際収支が赤字になることもある。この場合、金を借りるか、手持ち資産を売らなければならない。こうした活動は**資本調達勘定**（**CFA**）——通称「**資本収支**」——に表される。CFAは意外にも、その他資本収支と投資収益の二大項目から成っている。

その他資本収支は、資本移転（主に国際間の対外債務免除）とその他資産たとえば特許の売買などの非金融資産の売買から成っている。

投資収益は証券投資、直接投資、その他投資、外貨準備から構成されている。**証券投資**とは、金融資産たとえば株や債権（債券と金融派生商品）などの売買である。**直接投資**とは、外国企業への経営参画を視野に、発行済株数のかなりの部分（通例では10％）を獲得するような場合を言う。(11)「その他投資」には貿易信用（売掛金などの貸付）や融資（特に銀行融資）などが含まれる。「外貨準備」とは、中央銀行が保有する外貨や金を言う。これは**外貨準備高**（金・外貨準備残高）と呼ばれることも多い。

一国の経常収支と資本調達勘定は、理論的には足し上げればゼロになるはずである。だが実際には「間違いや省略」がつきもので、帳尻はゼロにはならない。

どんな項目が国際収支のダイナミクスに影響するかは状況次第

貿易収支に変化があると、えてしてその他の国際収支に変化の波が及ぶ。例えば主要作物の不作や急激かつ大幅な貿易自由化による貿易赤字の急増は、対外債務の増大ひいては資産売却を伴うかもしれない。あるいは主要な鉱物輸出が伸びて大規模な貿易黒字が長く続くと、外国資産を買えるようになり、その他資本収支が赤字になるかもしれない。だが貿易以外の項目の変化が、

国際収支（主な項目）

経常収支

- 貿易
  - 財
  - サービス
- 所得
  - 従業員の所得
  - 投資収益
- 経常移転
  - 労働者の送金
  - 対外援助

資本調達勘定（CFA）

- その他資本収支
  - 資本移転
  - その他資産（非金融資産の売買）
- 投資収益
  - 証券投資
    - 株式投資
    - 債権投資（債券と金融派生商品）
  - 直接投資
  - その他投資（貿易信用や貸付・借入を含む）
  - 外貨準備

国際収支のその他の項目にも変化を促すこともある。

例えば経常移転。ある国がEUに加盟して、国民の多くがドイツに出稼ぎに行くようになったために、労働者の送金が急激に増えるなどだ。逆に、パキスタンやジブチなどテロとの戦いのため地政学上の重要性が増した国への対外援助が急増することもある。こうして外貨を得た国は、経常収支が改善しつつあっても、輸入を増やして貿易収支を悪化させるかもしれない（貿易黒字の縮小もしくは貿易赤字の拡大）。

その他資本収支が変化を促すこともある。急激に資本投資の対象として注目を集めるようになった国、例えば親ビジネス的な大統領がさまざまな改革を公約して当選した国などには、大きな証券投資があるかもしれない。あるいは大規模な油田が発見されたために直接投資が急増するかもしれない。だがそんなときには、その国の資産を買うためにその国の通貨が買われるため、自国通貨高になるかもしれない。すると輸出競争力が損なわれ、貿易赤字が増えるかもしれない。すなわち資本収支の変化が貿易に影響を及ぼす例である。

リアルな数字

国によっては貿易赤字や黒字の額がGDPの半分にも及ぶ

大半の富裕国と中所得国では、赤字であれ黒字であれ、貿易収支はGDPの数％程度に収まっている。例えば、2010年の日本では貿易黒字がGDPの1・2％、同じく韓国では2・6％、中国では3・9％、ドイツでは5・6％、ハンガリーでは6・5％である。貿易赤字の国の例では、ブラジルがGDPの1％、英国が2・1％、米国が3・5％、エクアドルが4％にインドが4・4％である。

だが対GDP比で貿易収支が非常に大きな割合に及ぶ国がたくさんある。2010年、ブルネイの貿易黒字はGDPの49％、一方クウェートでは34％、ルクセンブルクでは32％。輸出する天然資源もろくにない非常に貧しい国は、膨大な貿易赤字を抱えている。2010年のレソトではGDPの67％に及ぶ。他に貿易赤字がGDPの40％以上に及ぶ国には、リベリア、ハイチ、コソボなどがある。(12)

経常赤字（黒字）は通常、貿易赤字（黒字）より小さい

一国の経常赤字（黒字）は通常、貿易赤字（黒字）より小さい（大きい）。経常収支に含まれる他の項目も減る（増える）からである。

富裕国にとっては、経常収支内で貿易が作った赤字を減らす（あるいは黒字を増やす）のはたいてい投資収益である。2010年、米国の貿易赤字はGDPの3・5％だったが、経常収支の赤字は3・1％だった。フランスではそれぞれ2・3％と1・6％である。同年、ドイツの貿易黒字はGDPの5・6％だったのに対して、経常黒字は6・3％に上った。

途上国にとっては、貿易赤字と経常収支の赤字の差を縮める主な項目は対外援助だが、労働者の送金の比重もいや増しており、今日では対外援助のざっと3倍にも及んでいる。2010年、ハイチはGDPの50％もの貿易赤字を抱えていたが、経常収支赤字はGDPのわずか3％にすぎなかった。巨額の経常移転があるためで、例えば対外援助はGDPの27％相当、労働者の送金は同じく20％に上る。

資本の急激な流入や流出は深刻な問題を引き起こす

資本流入が急激に増えると経常収支の赤字とりわけ貿易赤字を急増させかねないことは右に述べた。資本が流入し続けている限り、経常収支の赤字はGDPのせいぜい数％かそこらで、大した問題ではない。

困るのは、資本流入が急減したり、マイナスにさえなってしまうことだ。例えば外国人が国内の資産を売り払って金を持って国外に出ていくなどである。こうした急激な変化があると金融危機に陥る。国内資産の価値が急落するため、債権の担保割れが続出するからだ。

発展途上国の場合だと、国内通貨が国際市場で受け取ってもらえないため、こうした状況はさらに外貨危機にもつながる。輸入に対して十分な支払い手段がなくなるからだ。外貨不足は国内通貨の**平価切り下げ**につながる。すると外国に対する借金の支払いが、地元通貨ベースでみるとうなぎ上りになってしまい、金融危機はさらに激化する。

これは実際に、1990年代のタイやマレーシアで起きたことだ。1991年から1997年までの間、両国の年次平均の資本収支黒字はそれぞれGDPの6・6%と5・8%に上った。このおかげで両国は高い経常収支赤字を維持できた（それぞれGDPの6・0%と6・1%）。だが資本流入が不意に流出に転じると、1998年の両国の資本収支赤字はGDPの各々10・2%と17・4%に膨れ上がり、金融危機と外為危機が一体となって起きた。

直接投資と多国籍企業

直接投資は国際収支の最もダイナミックな項目になっている

過去30年、（海外）直接投資（FDI）は国際収支の最もダイナミックな要素になった。伸び率は国際貿易よりはるかに大きい。ただし、変動幅もはるかに大きいが。

1970年から1980年代半ばまで、世界の年次FDIは（流入額ベースで計算して）世界GDPのざっと0・5%程度だった。[13] それから、その伸びは世界GDPの伸長率を抜き、1997年には世界GDPの1・5%にまで達した。その後FDIの伸びはさらに加速し、1998年から2012年までの間は年次平均で世界GDPの2・7%（ただし年次変動が大きい）に達している。[14]

FDIが特に重要である理由は、これが単なる資本の流れではなく、さらにホスト国（受け入れ国）の生産能力にも直接的に関わることだ。

FDIは受け入れ国の生産能力に影響する

ＦＤＩは純粋な金融投資ではないという点で他の資本流入とは異なる。それは本質的に新たな経営手法を持ち込むものだから、企業経営観に影響する。常とは言わないまでも、えてして新たな技術も持ち込む。その結果、受け入れ国の生産能力に影響を与える。それが外資系企業が新規に拠点を設立して行う**グリーンフィールド投資**（１９９７年にコスタリカにインテルが子会社を設立したときのように）であれ、既存の会社を買収する**ブラウンフィールド投資**（２００２年にＧＭが韓国の自動車メーカー大宇《テウ》を買収したように）であれ、同じである。

ＦＤＩの影響は、それを受ける企業にとどまらない。特に投資国と受け入れ国の生産能力の差が大きい場合は、ＦＤＩは受け入れ国の経済全体に間接的だが強い影響を及ぼすことがある。これにはいくつかの道がある。

第一に「デモンストレーション効果」がある。地元生産者が多国籍企業（ＴＮＣ）の国内子会社のやり方やアイデアを見てそれをまねるなどだ。さらにサプライチェーンを通じての影響もある。地元のサプライチェーンから供給を受けるに際して、ＴＮＣは地元企業よりも高い水準の品質や納期標準を要求する。地元のサプライヤーにとっては、ＴＮＣへの納入を続けたければ、改善を図るしかない。またＴＮＣの現地子会社を退職した人間が他の会社に移ったり、自ら起業するなどの場合もある。彼らは新技術の使い方やより効率的な生産管理法などを伝える。こうしたFDIの間接的な好影響を、集約的に**スピルオーバー効果**という。

FDIの好影響の証拠は薄い

これらのさまざまな好影響にもかかわらず、FDIが受け入れ国の利益になるかどうかについての証拠は、せいぜい好悪こもごもと言う他ない(15)。

その理由の一つは、これまで述べたFDIの利点は理論にすぎないことである。多くのTNC現地子会社は地元企業からほとんど調達をせずにその大半を輸入に頼っている。これを**飛び地**と言う。この場合は、サプライチェーンによるメリットは存在しない。またTNCの現地子会社で知識を習得した従業員が社を飛び出してそれを活かせるのは、関連産業で競合する地元企業に移るかサプライヤーがすでに存在している場合に限られる。こんな条件はたいてい揃っておらず、特にその多国籍企業の現地子会社がその国に進出した理由が、長期的な生産拠点の確立などではなく、天然資源開発や安価な労働力を求めてのことであれば、いっそうである。

だがFDIが必ずしも利益をもたらすとは限らないさらに重要な理由は、好影響と共に悪影響ももたらすことだ。

最大級の企業は意識的に赤字を作る

2012年、世論は沸騰した。スターバックス、グーグル他の巨大国際企業が英国、ドイツ、フランス他の欧州各国でほとんど法人税を納めていないことが明るみに出たからだ。別に税金を踏み倒していたわけではない。利益を上げていなかったので、法人税がほとんど発生しなかったのである。ろくに儲からないほど無能なら、彼らはどうして世界でも最も有名な――愛される、ではないかもしれないが――存在になれたのか?[*1]

こうした企業が英国などで法人税を最小限にとどめられたのは、第三国の子会社から英国子会社に対して「過剰請求」(市況や相場以上の価格での請求)を立ててその利益を圧迫したからである。第三国とは、英国よりも法人税率が低い国(アイルランド、スイス、オランダなど)か、場合によってはタックス・ヘイブンすなわち外資を誘致するために非常に低い税率かあるいは無税で「ペーパー・カンパニー」を設立させる国(バミューダやバハマなど)である。[16]

昔ながらの移転価格

多国籍企業はさまざまな税率の国に展開していることを利用して、子会社間の請求額を調整して(時にはかなりの規模で)、最も法人税の低い国に利益を集める。こうすれば、世界全体では利益が最大限になるからだ。これを移転価格と言う。

2005年に開発慈善団体クリスチャン・エイドが発表した報告書によれば、過小価格請求の例として中国製のTVアンテナは一つ0・4ドル、ボリビア製のロケット・ランチャーは40ドル、米国製のブルドーザーは528ドルで輸出されており、過剰請求の例としてはドイツ製の弓ノコ刃は1本5485ドル、日本製の毛抜きは4896ドル、フランス製のレンチが1089ドルで輸出されている。[17] スターバックスやグーグルのケースがこれらと違うのは、関わっているのが主として「無体財産」、例えばブランド使用料、特許使用料、社内貸付に対する利息や顧問業務（コーヒーの品質テイスティングや店舗デザインなど）フィーであるなどの点だけで、原則は同じことだ。

移転価格を利用する多国籍企業は、税収に支えられているインフラストラクチャー、教育、R&D助成などにただ乗りしていることになる。つまり事実上、受け入れ国が多国籍企業を助成しているようなものだ。

受け入れ国にFDIがもたらす潜在的悪影響は他にも……

FDI（特に途上国向け）の潜在的悪影響は、移転価格にとどまらない。地元企業（同業種であれ他業種であれ）を信用市場から「締め出す」こともある。もしTNCがより効率的で、ひい

*1 『オースティン・パワーズ』のドクター・イーブルがシアトルのスターバックス・タワーで世界征服の計画を練っていたことを思い出す人もいるかもしれない。

ては信用ある借り手なのだということなら、これは必ずしも悪いことではない。だが彼らは、たとえ効率性で劣っていても多国籍企業であるというだけでより容易に信用が得られる。それは暗黙のうちに親会社に信用を裏書きされていると見られており（そのとおりだが）、その親会社は途上国の民族資本には望むべくもない信用力を持っている。となると地元信用市場から資金を調達する多国籍企業の現地子会社は、能率にそぐわない信用を得ていることになる。

問題は他にもある。発展途上国のTNC子会社は、世界全体では小さくても、その進出国市場においては独占的、寡占的立場になる。そうした立場にモノを言わせれば搾取もできるし、また実際にそうしていることは第11章で述べたとおりである。

さらに、資金力と本国での政治力を持つTNCは、自らに有利なように進出国の政策を捻じ曲げられる。ここでは2013年に発覚したグラクソスミスクライン他の多国籍製薬企業が中国でやっていたようなロビー活動や賄賂の話ではなく、いわゆる**バナナ・リパブリック**のことである。

最近では、「バナナ・リパブリック」と言うとグローバルなアパレルチェーンGAPの持つブランドの方が有名だが、その語源は陰鬱だ。この造語がなされたのは、20世紀初頭の数十年のことで、ホンジュラス、グアテマラ、コロンビアなど南米のバナナ生産諸国でユナイテッド・フルーツ・カンパニー（UFC）が経済と政治をすっかり牛耳っていた頃のことである。最も悲劇的な事件は、1928年にコロンビアにUFCが持っていたバナナ・プランテーションのストで起きた労働者の大虐殺である。コロンビア政府は、UFCの利益を守るため海兵隊を侵攻させると米国から通告を受け、自国陸軍を派兵して数千人にも及ぶとされる（人数は未確認）スト労働者を虐殺した。この出来事に想を得た傑作小説がガブリエル・ガルシア＝マルケスの『百年の孤独』（新潮社、2006年）である。米国のTNCは1960年代と1970年代を通じて南米で起きた左翼政権打倒のために右派軍部やCIAに積極的に協力していたと言われている。

長い目で見れば、FDIの最も重大な悪影響は、受け入れ国の自前の経済開発を困難にしてしまうことかもしれない。ひとたび外資の参入を許してしまうと、地元企業の存続は難しくなる。だからこそ今日の富裕国の多く特に日本、韓国、台湾とフィンランドは、民族資本が国際的に通用する競争力を身につけるまで外資の流入を厳しく制限していたのである。もし日本政府が1950年代後半（トヨタの初の米国市場進出の失敗後[18]に広く勧められていたように）に自動車市場を外資に開放していたら、日本の自動車メーカーは欧米の自動車TNCの攻勢にひとたまりもなかっただろう。1955年にはGM一社で350万台の自動車を生産していたのに対し、日本の自動車産業の総生産量はわずか7万台だった。

FDIの好影響が十分に活かせるのは、適切な規制あってこそ

FDIの影響は産業や進出国の性格によって複雑だから、善し悪しは一概に断じ難い。判断基準（例えば雇用、輸出、生産性、長期的成長など）によっても、時間軸（一般にFDIの好影響はすぐに目につくが悪影響は長期的に表れるため）によっても、判断は変わるだろう。にもかか

わらず、次に記すような一連の適切な規制あってこそFDIの好影響を活かせるし、途上国にとってはとりわけそうであることは、確かと思われる。

多くの国では、産業ごとに外資受け入れの是非を決めている。また民族資本との合弁による進出を求めることもある（**ジョイント・ベンチャー規制**）。その場合、外資比率の上限を規制し、重要産業ではたいてい過半数所有は禁じられている。多くの政府は、地元のジョイント・ベンチャー・パートナーに対する技術移転（**技術移転規制**）か、あるいは現地採用従業員の教育を義務づけている。調達の一定割合を自国内で行うようにも求めている（**ローカル・コンテント規制**）[19]。

日本、韓国、台湾、中国はこれらの規制によって特に大きな成功を収めてきた。彼らはFDIを許可し、産業によっては歓迎したが、これら手法のすべてを用いて好影響を最大化する一方で悪影響を最小限にとどめた。しかしWTO合意（TRIM［貿易関連投資措置］合意）、二国間自由貿易協定（FTA）、二国間投資協定（BIT）などを用いて、かつて世界で最も厳重にFDIを規制していた日本を含めた富裕国は、ローカル・コンテント規制をはじめとする各種規制を「違法」とした[20]。

日本や中国のような国がこれらの規制によって成功したからと言って、FDI管理において「ムチ」が唯一の手段とは限らず、シンガポールやアイルランドのように「ニンジン」をぶら下げて重点産業への外資誘致を図る国もある[21]。「ニンジン」の内容には、重点産業へのFDIへの助成や専用インフラ提供、そして特定の産業向けにエンジニアや熟練労働者を育成することなどがある。

リアルな数字

ＦＤＩの成長

１９８０年代半ばにＦＤＩが急伸した頃、世界全体のＦＤＩフローはおよそ７５０億ドルだった（１９８３年〜１９８７年平均）[22]。今日では１兆５１９０億ドル（２００８年〜２０１２年平均）で１９８０年代半ば頃の20倍を超えており、年率12・８％で伸びてきたことになる。金額も伸長率も著しく見えるが、全体像を見る必要がある。

１９８０年代半ば、世界の総ＦＤＩ額は世界ＧＤＰの０・57％（１９８３年〜１９８７年の年次平均で13兆５０００億ドル）相当だった。２００８年から２０１２年までの数値は、金額こそ大きそうだが、世界ＧＤＰの２・44％にとどまっている。

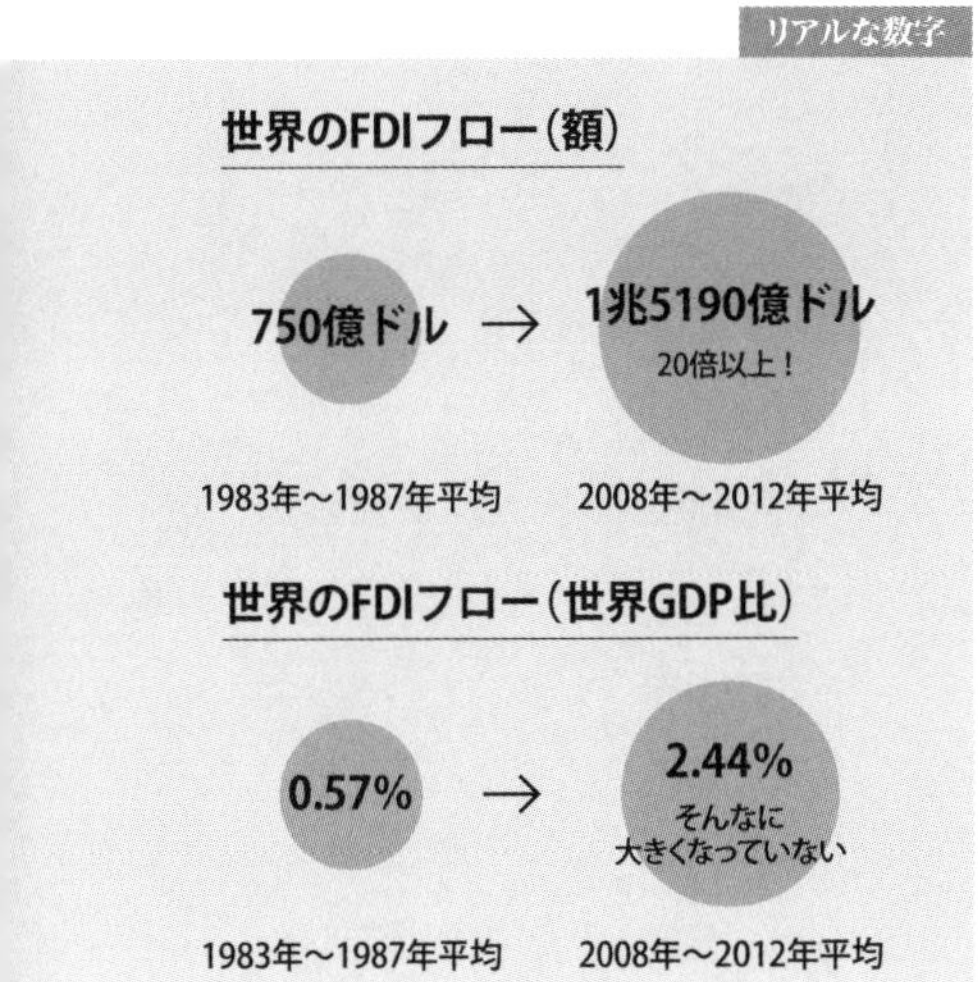

大半のFDIは富裕国間で起きているが、昨今の途上国向けFDIの伸びはおおむね中国の台頭のおかげ

大半のＦＤＩは富裕国間で起きている。１９８０年代半ば（１９８３年～１９８７年）、ＦＤＩの87％は富裕国に投じられている。これらの国が世界ＧＤＰに占める割合が83％であったことを考えると、富裕国は本来の経済的シェアに比べてＦＤＩを少し多めに受けていたことになる。だがこの割合は、近年（２００８年から２０１２年）までに、増減しつつ66％まで下がってきた。２０１０年時点で富裕国は相変わらず世界ＧＤＰの70・8％を占めていることを考えると、今では富裕国より途上国が世界のＦＤＩを多めに受けていることになる。

過去30年、米国は圧倒的に多くのＦＤＩを受けてきた。１９８０年から２０１０年まで、世界のＦＤＩ流入額の18・7％を占めている。絶対額としては大きいが、世界経済に占める割合（この期間の世界ＧＤＰの26・9％を占めていた）に比べると、はるかに小さい。米国に次ぐのが英国、中国、フランス、ドイツである。[*2] 米国と対照的に、中国と英国は、世界経済に占める割合に比べてはるかに大きなＦＤＩを受けていた。[*3] 注目に値するのが、日本がＦＤＩ受け入れ国リストに入っていないことである。この期間の世界ＧＤＰの12％を生産していたにもかかわらず、日本

リアルな数字

FDI流入国トップ10（金額ベース）

1	米国	6	カナダ
2	中国	7	フランス
3	英国	8	ロシア
4	ベルギー	9	スペイン
5	香港	10	ブラジル

は最近までの厳格なＦＤＩ規制のおかげで世界ＦＤＩのわずかに0・7％しか受け入れていない。より新しい期間（２００7年〜２０１1年）を見ると、ＦＤＩのトップ10流入国は、米国、中国、英国、ベルギー、香港、カナダ、フランス、ロシア、スペイン、ブラジルなどである。これらのうち米国、フランス、ブラジルは世界経済に占める割合から考えるとＦＤＩ受け入れが「過小」な国で、その他は「過大」な国である。(23)

途上国が全体として世界のＦＤＩの流れにおいて重要性を増しているからと言って、すべての途上国が一律に積極的な関わりを示しているわけではない。１９８０年から２０１０年までに、途上国向けＦＤＩの受け入れトップ10カ国はＦＤＩ流入額の75・7％を占めたが、これら10カ国は途上国ＧＤＰの71・4％しか占めていない。(24) とりわけ中国は途上国向けＦＤＩの32・2％を受け入れているが、途上国ＧＤＰに占める割合は22・8％に過ぎない。

昨今ではブラウンフィールド投資の割合が増え、世界の産業地図を塗り替えている

１９９０年代に入ってからの7年間、ブラウンフィールドＦＤＩすなわち国際Ｍ＆Ａは、世界のＦＤＩの31・5％を占めた。(25) １９９８年から２００1年にかけては、この数値は国際Ｍ＆Ａの

＊2　英国が受けた額は世界ＦＤＩの9・4％、中国は7・8％、フランスは4・7％、ドイツは3・5％である。

＊3　両国ともこの時期の世界ＧＤＰの4・4％を生み出していた。

ブームのおかげで57・7％に跳ね上がった。2002年から2004年までの間は33・7％に減ったが、2005年から2008年にはまた44・7％に回復している。2008年の世界金融危機の後、この割合は過去20年で最低水準に落ち込んだが（2009年から2012年は25・3％）、全般的な傾向としてはFDIでもブラウンフィールド投資の割合が増えている。

このブラウンフィールド投資の台頭は、ケンブリッジのエコノミストであるピーター・ノーランが言う**グローバル・ビジネス・レボリューション**に緊密に関わっている。(26) 過去数十年の間、活発な国際M&Aを通じて、事実上すべての産業はごく一部の多国籍企業に支配されるようになった。世界の航空機産業はボーイングとエアバス2社に独占されており、一方、自動車業界では、6大大衆車メーカー（トヨタ、GM、フォルクスワーゲン、ルノー＝ニッサン、現代《ヒュンダイ》＝起亜《キア》、フォード）以外は長期的に生き残れるのかと業界雀が喧しい。すなわちプジョー＝シトロエン、フィアット＝クライスラーやホンダのような大会社の将来さえ楽観していない。

それ以上に、ノーランの言う「カスケード効果」によって、サプライヤー産業の多くでも集中化が進んでいる。例えば、グローバルな航空機エンジン産業は、今では3社（ロールス＝ロイス、

リアルな数字

世界のFDIに占めるブラウンフィールドFDIの割合

31.5%（1990年～1997年）

57.7%（1998年～2001年）

33.7%（2002年～2004年）

44.7%（2005年～2008年）

25.3%（2009年～2012年）

プラット&ホイットニー、そしてGEの子会社フェアフィールド）が支配している。

移民と送金

国境の開放？　ただし人は例外？

親自由市場エコノミストは国境開放の美点を説いてやまない。そうすれば世界中から最も安価な材料を調達でき、消費者にとって最善の提案がなされるようになるという論である。貿易を自由化すれば財とサービスの別を問わず競争は増し、担い手はコストを削り技術を磨かなければならなくなる。だからどのような経済的取引――財、サービス、資本なんでも――に対するいかなる制限も有害だという論である。

だが彼らがそんな風に褒めそやさない経済的取引もある。移民すなわち国境を越えての人の移動だ。移民の自由化も自由貿易と同様に唱える自由市場エコノミストはほとんどいない[27]。むしろ多くは、そんな矛盾を自覚してもいないようだ。また本能的にこの話題を避けているふしがあり、自由移民など経済的に実現不可能で政治的に受け入れられないことが内心ではわかっている向きもあるようだ。

移民は市場の政治的、倫理的側面を表す

移民——すなわち労働サービスの担い手の移動——とそれ以外の物事（財、サービス、資本）の国際移動の違いは、労働サービスはその担い手を物理的に連れてこないと輸入できないことである。

中国からｉＰａｄを輸入したり英国の投資銀行のサービスを受ける際には、中国人の組み立てライン作業員や英国の銀行員を連れてくる必要はない。労働者が国境を越えて通勤することもあり（例えば米国とメキシコの国境）、したがって国際収支上の「労働者の送金」所得を得ることはある。だが一般に、外国で働くときには、少なくともしばらくは滞在しなければならない。

そして少なくとも民主主義国では、外国人労働者にも最低限の権利が与えられなければならない。(28) スウェーデンがインド人労働者を迎えたとき、インド人だからといってインド並みの給料と労働環境で働かせるわけにはいかない。

だが移民には、どんな権利が与えられるべきか？　いったん入国すればその国の人と同じ職業選択の自由を与えられるべきか、それとも多くの国で行われているように、特定の産業さらには雇用主に縛り付けられるべきか？　移民には、市民が無料で利用できる基礎教育やヘルスケアなどの社会的サービスの利用に際し、対価を支払わせるべきか？*4　受け入れ国の文化的標準に対する服従（イスラム衣装のヒジャブを禁止するなど）を強いるべきか？　いずれも容易には答えの

得られない問題で、特に標準的な新古典主義エコノミストのようには割り切れない。これらに答えるには、明確な政治的倫理的判断が必要であり、これも経済学が「価値から解放された科学」ではないことの証左である。

移民はたいてい受け入れ国にとって有益である

移民が当人にとって有益であることには、おおむね衆目が一致する。貧困国から富裕国に移る場合は特に恩恵が大きい。意見が分かれるのは、受け入れ国にとって有益なのかどうかである。肯定的な証拠は多いが、その程度は限られている。[29]

移民は通常、労働力不足を埋め合わせるためにやって来る（とはいえ労働力不足の定義も一筋縄ではいかない）[30]。1960年代から1970年代にかけて、トルコ人労働者が西ドイツの経済的奇跡による人手不足を担ったように、全般的な労働力不足の埋め合わせであることもある。だがたいていは、人が集まらない3K仕事しかり、シリコンバレーの熟練労働者しかり、特定の分野の人手不足を満たすためである。要するに、移民は必要とされるから来るのだ。

富裕国のなかには、英国のように「福祉ツーリズム」を恐れる国もある（とはいえ英国は欧州国としてはさほど高福祉国でもないのだが）。貧困国からの移民が受け入れ国の福祉を食い物にす

＊4　だが大半の市民は結局、納税を通じてそうしたサービスに対して対価を支払っていることに留意されたい。

るという構図である。だがたいていの国では、移民の社会福祉負担より納税額の方が大きい。これは彼らがえてして若く（したがってあまりヘルスケア他の社会的サービスを利用せず）、また移民政策が熟練労働者を優遇する結果、平均的な地元市民以上に熟練度が高く稼ぎも多い労働者が多いからだ。[31]

移民は文化的多様性を増し、それが地元市民と移民の双方を新たな考えや意識、やり方などを通じて刺激する。これは移民が建国した米国のような例だけでなく、欧州のような立国において移民への依存が少なかった国にとっても言えることだ。

いくらか問題もあるがさほどではなく、それも大半は移民のせいではなくむしろ「誤った」企業戦略や経済政策のため

移民が受け入れ国にとって有益と言っても、そのすべての市民が一律に恩恵を被っているわけではない。低技能者は移民と職を争わなければならず、あげく安い賃金や悪い労働条件、高い失業の可能性にあえぐかもしれない。だが各種の研究によると、こうした損失の程度は小さい。[32]

1930年代や今日のような経済の停滞が著しい時代には、不満をかこつ自国労働者は、右派のポピュリスト政治家に操られ、自分たちの苦境は何より移民によってもたらされたものと思い込む。だが賃金低迷や労働条件悪化はむしろ企業戦略や政府の経済政策のせいである面が大きい。株主価値の最大化は労働者搾取を促すし、マクロ経済政策の失政は不必要な失業を生み出し、不

十分な教育研修のおかげで自国労働者に競争力がないなどである。残念ながら、多くの富裕国の主流派政治家がこうした構造的問題に取り組もうともしなければその能力もないことが、反移民政党に台頭の余地を与えている。

「頭脳流出」と「頭脳還流」――送り出し国の影響

移民を送り出す国は労働者を失っている。もしその国の失業率が高く、送り出しているのが失業した未熟練労働者であるなら、これは良いことである。しかし通常そうではない。受け入れ国は熟練労働者を求めるし、移民するためにかかる求職や国際移動の費用などを未熟練労働者はまかなえないからだ。だから実に多くの場合、移民するのは熟練労働者ということになる。これを**頭脳流出**と言う。

こうした熟練労働者のなかには、移民先でさらに技術を身につけ、いずれ帰国して新たな技術を母国に広めることもある。これを**頭脳還流**と言うが、実際にそれが起きている証拠は乏しい。

送り出し国に対する影響は主に送金を通じて

移民送り出し国に影響が及ぶ主な道は、送金を通じてだ。その影響は複雑である。(33)送金のかなりの割合（60％～85％）が日常の生活費に充てられる。これは確かに、受け手の生活水準を向上させる。いくらか余った金は家業にでも投資され、するとさらに収入を生む。メキシコのような国では、国際送金はいわゆる「ホームタウン・アソシエーション」（診療所、学校、灌漑）を通じて地元の公共投資にも充てられる。[34]

所得が増した受け入れ家族は、以前ほど働く必要がない。これはえてして児童労働の低減を意味する。また若い母親にとって育児の手間に余裕ができるので、乳幼児死亡率の低下にもつながる。

だが移民の負の側面もある。家族はバラバラになり、また母親がベビーシッターや家政婦として出稼ぎに行くことが多いので自分の子どもを他人に預けるようになる。こうした数字に表れない損失は、送金によって十分に埋め合わせがつくとは限らない。

リアルな数字

富裕国向け移民は過去20年に増えているが、巷間言われるほどではない

富裕国の大衆メディアや昨今の一部欧州諸国（特にフランス、オランダ、スウェーデンやフィンランド）での反移民政党の台頭を見ていると、こうした国々では昨今、膨大な移民を受け入れているという印象を抱くかもしれない。

だが富裕国への移民は、それほど劇的に増えているわけではない。1990年から2010年までの間、富裕国が受け入れた移民の数は8800万人から1億4500万人に伸びた。つまり

富裕国人口に占める割合では、1990年に7・8％だった移民が、2010年には11・4％になるということだ。(35) 大きな増加には違いないが、時に喧伝されるほど劇的なものでもない。

移民の3分の1は途上国で暮らしている

移民は別に、もっぱら途上国から富裕国へばかりとは限らない。途上国間でも多くの移民がいる。通常はより貧しい方から相対的に豊かな方へだが、自然災害や武力紛争のために隣国から逃れてくる人々もいる。

2010年現在、世界には2億1400万人の移民がいる。そのうち1億4500万人は富裕国に住んでおり、残る6900万人つまりざっと3分の1は途上国にいる。

過去20年、世界人口に占める移民の割合はほとんど変わっていない

過去20年間、途上国人口に占める移民の割合は、1990年に1・6％だったものが2010年には1・2％と、実際にはむしろ下がっている。

途上国人口は富裕国人口の4・5倍近くにも及ぶ（56億人対12億9000万人）ため、この減少は前述の富裕国向け移民の増大をほぼ相殺している。世界全体でみると、移民の割合はほとんど増えていない。1990年に3・0％だったものが、2010年には3・1％になっているだけである。

この10年、送金は劇的と言ってよいほど増えている

2000年代初期から送金は劇的に増えている。前述のとおり今や国際送金は3000億ドルを超えており、富裕国から途上国への対外援助（ざっと1000億ドル程度）の3倍に及んでいる。絶対額で見ると、2010年に国際送金を最も多く受けた国はインド（540億ドル）である。[36] 僅差で中国が続き（523億ドル）、メキシコ（221億ドル）とフィリピン（214億ドル）は大差で3、4位につけている。他に多額の送金を受けている国にナイジェリア、エジプト、バングラデシュなどがある。先進国のなかにも、フランス、ドイツ、スペイン、ベルギーなど国際送金を多く受けている国がある。

だが国際送金の重要性は、絶対額よりもGDP比を見た方が明確になる。インドは絶対額で世界でトップの送金流入国であるにもかかわらず、GDPの割合ではわずか3・2％にすぎない。この割合が非常に高い国もある。2010年、タジキスタンはGDPの41％を送金が占めてダントツの一位で、2位は28％のレソト。キルギス共和国、モルドバ、レバノン、その他数カ国も、GDPの20％以上の送金を受けている。

多額の国際送金は、受け入れ国に好悪の大きな影響を及ぼす

国際送金が多額に及ぶと、受け入れ国に大きな善し悪しの影響が及ぶ。

好影響としては、GDPの20％にも及ぶ金融資産が流入してくれれば、国内の消費と投資は大きく増える。また多くの国で、多額の国際送金が衝撃緩衝装置として働いている。自然災害（ハイチの地震）、金融危機（1997年の東南アジア通貨危機）、内戦（シエラレオネ、レバノン）などの後で、国際送金の増大が観測されている。移民数が増えたためでもあり、困窮した家族や友人を助けるために既存の移民が送金額を増やしたためでもある。

悪影響としては、多額の送金は金融バブルを生み、1995年から1996年にかけてのアルバニアのねずみ講（1997年に崩壊した）は悪名高い。また急激に多額の外貨が送られてくると自国通貨高を招き、輸出競争力を削ぐ。

結び——世界最高の才能？

過去30年間、急激に変わり続けた国際環境は、国家経済にさまざまな点で影響を及ぼした。財、サービス、資本、技術の国際移動が大きく増えたことは、各国の生産構造や、外貨を稼いで必要な輸入をし、金融／現物投資の収益を得る方法を変えた。国境を越えての人の移動は他分野に比べればはるかに小さな増加ぶりだが、それでも多くの国に甚大な影響を与えた。受け入れ国での移民と「地元民」の間の緊張、送り出し国での消費、投資、生産のパターンを変えかねないほどの国際送金などだ。

こうした変化は、えてしてグローバリゼーションの過程と片づけられるが、私たちの時代相の決定的特徴となっている。この数十年ほど、鼻息荒いビジネスエリート、売れっ子経営グル、強力な富裕国の政治家、それを支える賢いエコノミストらは、この過程は不可避で止めることができないと宣言してきた。この変化の推進力は技術革新だ、この過程のどんな側面であれ巻き戻そうとしたり修正しようとする者はすべからく後進的だ、と。2008年の金融危機は彼らの主張を支えた自信をちょっと凹《へこ》ませたが、その背景にある思考形態は今も世界を支配している。保護主義は常に悪だ、資本の流れを自由化してこそ最も効率良く企業経営でき国が栄えるのだ、多国籍企業を諸手を挙げて歓迎せよ……。

だがグローバリゼーションは、技術革新の不可避の結果ではない。資本主義の黄金時代（1945年から1973年まで）は、リベラルの黄金時代（1870年代から1913年）に比べて、グローバル化の度合いがずっと低かった。それでいて後者の蒸気船と有線通信（無線さえ発達していなかった）の時代に比べて、前者はずっと高度な輸送や通信の技術を持っていたのだ。世界がこの30年間に現在のようになったのは、強国の政府や富裕国のビジネスエリートがそれを望んだからに他ならない。

さらにグローバリゼーションは、その主唱者が言うような「起こりうる世界最上のもの」（フランスの小説家ヴォルテールの『カンディード』［岩波書店、1956年など］の有名なセリフの借用）でもない。過去30年のハイパー・グローバリゼーションの間、大半の国で経済成長は鈍化し、格差は広がり、金融危機も頻発するようになった。

　これらはいずれも、国際間の経済的統合はいかなる形でも有害であるだとか、国家は他国との関わりを最小限にすべきだなどということを意味するものではない。むしろ一国がまっとうな暮らしの質を保ちたければ、世界経済に積極的に参加すべきだ。途上国にとっては、国際経済との関わりは、長期的な開発に欠くことができない。私たちの繁栄は、絶対に本格的な国際経済との統合にかかっている。

　しかし、だからと言って、どんな形や程度の国際的経済統合でも望ましいということにもならない。どんな分野をどの程度に開放すべきか、ひいてはどこをどう国際統合すべきかは、長期的な目標や能力による。産業とやり方を選べば、保護主義が正しいことだってある。直接投資の規制が、善である国もあれば悪である国もある。ある程度の資本の国際的な流れは必要だが、過度になるといけない。移民は、その内容によって、送り手国にも受け手国にも善くも悪しくもなる。こうした重要な点を理解しないと、国際的な経済的統合がもたらす収穫を十分に刈り取ることはできないのである。

おわりに——経済をよりよくするために経済学をどう活かす？

やってみるまで、必ず不可能に思えるものだ

——ネルソン・マンデラ

経済学をどう「使う」？

本書の目的は、何を考えるかではなく、どう考えるかを示すことだ。話題は多岐にわたり、読者がそのすべてはおろか大半でさえ覚えているとは期待していない。だが経済学を「使う」うえで、いくつか覚えておくべき大切なこともある（つまるところ本書は「取扱説明書」なのだ）。

誰が得をするのか？ 経済学は政治的議論

経済学は政治的議論である。科学ではないし、また決してそうはなれない。政治的判断や、それ以上に道徳的判断から独立して成立する客観的な真実など経済学には存在しない。だから、経済学の議論に臨む際には、古の政治家／雄弁家キケロが残した問い——「誰が得をするのか《クイ・ボノ》」

――を考えなければならない。

時には、あからさまに一部の集団を利するような疑わしい仮定に基づいているため、経済的主張が持つ政治的性格が露わなこともある。例えばトリクルダウン説は、金持ちにより手厚く所得配分すれば、彼らはそれを投資に用いるという仮説に基づいている。実際、そうなることはなかった。

場合によっては、期せずして一部を利する議論もある。例えばパレート基準は、変更を社会的利益と見なせるのは、それによって誰も損失を被らずに他の誰かをより豊かにできるような場合と規定する。つまり社会全体のために一部の人が犠牲になるのを許さないという考えである。誰も利していないように見えるが、この基準は暗黙のうちに現状維持を支持している。現状にどんな変化を加えようとも、いま利を得ている人が損をするので、現状を変えられないことになるからだ。

政治的、倫理的判断は、一見すると価値判断とは無縁に見える物事にも存在している。市場の領域を設定するなどだ。ひとたび何か（例えば水）を市場の領域に引き入れれば、それにまつわる判断も「一ドル一票」ルールを当てはめるようになり、金持ちが結果に影響を及ぼしやすくなる。逆に、何か（例えば児童労働）を市場から追放すれば、金ずくでそれに影響を及ぼすことはできなくなる。

経済学は政治的議論であると言っても、「何でもあり」というわけではない。状況により適した理論がある。しかしそれを持って、エコノミストが「科学的」で価値中立的な分析を提示しているとは、ゆめゆめ信じてはならない。

ハンマーを持った男になるな――経済学の「やり方」はさまざまで、一長一短である

すでに見たように、大半のエコノミストの喧伝とは裏腹に、経済学には唯一の「正しい」理論も学派もない。この数十年間ほど新古典主義派が経済学の主流派だが、少なくとも9つの学派があり、それぞれ一長一短である。

経済の現実は複雑であり、唯一の理論で十分に分析することはできない。さまざまな経済学理論では異なる基本単位を設定しており（個人か階級かなど）、異なることに注目し（マクロ経済かミクロ経済かなど）、異なる問いを発し（どうすれば所与の資源を最大限に有効活用できるか、どうすれば長期的にその資源を生み出す能力を伸ばせるのかなど）、それにこたえるために異なる分析ツールを用いている（超合理性か限定合理性かなど）。

諺に曰く「ハンマーを持つ者には何でも釘に見える」。特定の理論的視点から物事を見ようとすると、型にはまった問いとそれへの回答に凝り固まってしまう。目の前の問題は釘なのだ、だから自分の持つハンマーという工具が最適なのだ、と。だがたいていの場合、あなたに必要な物はさまざまな工具を収めた道具箱である。

誰でもお気に入りの理論があるものだ。1、2種の理論を特に重用するのは別に悪いことでは

なく、誰だってそうだ。だがハンマーを持った男になることなかれ。さらに、他にもさまざまな工具があることを知らずにいてはいけない。このたとえに倣えば、十徳ナイフを使う方がずっと良い。さまざまな目的に、さまざまな刃を使い分けるのだ。

「事実に基づく物事はすでに理論である」――事実、果ては数値でさえ、つまるところ客観的ではない

ヨハン・ヴォルフガング・フォン・ゲーテはドイツの作家（『ファウスト』）であり科学者（光学理論）だが、「事実に基づく物事はすでに理論である[1]」と言った。経済学的「事実」を見るとき、心すべき言葉である。

数字とは確実で客観的なものと思う人は多いだろう。だがそのいずれもが何らかの理論に基づいている。別に英国の政治家ベンジャミン・ディズレーリの「ウソには三種類ある。単純な嘘、大嘘、そして統計だ」を蒸し返すつもりはないが、経済学における数字とは必ず、非常に疑わしいか、あるいは少なくとも議論を呼ぶ概念に測定を試みた結果である[2]。

別に学術的な難癖をつけているわけではない。経済指標の構成は、経済の成り立ち、実施すべき政策、最終的には私たちはいかに生きるかに大きな影響を及ぼしている。

ごく基本的な所与の経済指標、例えばＧＤＰや失業率でさえそうだ。家事労働や無給の介護などをＧＤＰ指標から除外すると、どうしてもこうした仕事を過小評価してしまう。ＧＤＰには特

権的財を反映させられないため、消費を誤った方向に導き、財をより重視する富裕国の生活水準の測定を不確かにしてしまう（第6章参照）。失業の標準的な定義からは、富裕国の求職意欲喪失者や途上国のアンダー・エンプロイメント状態の労働者が除外されているので、実相はつかめない。すると自然に、雇用問題が政策決定者から無視されがちになる。

いずれも、経済学における数字はなべて無意味であるということではなく、必ずしも誤解を招くものともいわない。数字はわれわれの経済世界の規模を知り、その変化を観察するために必要だ。ただ、それを鵜呑みにすべきではないというだけのことである。

経済は市場のみにあらず——生産と仕事について考える必要

今日の経済の大半は、市場についてのものだ。今日のエコノミストの大半は新古典主義派に属し、それは経済を交換関係の網と概念化する。すなわち個人はさまざまな財を多くの企業から買い、そのうち一つに自分の労働サービスを売り、一方で企業は多くの個人や企業を相手に売買している、と。だが経済と市場を同一視すべきではない。市場は経済の構成要因の一つにすぎず、実際、現代的経済においてごくわずかな部分を占めるにすぎない。多くの経済活動は企業内の指示として起きており、一方で政府も経済のかなりの部分に影響を及ぼし、命令さえしている。政府は——そしてますますWTOのような国際機関は——また、市場の領域を決定し、市場内での行動ルールも決めている。行動経済学の開祖ハーバート・サイモンはかつて、米国では経済活動のわずか20％しか市場を介していないと推計した。

大半のエコノミストは、市場に目を奪われて経済生活の膨大な部分を見逃し、私たちの幸福に大きな悪影響を与えている。一部の国の政治家は交換を重視し生産を無視することで、自国製造業の衰退に座視を決め込んでいる。個人を生産者としてではなく消費者として見ることは、仕事の質（どれだけ面白いか、安全か、ストレスがあるか、果ては抑圧的か）やワーク・ライフ・バランスなどの問題を無視することにつながっている。経済生活のこうした面を顧みないことは、富裕国の大半の人々がかつてないほど物質的な財やサービスを消費しているのに空しく感じている理由の一端である。

経済は市場のみにあらず。市場の先にはるかに拡がる領域を見ることなくして、良い経済そして良い社会を構築することはできないのだ。

だからどうした？ 経済は専門家任せにしておくにはあまりに重要

なるほど、いずれもお説結構だね、だけどそれがどうした？　私はプロのエコノミストが生み出す情報の単なる消費者さ、だからこんなことを知ってどうしろというのさ——あなたがそう思っても当然のこと。

だが実際には、あなたにはさまざまなことができるし、またすべきだ。なかでも最も重要な3点だけ述べたい。

「専門家というのは何も新しいことを学びたがらない連中のことさ」――エコノミストに「使われ」ないために

ハリー・S・トルーマンはかつて、持ち前の皮肉な調子で言った。「専門家というのは何も新しいことを学びたがらない連中のことさ。なぜなら学んだら専門家ではなくなるからだ」

専門家の知識は絶対に必要だ。だが、当然ながら専門家とはごく狭い領域を深く知る者であり、暮らしの複数の面を含む領域（つまり大半の領域）についてさまざまな人間的ニーズ、物質的制約、倫理的価値のバランスをうまく取れるとは限らない。専門知識が目を曇らせることもある。これは経済学に限らずすべての専門的知識について言えることだが、経済学はしばしば科学を装ってなされる政治的議論だからなおさらだ。

プロのエコノミスト（筆者自身も確かにその一人だ）にも反駁《はんばく》を試みるべきだ。経済学に限ったことではないが、真実は専門家の専売特許ではない。第一に、たいていの場合、彼ら自身が合意に達せられない。実にしばしば、彼らは視野が非常に狭く、特定の方向に捻じ曲がっている。専門家の常で、エコノミストもフランス語で言う「デフォルマシオン・プロフェッショネル」すなわち専門バカである。プロのエコノミストではなくても、基本的な経済学の知識と政治的、倫理的、そして経済学的な考えを応用して健全な判断を下せることはいくらでもある。時には、こうした人々の判断の方が、現実に根ざし、視野が広いので、プロのエコノミストに優ることさえある。経済のような重大事をプロに任せ切るわけにはいかない。

あえて一歩踏み込んで言おう。プロのエコノミスト――そしてその他の専門家――に果敢に論争を挑むことは、民主主義の基本であるべきだ。考えてみてほしい。専門家を盲信すればいいのなら、いったい何のための民主主義か？　半可通ばかりの世の中などゴメンだと思うなら、誰もが経済学を学んで専門家に挑まなければならない。

相手の声も聞け――謙虚さとオープン・マインドが必要

オランダのゴーダの市庁舎の壁には、ラテン語で「相手の声も聞け」[3]と彫ってある。経済的問題を議論するにはかくありたい。世界は複雑であり、あらゆる経済学理論はほんらい一面的であることから、自分の信奉する理論について謙虚さとオープン・マインドを保たなければならない。別に自説を持つなというのではない。自分なりの、それもできれば強い視座を持つべきだ。だがそれを絶対視すべきかどうかは別問題だ。

左派のマルクス経済学から右派のオーストリア学派に至るまでのさまざまな経済学派のいずれにも何かしら学ぶところがあると述べた。実際、歴史を通じて、左派のクメールルージュから右派の新自由主義市場原理派に至るまで、自らの視点に固執する者のために多くの人々が破滅させられてきた。

「知性に悲観し、意思を楽観せよ」——変化を起こすのは難しいが、堅忍不抜の努力を続ければ大きな変化だって起こせる

本書を通じて、貧困国の低賃金問題であれ、スーパーリッチを肥え太らせるタックス・ヘイブンであれ、複雑な税体系に企業が過度な影響を及ぼしていることであれ、経済の現実を変えることがどんなに難しいかを見てきた。実際、その難しさを示す何よりの例がある。２００８年の金融危機が現在の新自由主義経済学政策（そしてその背景にある経済学理論）の限界を明確に示したにもかかわらず、改革は限定的だったことだ。

甘い汁を吸っている者たちが陳情、マスコミ宣伝、贈賄、果ては暴力さえ駆使して改革を妨げたためもある。だが旧態依然の理由はそれだけではない。市場の「一ドル一票」ルールは、富の再配分の現状を維持して、貧しい人々に不適切な選択肢を強いている（第４章のポール・クルーグマンに対する筆者の批判を参照）。さらに、人はえてして自らの利益に反する信念を持ってしまう（第６章の「適応的選好と虚偽意識」の項参照）。現体制下の多くの負け組たち自身が体制を擁護するのはこのためだ。米国の年金生活者が「政府は私のメディケアに手を出すな」と大書したプラカードを持って「オバマケア」に抗議している映像を思い出す人もいるだろう。メディケアも政府の助成を受けた公的福祉制度なのに。

しかし経済的な現状を変えることが難しいからと言って、過去30年よりも活動的で、より安定しており、より公平で、より環境持続的な経済の創出をあきらめてはならない。確かに変化は困難だが、長い目で見ると、必要な力を結集すれば多くの「不可能」は可能になる。２００年前、多くの米国人は奴隷制の廃止など夢物語と思っていた。１００年前、英国政府は、参政権を求めた女性たちを投獄した。50年前、今日の途上国の「建国の父」らの多くは英仏政府によって「テロリスト」としてお尋ね者にされていた。

イタリアのマルクス主義者アントニオ・グラムシが言ったように、私たちは知性に悲観し、意思を楽観しなければならない。

最終考察──案ずるより産むがやすし

２００８年のグローバルな金融危機は、経済をプロのエコノミストやその他のテクノクラートに任せてはおけないということを無慈悲に思い知らせた。誰もが積極的な経済的市民として経済の管理に関わるべきだ。

もちろん「べき」と「できる」は違う。私たちの多くは日々の生活に追われて疲弊し、身辺や金銭の問題に四苦八苦している。積極的な経済的市民になるために必要な投資──経済学を学び日々の経済に目を配る──など、とても覚束ない。

しかし案ずるより産むがやすし。経済学は、多くのエコノミストがあなたを誤解させてきたよりもずっと平易なものだ。ひとたび経済の働きの基本的な仕組みがわかったら、経済の現状への目配りもずっと手軽になる。暮らしの他の物事——自転車に乗れるようになる、外国語を習得する、タブレット・コンピュータが使えるようになる——と同じで、習うより慣れろ。問題は手始めの困難を乗り越え、勉強し続けることだ。

だからどうか、やってみてほしい。

ケンブリッジ式　経済学ユーザーズガイド

2015年6月4日発行

著　者——ハジュン・チャン
訳　者——酒井泰介
発行者——山縣裕一郎
発行所——東洋経済新報社
〒103-8345　東京都中央区日本橋本石町 1-2-1
電話＝東洋経済コールセンター　03(5605)7021
http://toyokeizai.net/

装　丁………………橋爪朋世
本文デザイン………アイランドコレクション
印刷・製本…………丸井工文社
編集担当……………佐藤朋保

Printed in Japan　ISBN 978-4-492-31460-9

著者紹介

ハジュン・チャン (Ha-Joon Chang)

ケンブリッジ大学の経済学者。1963年ソウル生まれ。1992年にケンブリッジ大学で博士号を取得。1990年より同大学で開発経済学を教える。2003年に著書『はしごを外せ』でグンナー・ミュルダール賞を受賞。また2005年には、経済学のフロンティアを切り開いた若手に贈られる賞であるワシリー・レオンチェフ賞を41歳の最年少で受賞した。ノーベル経済学賞を受賞したアマルティア・センやダニエル・カーネマンも同賞を受賞している。いま最も注目される経済学者のひとり。著書（邦訳書）に、『世界経済を破綻させる23の嘘』（徳間書店、2010年）、『はしごを外せ——蹴落とされる発展途上国』（日本評論社、2009年）

訳者紹介

酒井泰介 (さかい たいすけ)

翻訳者。訳書多数。最近の訳書に『同僚に知られずにこっそり出世する方法』（ダイヤモンド社）、『セックスと恋愛の経済学』（東洋経済新報社）、『ウルフ・オブ・ウォールストリート（上・下）』（早川書房）、『P&G式「勝つために戦う」戦略』（朝日新聞出版）など。

人名索引

な行

は行

ま行

ら行

わ行

事項索引

あ行

か行

さ行

た行

な行

は行

ま行

や行

ら行

わ行

読書案内

第1章

R. Backhouse, *The Puzzle of Modern Economics: Science or Ideology?* (Cambridge: Cambridge University Press, 2012).

B. Fine and D. Milonakis, *From Economics Imperialism to Freakonomics: The Shifting Boundaries between Economics and the Other Social Sciences* (London: Routledge, 2009).

第2章

H.-J. Chang, *Kicking Away the Ladder: Development Strategy in Historical Perspective* (London: Anthem, 2002). 邦訳チャン『はしごを外せ――蹴落とされる発展途上国』(横川信治監訳, 日本評論社, 2009年)

R. Heilbroner and W. Milberg, *The Making of Economic Society*, 13th edition (Boston: Pearson, 2012). 邦訳ハイルブローナー＝ミルバーグ『経済社会の形成』(菅原歩訳, 丸善出版, 2014年)

G. Therborn, *The World: A Beginner's Guide* (Cambridge: Polity, 2011).

第3章

P. Bairoch, *Economics and World History: Myths and Paradoxes* (New York and Lond: Harvester Wheatsheaf, 1993).

H.-J. Chang, *Kicking Away the Ladder: Development Strategy in Historical Perspective* (London: Anthem, 2002). 邦訳チャン『はしごを外せ――蹴落とされる発展途上国』(横川信治監訳, 日本評論社, 2009年)

B. Eichengreen, *The European Economy since 1945: Coordinated Capitalism and Beyond* (Princeton, NJ: Princeton University Press, 2007).

A. Glyn, *Capitalism Unleashed* (Oxford: Oxford University Press, 2007). 邦訳グリン『狂奔する資本主義』(横川信治・伊藤誠訳, ダイヤモンド社, 2007年)

D. Landes, *The Unbound Prometheus* (Cambridge: Cambridge University Press, 2003). 邦訳ランデス『西ユーロッパ工業史』(石坂昭雄・富岡庄一訳, みすず書房, 1980年)

A. Maddison, *Contours of the World Economy, 1–2030 AD* (Oxford: Oxford University Press, 2007).

S. Marglin and J. Schor (eds.), *The Golden Age of Capitalism* (Oxford: Clarendon, 1990). 邦訳マーグリン＝ショアー編『資本主義の黄金時代』(磯谷明徳ほか監訳, 東洋経済新報

社，1993年）
D. Nayyar, *Catch Up: Developing Countries in the World Economy* (Oxford: Oxford University Press, 2013).

第4章

G. Argyrous and F. Stillwell, *Readings in Political Economy* (Annandale, NSW: Pluto Press, 2003).
P. Deane, *The State and the Economic System: An Introduction to the History of Political Economy* (Oxford: Oxford University Press, 1989).
J. K. Galbraith, *A History of Economics: The Past as the Present* (London: Penguin, 1989).
R. Heilbroner, *The Worldly Philosophers: The Lives, Times, and Ideas of the Great Economic Thinkers* (Harmondsworth: Penguin, 1983). 邦訳ハイルブローナー『入門経済思想史　世俗の思想家たち』（八木甫ほか訳，筑摩書房，2001年）
G. Hodgson, *How Economics Forgot History: The Problem of Historical Specificity in Social Science* (London: Routledge, 2001).
E. Reinert, *How Rich Countries Became Rich, and Why Poor Countries Stay Poor* (London: Constable, 2007).
A. Roncaglia, *The Wealth of Ideas: A History of Economic Thought* (Cambridge: Cambridge University Press, 2005).

第5章

G. Akerlof and R. Shiller, *Animal Spirits: How Human Psychology Drives the Economy and Why It Matters for Global Capitalism* (Princeton: Princeton University Press, 2009). 邦訳アカロフ=シラー『アニマルスピリット』（山形浩生訳，東洋経済新報社，2009年）
J. Davis, *The Theory of the Individual in Economics: Identity and Value* (London: Routledge, 2003).
B. Frey, *Not Just For the Money: An Economic Theory of Personal Motivation* (Cheltenham: Edward Elgar, 1997).
J. K. Galbraith, *The New Industrial State* (London: Deutsch, 1972). 邦訳ガルブレイス『新しい産業国家』（斎藤精一郎訳，講談社，1984年）
F. von Hayek, *Individualism and Economic Order* (London: Routledge and Kegan Paul, 1976). 邦訳ハイエク『個人主義と経済秩序』（嘉治元郎・嘉治佐代訳，春秋社，2008年）

D. Kahnemann, *Thinking, Fast and Slow* (London: Penguin, 2012). 邦訳カーネマン『ファスト＆スロー』(村井章子訳，早川書房，2014年)
H. Simon, *Reasons in Human Affairs* (Oxford: Basil Blackwell, 1983). 邦訳サイモン『意思決定と合理性』(佐々木恒男・吉原正彦訳，文眞堂，1987年)
P. Ubel, *Free Market Madness: Why Human Nature Is at Odds with Economics—and Why It Matters* (Boston, MA: Harvard Business School Press, 2009).

第6章

J. Aldred, *The Skeptical Economist: Revealing the Ethics Inside Economics* (London: Earthscan, 2009).
F. Hirsch, *Social Limits to Growth* (London: Routledge and Kegan Paul, 1978). 邦訳ハーシュ『成長の社会的限界』(都留重人監訳，日本経済新聞社，1980年)
M. Jerven, *Poor Numbers: How We Are Misled by African Development Statistics and What to Do about It* (Ithaca: Cornell University Press, 2013).
R. Layard, *Happiness: Lessons from a New Science* (London: Allen Lane, 2005).
A. Maddison, *The World Economy: A Millennial Perspective* (Paris: OECD, 2001). 邦訳マディソン『経済統計で見る世界経済2000年史』(金森久雄監訳，柏書房，2004年)
D. Nayyar, *Catch Up: Developing Countries in the World Economy* (Oxford: Oxford University Press, 2013).
J. Stiglitz et al., *Mis-measuring Our Lives: Why GDP Doesn't Add Up* (New York: The New Press, 2010). 邦訳スティグリッツほか『暮らしの質を測る』(福島清彦訳，金融財政事情研究会，2012年)

第7章

M. Abramovitz, *Thinking about Growth* (Cambridge: Cambridge University Press, 1989).
F. Ackerman, *Can We Afford the Future?: The Economics of a Warming World* (London: Zed Books, 2009).
H.-J. Chang, *23 Things They Don't Tell You about Capitalism* (London: Allen Lane, 2010). 邦訳チャン『世界経済を破綻させる23の嘘』(田村源二訳，徳間書店，2010年)
T. Jackson, *Prosperity without Growth: Economics for a Finite Planet* (London: Earthscan, 2009). 邦訳ジャクソン『成長なき繁栄』(田沢恭子訳，一灯舎，2012年)
S. Kuznets, *Modern Economic Growth: Rate, Structure and Speed* (New Haven and London: Yale University Press, 1966). 邦訳クズネッツ『近代経済成長の分析』(塩野祐一訳，

東洋経済新報社，1968年）
N. Rosenberg, *Inside the Black Box: Technology and Economics* (Cambridge: Cambridge University Press, 1982).
R. Rowthorn and J. Wells, *De-industrialization and Foreign Trade* (Cambridge: Cambridge University Press, 1987).
J. Schumpeter, *Capitalism, Socialism and Democracy* (London: Routledge, 2010). 邦訳シュムペーター『資本主義・社会主義・民主主義』(中山伊知郎・東畑精一訳，東洋経済新報社，1995年)

第8章

Y. Akyuz, *The Financial Crisis and the Global South: A Development Perspective* (London: Pluto Press, 2013).
G. Epstein (ed.), *Financialization and the World Economy* (Cheltenham: Edward Elgar, 2005).
G. Ingham, *The Nature of Money* (Cambridge: Polity, 2004).
C. Kindleberger, *Manias, Panics, and Crashes: A History of Financial Crises* (London: Macmillan, 1978). 邦訳キンドルバーガー＝アリバー『熱狂，恐慌，崩壊——金融危機の歴史』(高遠裕子訳，日本経済新聞出版社，2014年［原書第6版］)
J. Lanchester, *Whoops!: Why Everyone Owes Everyone And No One Can Pay* (London: Penguin, 2010).
C. Lapavitsas, *Profiting without Producing: How Finance Exploits Us All* (London: Verso, 2013).
F. Martin, *Money: The Unauthorised Biography* (London: Bodley Head, 2013). 邦訳マーティン『21世紀の貨幣論』(遠藤真美訳，東洋経済新報社，2014年)
B. Scott, *The Heretic's Guide to Global Finance: Hacking the Future of Money* (London: Pluto Press, 2013).

第9章

A. Banerjee and E. Duflo, *Poor Economics* (London: Penguin Books, 2012). 邦訳バナジー＝デュフロ『貧乏人の経済学』(山形浩生訳，みすず書房，2012年)
D. Hulme, *Global Poverty: How Global Governance Is Failing the Poor* (London: Routledge, 2010).
B. Milanovic, *The Haves and the Have-Nots* (New York: Basic Books, 2012). 邦訳ミラノ

ヴィッチ『不平等について』(村上彩訳，みすず書房，2012年)
A. Sen, *Development as Freedom* (Oxford: Oxford University Press, 2001). 邦訳セン『自由と経済開発』(石塚雅彦訳，日本経済新聞社，2002年)
J. Stiglitz, *The Price of Inequality* (London: Allen Lane, 2012). 邦訳スティグリッツ『世界の99%を貧困にする経済』(楡井浩一・峯村利哉訳，徳間書店，2012年)
D. Stuckler and S. Basu, *The Body Economic: Why Austerity Kills* (London: Basic Books, 2013).
R. Wilkinson and K. Pickett, *The Spirit Level: Why Equal Societies Almost Always Do Better* (London: Allen Lane, 2009). 邦訳ウィルキンソン=ピケット『平等社会』(酒井泰介訳，東洋経済新報社，2010年)

第10章

H. Braverman, *Labour and Monopoly Capital: The Degradation of Work in the Twentieth Century* (New York: Monthly Review Press, 1974). 邦訳ブレイヴァマン『労働と独占資本――20世紀における労働の衰退』(富沢賢治訳，岩波書店，1978年)
B. Ehrenreich, *Nickel and Dimed: On (Not) Getting By in America* (London: Granta, 2002). 邦訳エーレンライク『ニッケル・アンド・ダイムド――アメリカ下流社会の現実』(曽田和子訳，東洋経済新報社，2006年)
J. Humphries, *Childhood and Child Labour in the British Industrial Revolution* (Cambridge: Cambridge University Press, 2010).
S. Lee, D. McCann and J. Messenger, *Working Time Around the World: Trends in Working Hours, Laws and Policies in a Global Comparative Perspective* (London: Routledge, 2007).
K. Marx, *Capital* (Harmondsworth: Penguin, 1976), vol. 1, chapter 15. 邦訳マルクス(エンゲルス編)『資本論』(向坂逸郎訳，岩波文庫，1969年)
U. Pagano, *Work and Welfare in Economic Theory* (Oxford: Blackwell, 1985).
G. Standing, *The Precariat: The New Dangerous Class* (London: Bloomsbury Academic, 2011).
J. Trevithick, *Involuntary Unemployment: Macroeconomics from a Keynesian Point of View* (New York and London: Harvester Wheatsheaf, 1992).

第11章

K. Basu, *A Prelude to Political Economy* (Oxford: Oxford University Press, 2000).

J. Buchanan, *Limits of Liberty: Between Anarchy and Leviathan* (Chicago: University of Chicago Press, 1975). 邦訳ブキャナン『自由の限界』(加藤寛監訳，秀潤社，1977年)

H.-J. Chang and R. Rowthorn (eds.), *The Role of the State in Economic Change* (Oxford: Clarendon Press, 1995).

P. Evans, *Embedded Autonomy: States and Industrial Transformation* (Princeton, NJ: Princeton University Press, 1995).

J. Harriss, *Depoliticizing Development: The World Bank and Social Capital* (London: Anthem, 2002).

C. Hay, *Why We Hate Politics* (Cambridge: Polity, 2007). 邦訳ヘイ『政治はなぜ嫌われるのか』(吉田徹訳，岩波書店，2012年)

F. von Hayek, *The Road to Serfdom* (London: G. Routledge and Sons, 1944). 邦訳ハイエク『隷属への道』(西山千明訳，春秋社，2008年)

P. Lindert, *Growing Public: Social Spending and Economic Growth since the Eighteenth Century* (Cambridge: Cambridge University Press, 2004).

M. Mazzucato, *The Entrepreneurial State: Debunking Public vs. Private Sector Myths* (London: Anthem Press, 2013).

第12章

H.-J. Chang, *Bad Samaritans: Rich Nations, Poor Policies and the Threat to the Developing World* (London: Random House, 2007).

P. Hirst, G. Thompson and S. Bromley, *Globalization in Question,* 3rd edition (Cambridge: Polity, 2009).

R. Kozul-Wright and P. Rayment, *The Resistible Rise of Market Fundamentalism: Rethinking Development Policy in an Unbalanced World* (London: Zed Books and Third World Network, 2007).

W. Milberg and D. Winkler, *Outsourcing Economics: Global Value Chains in Capitalist Development* (Cambridge and New York: Cambridge University Press, 2013). 未訳

D. Rodrik, *The Globalization Paradox* (Oxford: Oxford University Press, 2011). 邦訳ロドリック『グローバリゼーション・パラドクス』(柴山桂太・大川良文訳，白水社，2013年)

J. Sitglitz, *Making Globalization Work* (London and New York: W. W. Norton and Co., 2006). 邦訳スティグリッツ『世界に格差をバラ撒いたグローバリズムを正す』(楡井浩一訳，徳間書店，2006年)

M. Wolf, *Why Globalization Works* (New Haven and London: Yale University Press, 2004).

注

はじめに──どうして経済学なんて学ばなければならないの？

1　これは彼の次の論文の書き出し．'The macroeconomist as scientist and engineer', *Journal of Economic Perspectives*, vol. 20, no. 4 (2006).

2　類似の意見は，2013年のノーベル経済学賞受賞者ロバート・シラーの論文 'Is economics a science?' などにも見られる．この論文は以下でダウンロードできる．http://www.theguardian.com/business/economics-blog/2013/nov/06/is-economics-a-science-robert-shiller

第1章　生命、宇宙そして万物の学問？──経済学って何？

1　R. Lucas, 'Macroeconomic priorities', *American Economic Review*, vol. 93, no. 1 (2003). アメリカ経済学会での演説.

2　これを見事に説明した書籍にF. Martin *Money: The Unauthorised Biography* (London: The Bodley Head, 2013, 邦訳『21世紀の貨幣論』遠藤真美訳，東洋経済新報社，2014年) がある．

3　こうしたサービスの多くには，物質的な財も含まれている．例えばレストランで供される食事などだが，客は調理や給仕のサービスも購買している．

第2章　PinからPINへ──1776年と2014年の資本主義

1　スミス以前にもエコノミストはいた．例えばルネッサンス時代のイタリアの経済学的思想家，フランスの重農主義者，そして第4章で一部論じる「重商主義者」らである．

2　Clifford Pratten, 'The manufacture of pins', *Journal of Economic Literature*, vol. 18 (March 1980), p. 94. プラッテンはこの日産量は当時存在した2社のピン製造業者のうち，より効率の高い方だという．効率の低い方では，日量48万本のピンを生産していた．

3　最も産業化が高度に発達した英国やオランダのような国でも，40%以上の人々は農業に従事していた．その他の欧州各国ではこの比率は50%を超え，なかには80%にものぼる国もあった．

4　D. Defoe, *A Tour Through the Whole Island of Great Britain* (Harmondsworth: Penguin, 1978), p. 86.

5　国によって，こうした賃労働者の60%～80%は，従業員数百人程度以下の中小企業 (SME) で働いている．欧州連合では従業員250人未満を，米国では500人未満をSMEと定義している．

6　当時ロンドンは欧州最大の都市で，世界でも人口110万人を擁した北京に次ぐ第2の都市だった．『国富論』が刊行されたのは米国を植民地として失った直後だったが，まだインド，カナダ，アイルランド，そしてカリブ海の5，6島などが植民地として残っていた（部分所有含む）．

7　このセクションの情報は，特に別の指定がない限り，H.-J. Chang, *Kicking Away the Ladder: Development Strategy in Historical Perspective* (London: Anthem Press, 2002, 邦訳『はしごを外せ――蹴落とされる発展途上国』横川信治監訳，日本評論社，2009年), pp. 93–9.

8　イングランド銀行の銀行券についての情報はすべて，以下のイングランド銀行のウェブサイトによる．
http://www.bankofengland.co.uk/banknotes/Pages/about/history.aspx

第3章　資本主義小史――来し方を振り返る

1　A. Maddison, *Contours of the World Economy, 1–2030 AD* (Oxford: Oxford University Press, 2007), p. 71, table 2.2. この後数パラグラフの歴史的な経済成長についての数値も同じ出典による．

2　英国の綿織物の産出量は1700年から1760年の間年率1.4%，1770年から1801年までは7.7%の割合で伸びた．とりわけ1780年から1790年にかけての成長率は，年率で12.8%に上った．今日の標準から見ても高いが，当時としては驚異的な伸びだった．製鉄業では，1770年から1801年まで年率5%で生産量が伸びた．これらの数値は，次の資料に基づいて計算したもの．
N. Crafts, *British Economic Growth during the Industrial Revolution* (Oxford: Clarendon Press, 1995), p. 23, table 2.4.

3　西洋の初期の科学的，技術的発展がアラブ世界，インド，中国からの借り物であったあらましについては，J. Hobson, *The Eastern Origins of Western Civilization* (Cambridge: Cambridge University Press, 2004) を参照．

4　この点についての信頼でき，バランスのとれた論考は，次の資料を参照されたい．P. Bairoch, *Economics and World History: Myths and Paradoxes* (New York and London: Harvester Wheatsheaf, 1993), Chapters 5–8.

5　B. Hartmann and J. Boyce, *Needless Hunger* (San Francisco: Institute for Food and Development Policy, 1982), p. 12.

6　フランス革命やロシア革命のような政治的革命と違い，経済的革命では開始と終結の日付が明確ではない．産業革命は，長くは1750年に始まり1850年に終わったとする説

もあれば，短くは1820年から1870年までともされている．

7　R. Heilbroner and W. Milberg, *The Making of Economic Society*, 13th edition (Boston: Pearson, 2012, 邦訳『経済社会の形成』菅原歩訳，丸善出版，2014年), p. 62.

8　N. Crafts, 'Some dimensions of the "quality of life" during the British industrial revolution', *Economic History Review*, vol. 50, no. 4 (November 1997): table 1, p. 623, for the 1800 figure, and table 3, p. 628, for the 1860 figure.

9　詳細は，拙著『はしごを外せ』，*Bad Samaritans: Rich Nations, Poor Policies and the Threat to the Developing World* (Random House, London, 2007) 参照．

10　ウォルポールの公式な役職名は「チーフ・ミニスター」だったが，初代首相と言ってよいだろう．彼は英国政府において初めて全閣僚を統括した人物となった．彼に先立っては，2人から3人もの人物が共同で内閣を管理していた．ウォルポールは現在英国首相の公式官邸となっているダウニング街10番地に住んだ（1735年）初めての人物でもあった．

11　「治外法権」として知られるこうした条項によって，弱小国は自国で外国人が犯した犯罪を取り締まる権限も取り上げられた．その他の不平等条約の例として，領土の一部を割譲したり「租借」させられたことがある．中国は英国に香港島を1842年に，九竜半島を1860年に割譲した．また1898年には香港の「新界」を99年間の期限で租借させられた．天然資源（鉱物や木材など）の採掘権を外国人に最低限の費用で売ることを強いる不平等条約も少なくない．

12　A. Smith, *An Inquiry into the Nature and Causes of the Wealth of Nations* (Oxford: Clarendon Press, 1976, 邦訳『国富論――国の豊かさの本質と原因についての研究』山岡洋一訳，日本経済新聞出版社，2007年), p. 181.

13　ドイツはタンザニア，ナミビア，ルワンダ，ブルンジ，トーゴなどを取ったが，その大半は第一次世界大戦の戦勝国に与えられた．米国はキューバとフィリピンを取り，一方ベルギーはコンゴを取った．日本は朝鮮半島，台湾，満州を植民地化した．

14　1870年から1913年の間，南米諸国の一人あたり所得は大きな伸長を見た．1820年～1870年にはマイナス0.03％だったものがこの期間の末期には1.86％に上り，世界で最も成長の速い地域となった（2位は米国の1.82％）．

15　A. Maddison, *The World Economy: Historical Statistics* (Paris: OECD, 2003), p. 100, table 3c.を基に計算．

16　当箇所及びこのパラグラフのその余の情報は，C. Dow, *Major Recessions: Britain and the World, 1920–1995* (Oxford: Oxford University Press, 1998), p. 137, table 6.1 (for 1929–32) and p. 182 (for 1932–7) による．

17　この論考をわかりやすく説明しているものに，BBCの経済記者ステファニー・フランダースの次のブログ投稿がある．
http://www.bbc.co.uk/blogs/thereporters/stephanieflanders/2009/02/04/index.html

18　例えば，1929年から1933年まで，米国政府の財政方針は対GDPでたったの0.3％しか支出しておらず，一方で同期間のGDP減少は31.8％に及んだ（Dow, *Major Recessions*, p. 164, table 6.11）．他方，1929年から1932年までの英国では政府支出はGDPの0.4％，GDP減少分は5.1％だった（同書，p. 192, table 6.23）．

19　世界の一人あたり所得成長率は1870年～1913年の1.31％から1913年～1950年の0.88％まで落ちた．*The World Economy*, p. 383, table A.8.

20　A. Glyn, A. Hughes, A. Lipietz and A. Singh, 'The rise and fall of the Golden Age', in S. Marglin and J. Schor（eds.）, *The Golden Age of Capitalism*（Oxford: Oxford University Press, 1990, 邦訳『資本主義の黄金時代』磯谷明徳ほか監訳，東洋経済新報社，1993年）, p. 45, table 2.4.

21　この期間のACCの平均インフレ率は4％程度だった（同書，p. 45, table 2.4）．

22　C. Reinhart and K. Rogoff, *This Time Is Different: Eight Centuries of Financial Folly*（Princeton: Princeton University Press, 2009, 邦訳『国家は破綻する』村井章子訳，日経BP社，2011年）, p. 252, figure 16.1.

23　今日，大半の人は世界銀行を貧困国のための銀行と思っている．だがその最初の融資先は，戦災に疲弊した欧州経済だった．国際復興開発銀行（IBRD）という正式名称はそのようすがである．

24　欧州石炭鉄鋼共同体（ECSC）は，石炭産業と鉄鋼産業の生産設備増強のための共同体だった．1957年のローマ条約によって欧州原子力共同体（ユーラトム）とEECが作られた．1967年，これら3つの共同体が統合されて，欧州共同体（EC）になった．

25　さらに詳しくは，F. Block, 'Swimming against the current: the rise of a hidden developmental state in the United States', *Politics and Society*, vol. 36, no. 2（2008）及び，M. Mazzucato, *The Entrepreneurial State: Debunking Private vs. Public Sector Myths*（London: Anthem Press, 2013）参照．

26　Glyn et al., 'The rise and fall of the Golden Age', p. 98.

27　欧州のインフレ率は15％，米国も10％に上っていた．英国のインフレ率はとりわけひどく，1975年には25％に達していた．出典：Dow, *Major Recessions*, p. 293, figure 8.5.

28　ACCの一人あたり所得成長率は1870年～1913年が1.4％，1913年～1950年が1.2％，1960年～1970年が3.8％だった．これらのデータ出典：Glyn et al., 'The rise and fall of the Golden Age', p. 42, table. 2.1.

29　同書, p. 42, table. 2.1.

30　だがチリ政府が新自由主義時代にも国の経済に重要な役割を担っていたことは特筆に値する. 世界最大の銅鉱山会社コデルコ（CODELCO）は1971年にアジェンデ左翼政権に国有化されたままだった. チリ財団をはじめとする数多くの（準）公的機関が農業生産者に政府助成によって技術指導を施し, 輸出マーケティングの手助けをした.

31　詳細および分析は以下を参照. S. Basu and D. Stuckler, *The Body Economic: Why Austerity Kills* (London: Basic Books, 2013), chapter 2.

32　1978年の中国の生産高は2190億ドル程度で, 同年の世界の生産高はおよそ8兆5490億ドル程度. World Bank, *World Development Report 1980* (Washington, DC: World Bank, 1980), pp. 110–11, table 1を基に計算.

33　同書, pp. 124–5, table 8.

34　2007年の中国のGDPは3兆2800億ドルで, 世界のGDPは54兆3470億ドル. 出典：World Bank, *World Development Report 2009* (New York: Oxford University Press, 2009), pp. 356–7, table 3. 中国の物品輸出は1兆2180億ドル, 対して世界のそれは13兆8990億ドルほど（同書, pp. 358–9, table 4).

第4章　経済学の百家争鳴——こんなにある「学派」

1　オーストリア学派の創始者はカール・メンガーと見られているが, 彼を, レオン・ウォルラスやウィリアム・ジョバンズとともに, 新古典主義の祖と正鵠を射た指摘をする向きもある. さらに複雑な例は, 20世紀初頭のエコノミストでシカゴ大学で教鞭をとったフランク・ナイトで, オーストリア学派（彼自身は米国人）と見なされることが多いが, 制度学派の影響も色濃く受けており, 彼の思想の一部はケインジアンや行動経済学との重なりも見られる.

2　物理学者は「万物の理論」なるものを打ち立てようとし, 失敗している.

3　トールキンの詩はすべてを統べる指輪は「くらやみのなかに（すべてを）つなぎとめる」と続く.

4　ジョゼフ・シュンペーターは経済学のあらゆる分析には, それに先立つ前分析的認知行動があり, それを「ビジョン」と呼ぶと主張している. このビジョンにおいて分析者は「統一性ある一連の現象群を, 自分なら分析できると見る」そして「このビジョンはほとんど当然にイデオロギー的であり」それは「われわれは物事を見たいように見ることをほとんどやめられないからだ」としている. 引用部はJ. Schumpeter, *History of Economic Analysis* (New York: Oxford University Press, 1954, 邦訳『経済分析の歴史』東畑精一・福岡正夫訳, 岩波書店, 2005年), pp.41–2より. この引用部を示唆して

くれたことをウィリアム・ミルギーグに感謝する.

5 新古典主義派の個人重視は，経済的アクターを階級ではなく個人とすることにとどまらない．この学派に属する人の大半は，方法論的個人主義も信奉している．すなわちいかなる集団的存在たとえば経済の科学的な説明も，その分割可能な最終単位，つまり個人に基づくべきだとする考え方である.

6 別の表現をするなら，パレート最適な状態にある社会とは，誰かを不幸にしないと誰もさらに幸福にはできない状態，ということである.

7 アカロフは「不良品の市場」という今では古典となった例を挙げている．中古車の良し悪しを見極めるのは非常に難しいため，買い手候補は本当に良い中古車であっても多額をすんなり払おうとはしない．そのため本当に良い中古車を売り出す人はそれを市場から引き下げてしまい，すると平均的な中古車品質がさらに下がり，やがて極端な場合には中古車市場そのものが消滅してしまうというものだ．G. Akerlof, 'The market for "lemons": quality uncertainty and the market mechanism', *Quarterly Journal of Economics*, vol. 84, no. 4 (1970).参照（同論文の邦訳は『ある理論経済学者のお話の本』幸村千佳良・井上桃子訳，ハーベスト社，1995年所収）.

8 残る2巻はエンゲルスが編纂し，マルクスの死後に刊行された.

9 この歴史については，拙著『はしごを外せ』及び*Bad Samaritans*（こちらの方が詳細度に劣るがより読みやすい）を参照.

10 典型的に推奨されている方法は，関税によって新産業を振興し，政府調達において優遇して助成し（すなわち政府が民間分野から購買し），原材料輸出に課税したり禁輸することで国内での加工を促すなどだ．他にも，関税や禁輸によって贅沢品の輸入を抑制して投資資源を確保したり，マーケティング支援によって輸出を促したり，政府が独占を公認したり特許によって技術改善を支援したり，政府が助成して経済的により先進的な国から熟練労働者を招聘したりすることがある．さらに，インフラに対する公的投資もある.

11 リストはドイツ各州間の自由貿易協定を標榜する自由貿易論者としてキャリアを開始し，それは1834年に文字どおりドイツ関税同盟として実現した．だが1820年代の米国への政治亡命中に，ダニエル・レイモンドとヘンリー・カーレイの仕事を通じてハミルトンの考えに触れ，自由貿易は同程度の発展段階の国同士（当時のドイツ各州など）では良いが，経済的により先進的な国（当時のドイツや米国に対する英国）との間ではそうではないと考えるようになった．さらに，当時の欧州人の常でリストも人種差別主義者で，自らの理論は「自制心のある」国に対してのみ通用するとはっきり主張していた.

12 これはマルクス主義の，圧倒的（もっぱらではないが）で一方的な因果関係とは対照的

である．すなわち，物質的な生産制度（基礎）に始まり上部構造（制度）に至るという考え方である．

13 代表的な群像にアリス・アムスデン，マーティン・フランズマン，ジョジ・カッツ，サンジャヤ・ラール，ラリー・ウェストハルなどがいる．

14 この論争については，次を参照．D. Lavoie, *Rivalry and Central Planning: The Socialist Calculation Debate Reconsidered* (Cambridge: Cambridge University Press, 1985, 邦訳『社会主義経済計算論争再考——対抗と集権的計画編成』吉田靖彦訳，青山社，1999年).

15 行動経済学の創始者ハーバート・サイモンは，現代的資本主義は市場経済というよりむしろ「組織」経済であると主張した．今日では，大半の経済行動は組織 —— 圧倒的に企業だが，政府他の組織もある——内で起きているからである．詳しくは第5章を参照．

16 「汚染する許可」を売買するという考えは，今なおエコノミスト以外の多くの人々には飲み込みにくい．だがこうした権利の売買市場は活況を呈しており，2007年には640億ドル規模に達している．

17 「預言者マルクス」，「エコノミストのマルクス」，「社会主義者マルクス」，「教師マルクス」など．

18 ケインズは有名な論文 'Economic Possibilities for Our Grandchildren'（「孫の世代の経済的可能性」．ただしケインズ自身は子をなさなかった）で，やがて孫らの代には英国のような国の生活標準は十分に高くなり，新規投資はそれほど必要なくなる．そうなれば，政策の焦点は労働時間短縮や消費増大におかれるようになり，その主な手段は所得を，富裕者に比べてより高い所得割合を消費する貧困層に再配分することだと考えた（同論文の邦訳は『ケインズ説得論集』山岡洋一訳，日本経済新聞出版社，2010年所収）．

19 金融投機の歴史については，次の資料がそれを活写している．C. Kindleberger, *Manias, Panics, and Crashes: A History of Financial Crisis* (London: Macmillan, 1978, 邦訳『熱狂，恐慌，崩壊——金融危機の歴史』高遠裕子訳，日本経済新聞出版社，2014年).

20 彼はまた，1924年から1944年まで投資運用を任されていたケンブリッジ大学キングス・カレッジのためにも大きな収益をあげた．

21 マルクス主義の影響を受け開発経済学に興味を持っていたミハウ・カレツキ（1899年～1970年）と，デベロップメンタリストにも片足を踏み入れ，オーストリア＝ハンガリー帝国で育ちオーストリア学派やシュンペーターを知悉していたニコラス・カルドア（1908年～1986年）は，この点では例外である．

22　ヴェブレンはまた，社会変化を当時は新理論だったチャールズ・ダーウィンに想を得て進化の観点から理解しようともした．

23　NIEのメンバーの大半は新古典主義派の「合理的で利己的な個人」のうち「利己的な」という部分を受け入れたが，その大半（先に「大半」とした群像とは必ずしも一致しないが）は「合理的で」の部分は受け入れなかった．なかには，とりわけウィリアムソンがそうだったが，行動経済学派の限定合理性すなわち人間の合理性はひどく限定されているという考えをはっきりと採った向きさえあった．

24　さらにいくつかの点でマルクス主義からの影響も認められている（ノースは若いころマルクス主義者だった）．例えばノースとコースは資産関係について，コースとウィリアムソンは会社の内部の働きについてである．

25　新古典主義のエコノミストの一部は，最適化モデルに適合するようにと，限定合理性を再解釈した．限定合理性とは，単に経済的判断を資源費用（伝統的な新古典主義派の懸念である）の「連結最適化」と見れば良いだけだとする者もあった．その他の一般的な再解釈に，人は判断を強いられるたびに正しい判断をしようとしているのではなく，最高の判断ルールによって最適化しようとしているだけだとするものもあった．だがいずれの再解釈も，結局は役に立たなかった．標準的な新古典主義モデルを上回る非現実的な水準の合理性を見込むものだったからだ．資源コストという一面でさえ最適化できない程度の合理性の持ち主が，いったいどうして資源コストと判断コストという二面を最適化できるだけの合理性を持てるだろう？　個別の場合にも合理的な判断ができない程度の能力の人間が，どうすれば平均して最適な判断を生み出せる判断ルールを生み出せるだろう？

26　H. Simon, *The Sciences of the Artificial*, 3rd edition (Cambridge, MA, The MIT Press 1996, 邦訳『システムの科学（第3版）』稲葉元吉・吉原英樹訳，パーソナルメディア，2015年), p. 31.

第5章　経済的アクターって誰？——配役表

1　企業内貿易のデータは得にくい．製造業に比べれば，サービスの企業内貿易は20%～25%と，それほど重要ではないとされている．だがある種の「プロデューサー・サービス」たとえばコンサルティングやR＆Dについては，製造業以上に重要である．詳細なデータが得られる米国とカナダの企業について言えば，60%から80%の領域に達している．データ出典：R. Lanz and S. Miroudot, 'Intra-firm trade patterns, determinants and policy implications', OECD Trade Policy Papers no. 114 (Paris: OECD, 2011).

2　MCCはさらに150社近い子会社を持っており，それらは協同組合ではなく，そこで働

く1万人以上の従業員も組合員ではない．ここに引いた売上高は，これら子会社のデータも含む．

3　まさにこの理由のため，米国発の反トラスト法（1890年シャーマン法）は実際に，職種別組合を反競争的「トラスト」と扱った．この条項は1914年のクレイトン法によって反トラスト法が修正された際に排除された．

4　欧州連合（EU）の権限は，金とルール制定力から生まれている．昨今のギリシャやポルトガルなど「周辺諸国」に対する「救済」包括策に見られるように，その影響力が金融力を通じて発揮される場合もある．だがより重要なのは，加盟国の経済他のすべての面についてルールを制定できる権限を持っていることで，それには予算，企業間競争環境，労働条件なども含まれている．EUの議決は特定多数決方式（QMV）という投票制度によっている．これは各国に人口規模を反映した投票権を与えるものだが，それはある程度までで，米国大統領選における50州の投票人団の配分に一脈通じるものがある．欧州連合理事会において，ドイツはマルタの10倍の投票権数を持っている（29票対3票）．だが人口規模は200倍以上もある（8200万人対40万人）．

5　ILOは他の国連機関とはまったく違う．他の国連機関が政府間組織である一方，ILOは政府，職業別組合，雇用者団体で構成される三者間組織で，投票権は2：1：1の割合で配分されている．

6　経済学を学ぶ学生が他の専攻の学生よりも利己的であることを示す証拠はいくらでもある．その理由の一端は，「自己選択」の結果であるかもしれない．すなわち今日の経済学教育が利己に重きを置いていると聞き，利己的な人間がこれこそ自分向きの学問と思って集まるのかもしれない．だが教育そのものが生んだ結果である可能性もある．誰もが立身出世を目指しているといつも教えられている経済学の学生は，そうした世界観を強めるのかもしれない．

第6章　どれだけほしい？——生産、所得そして幸福

1　旅行者が費消するごく限定的な額は除かれている．

2　この点を明確かつ慎重に論じているものに，J. Aldred, *The Skeptical Economist* (London: Earthscan, 2009), 特にpp. 59-61がある．

3　リチャード・レイヤードによる新聞紙上におけるジュリアン・バッギーニとの対談 'The conversation: can happiness be measured?', *Guardian*, 20 July 2012より．

第7章　調子はどうだい？——生産の世界を深く知る

1　ガンビア，スワジランド，ジブチ，ルワンダ，ブルネイに次ぐ．

2　1995年赤道ギニアの一人あたりGDPはたったの371ドルにすぎず，世界最貧30カ国の一つだった．

3　米国鉱工業についての情報の出典は次のとおり．G. Wright and J. Czelusta, 'Exorcising the resource curse: mining as a knowledge industry, past and present', working paper, Stanford University, 2002.

4　これらの成長率データが意味するところでは，ドイツの2010年の一人あたり所得は2000年のそれに比べて11.5%高く，一方で米国の場合は両年の比較でたった7.2%しか増えていないということである．

5　以下のR＆D関連のデータ出典はOECD, *Perspectives on Global Development 2013—Shifting Up a Gear: Industrial Policies in a Changing World* (Paris: OECD, 2013), Chapter 3, figure 3-1.

6　貧しい国では自前の研究開発ができる規模の企業はほとんどなく，R＆Dの大半は政府が資金を出している．国によってはその比率がほぼ100%に達していることもあるが，典型的には50%から70%ほどである．富裕国では政府がR＆Dに占める割合は低く，たいてい30%～40%程度である．日本（23%）と韓国（28%）は著しく低く，一方スペインとノルウェー（ともに50%）はその対極にある．昨今の米国では35%程度だが冷戦時にははるかに高く（50%～70%），これは連邦政府が防衛関連研究に多額を投下していたためだった（第3章参照）．

7　Department for BERR (Business, Enterprise and Regulatory Reform), *Globalisation and the Changing UK Economy* (London: Her Majesty's Government, 2008).

8　仏産業相だったピエール・ドレフュスの言．P. Hall, *Governing the Economy* (Cambridge: Polity Press, 1987), p. 210からの孫引き．

9　当パラグラフを含む2パラグラフのデータ出典は，特に記載がない限り，H.-J. Chang, 'Rethinking public policy in agriculture: lessons from history, distant and recent', *Journal of Peasant Studies*, vol. 36, no. 3 (2009) による．

10　産業分野全体まで広げれば，GDP比率は30%～40%程度だった．今日，いずれの国でも25%を超えることはない．データ出典：O. Debande, 'Deindustrialisation', *EIB Papers*, vol. 11, no. 1 (2006); 以下でダウンロードできる．
http://www.eib.org/attachments/efs/eibpapers/eibpapers_2006_v11_n01_en.pdf

11　ドイツでは，現行価格ベースで製造業がGDPに占める割合は1991年の27%から2012年の22%まで落ちたが，恒常価格では24%から22%になっただけである．イタリアでは，現行価格で22%から16%，恒常価格で19%から17%である．フランスでは1991年から2011年まで，現行価格で17%から10%に，恒常価格で13%から12%になった．

データ出典はEU編纂ユーロスタットより.

12　米国の場合，製造業のGDP比率は1987年から2012年まで現行価格ベースで17％から12％になっている．だが恒常価格ではわずかに上昇しており，この間に11.8％から12.4％になっている．スイスの場合，1990年から2012年まで，現行価格は20％から18％へと落ちているが，恒常価格ベースでは18％から19％へといくらか上がっている．スイスのデータはユーロスタットに，米国のデータは商務省経済分析局（BEA）統計による．

13　フィンランド（1975年～2012年）の現行価格ベースでのシェアは25％から17％になっているが，恒常価格ベースでは14％から21％になっている．スウェーデン（1993年～2012年）の場合，それぞれ18％から16％への減少と12％から18％への上昇である．データ出典：ユーロスタット．

14　1990年から2012年，英国の製造業の対GDPシェアは現行価格で19％から11％へと，42％もの減少を見ている．恒常価格ベースでは17％から11％へと，35％の減少ぶりである．データ出典：ユーロスタット．

15　いずれのデータも出典は世界銀行.

16　より詳細な分析は，2007年5月21日に南アフリカで行われたHSRC（Human Sciences Research Council）のEGDI（Economic Growth and Development Initiative）ラウンドテーブルで発表された論文G. Palma, 'Four sources of "de-industrialisation" and a new concept of the "Dutch Disease"' を参照．これは以下でダウンロードできる．
http://intranet.hsrc.ac.za/Document-2458.phtml

17　GDRの枠組みでは，温室効果ガスの各国別削減割合を定めている．これは，気温の「2度上昇」による悲劇的結果の恐れを回避するためのもので，地球温暖化に対する歴史的責任と調整への対応可能能力の両面を考慮して定められている．

18　詳細は以下を参照．Aldred, *The Skeptical Economist*, Chapter 5.

19　私たちの原子力発電の危険に対する認識は，報道で非常に大きく扱われるために歪められている可能性がある．そしてその少なからぬ理由は，原子力発電所事故が通常は富裕国で起きるためである．しかし外国には知られていないが，中国だけでも年間に少なくとも数千人の炭鉱夫が炭鉱事故で死んでいる．世界中で過去数世紀に石炭燃焼による公害でどれだけの人が命を落としたかについては，知る由もない．1952年のロンドンの「グレート・スモッグ」は4000人から1万2000人の死亡者増を招いたと言われている．これは確かに最大規模のものだが，数十年間にわたって英国を苦しめた石炭汚染の一つにすぎない．今日でも，中国やインドをはじめ各地の人々が，石炭汚染に起因する呼吸器疾患で早すぎる死を迎えている．こうした「静かなる死」を足し上げれ

ば，石炭は原子力よりもはるかに多くの人々を「殺し」てきたとは優に言えるだろう．仮に，最も極端で議論の喧しい，チェルノブイリ事故によって100万人の死亡者増（大半は放射線被ばくによる発がん）が見られたという説を受け入れたにしてもである．

第8章　信用第一……のはずなのに——金融という仕組み

1　Martin, *Money*（邦訳『21世紀の貨幣論』），p. 242.

2　デリバティブについての本書の記述の多くは，B. Scott, *The Heretic's Guide to Global Finance: Hacking the Future of Money* (London: Pluto Press, 2013), pp. 63–74 および著者スコットと筆者との個人的な会話に想を得ている．J. Lanchester, *Whoops! Why Everyone Owes Everyone and No One Can Pay* (London: Allen Lane, 2010), Chapter 2も専門性は低いが洞察力ある説明を提供している．

3　この例を示唆してくれたブレット・スコットに感謝する．この意味で，債務証券化商品は，組み込まれている資産から価値が「由来」しているという意味でデリバティブであると言える．しかし，同じ論理で，株式もまたデリバティブであるとも言える．株式にもその発行企業の物理的な生産設備その他（特許などの知財など）が織り込まれていると言えるからだ．このように，各種の金融商品の定義はつまるところ曖昧である．

4　Scott, *The Heretic's Guide to Global Finance,* p. 65.

5　同書，pp. 69–70.

6　デリバティブ市場の発展とシカゴ商品取引所（CBOT）がその過程で果たした役割については，次の資料を参照．Y. Millo, 'Safety in numbers: how exchanges and regulators shaped index-based derivatives'. これは2002年5月3，4日にコロンビア大学Center on Organizational Innovation (COI) が主催した会議，Conference on the Social Studies of Financeで発表された論文で，以下でダウンロードできる．http://www.coi.columbia.edu/ssf/papers/millo.rtf. 同じく 'A Brief History of Options' も http://www.optionsplaybook.com/options-introduction/stock-optionhistory/ でダウンロード可能．

7　Millo, 'Safety in numbers' および C. Lapavitsas, *Profiting without Producing: How Finance Exploits All* (London: Verso, 2013), p. 6 参照．

8　H. Blommestein et al., 'Outlook for the securitisation market', *OECD Journal: Market Trends,* vol. 2011, issue 1 (2011), p. 6, figure 6. 以下でダウンロードできる．http://www.oecd.org/finance/financial-markets/48620405.pdf. EUの統計当局であるユーロスタットによれば，2010年，EUのGDP総額は12.3兆ユーロ，米国のそれは10.9兆ユーロである．

9　L. Lin and J. Sutri, 'Capital requirements for over-the-counter derivatives central

counterparties', IMF Working Paper, WP/13/3, 2013, p. 7, figure 1より．以下でダウンロードできる．http://www.imf.org/external/pubs/ft/wp/2013/wp1303.pdf

10 G. Palma, 'The revenge of the market on the rentiers: why neo-liberal reports of the end of history turned out to be premature', *Cambridge Journal of Economics*, vol. 33, no. 4 (2009).

11 Lapavitsas, *Profiting without Producing*, p. 206, figure 2.

12 J. Crotty, 'If financial market competition is so intense, why are financial firm profits so high?: Reflections on the current "golden age" of finance', Working Paper no. 134 (Amherst, MA: PERI [Political Economy Research Institute], University of Massachusetts, April 2007).

13 A. Haldane, 'Rethinking the financial network'. これは2009年4月にアムステルダムで行われたFinancial Student Associationの講演による（講演録pp. 16–7）．講演録は以下でダウンロードできる．http://www.bis.org/review/r090505e.pdf

14 M. Blyth, *Austerity: The History of a Dangerous Idea* (Oxford: Oxford University Press, 2013), pp. 26–7. 未訳

15 銀行による株式の保有期間は1998年には約3年だったものが2008年には3カ月になっている．P. Sikka, 'Nick Clegg's plan for shareholders to tackle fat-cat pay won't work', *Guardian*, 6 December 2011. 以下でダウンロード可能．http://www.guardian.co.uk/commentisfree/2011/dec/06/nick-clegg-shareholders-fat-cat-pay?

16 金融部門は歴史的に必ずしも非金融部門よりも高収益ではなかった．2005年に発表されたさる研究論文によれば，米国では1960年代半ばから1970年代後半に至るまで，金融機関の収益率は非金融企業よりも低かった．だが1980年代初頭の金融規制緩和の後，金融機関の収益率は上がり調子で4%から12%にも及び，非金融企業（2%から5%ほど）よりもはるかに高くなり，この傾向は同研究の対象期間末の2000年代初頭まで続いた．フランスでは，金融機関の利益率は1970年代初頭から1980年代半ばまで減少傾向にあった．1980年代後半の金融規制緩和とともに利益率は伸び始め，1990年代初頭には非金融機関に追い付き（ともに5%程度），2001年には10%以上に達した．対照的にフランスの非金融機関の収益は1990年代初頭から落ち始め，2001年には3%程度に落ち込んでいる．出典：G. Duménil and D. Lévy, 'Costs and benefits of neoliberalism: a class analysis', in G. Epstein (ed.), *Financialisation and the World Economy* (Cheltenham: Edward Elgar, 2005).

17 Reinhart and Rogoff, *This Time Is Different*（邦訳『国家は破綻する』），p. 252, figure 16.1.

18 Palma, 'The revenge of the market on the rentiers', p. 851, figure 12.

19 W. Lazonick, 'Big payouts to shareholders are holding back prosperity', *Guardian*, 27 August 2012; 以下でダウンロード可能. http://www.theguardian.com/commentisfree/2012/aug/27/shareholder-payouts-holding-back-prosperity

20 2011年と2012年には99%を保っている．このパラグラフのデータはFRBのファンドフロー・データにより，以下でダウンロードできる．http://www.federalreserve.gov/apps/fof/. 2000年代初頭の類似のデータは以下にも見出せる．Crotty, 'If financial market competition is so intense'. 他に，次のような数値はより低いものの類似の傾向を示す推計もある．1955年には20%強だったものが1980年代半ばには50%に上り，2008年には金融危機の前段階として45%程度に落ちたが2010年には50%強へと回復したというものだ．W. Milberg and N. Shapiro, 'Implications of the recent financial crisis for innovation', New School for Social Research, mimeo, February 2013.

21 GEについての情報はR. Blackburn, 'Finance and the fourth dimension', *New Left Review*, May/June 2006, p. 44. による．J. Froud et al., *Financialisation and Strategy: Narrative and Numbers* (London: Routledge, 2006) ではこの率を50%程度と推計している．フォードについての数値はFroud et al. による研究，GMについてはBlackburnの研究による．

22 この点を明確かつ洞察力深く明らかにしたものにイングランド銀行のアンディ・ホールデインによる講演 'The dog and the frisbee' がある．この講演は「変化する政策風景(The Changing Policy Landscape)」をテーマにしたFRBカンザスシティ地区連銀主催第36回経済政策シンポジウムでのもの（ワイオミング州ジャクソンホール，2012年8月31日）．講演録は以下でダウンロードできる．http://www.bankofengland.co.uk/publications/Documents/speeches/2012/speech596.pdf

第9章　こんな不公平ってあり？――格差と貧困を考える

1 M. Friedman and R. Friedman, *Free to Choose* (Harmondsworth: Penguin Books, 1980, 邦訳『選択の自由』西山千明訳，日本経済新聞出版社，2012年), pp. 31–2.

2 これについてのより詳細な議論は以下を参照．J. Stiglitz, *The Price of Inequality* (London: Allen Lane, 2012, 邦訳『世界の99%を貧困にする経済』楡井浩一・峯村利哉訳，徳間書店，2012年), Chapter 4.

3 ウィルキンソンとピケットによると，格差の大きい社会の低所得者は，格差が小さい社会の低所得者に比べて，より大きなストレスに晒されているという．このストレスの源

は「地位の不安」，すなわち自分の低い地位とそれを克服できないのではないかということに対する不安，とりわけ人生の早い段階でのそれである．このストレスは健康に悪影響を及ぼし，犯罪などの反社会的行動を駆り立てる．

4 この点を包括的かつバランス良く検証した論文にF. Stewart, ‘Income distribution and development’, Queen Elizabeth House Working Paper no. 37, University of Oxford, March 2000. 以下でダウンロード可能. http://www3.qeh.ox.ac.uk/pdf/qehwp/qehwps37.pdf および B. Milanovic, *The Haves and the Have-Nots* (New York: Basic Books, 2011) がある．

5 他の指数にタイル指数 (Theil Index)，フーバー指数 (Hoover Index)，ダルトン・アトキンソン尺度 (Atkinson Index) などがある．

6 20世紀初頭の米国のエコノミスト，マックス・ローレンツにちなんだ命名．

7 以下の論文を参照. G. Palma, ‘Homogeneous middles vs. heterogeneous tails, and the end of the “Inverted-U”: The share of the rich is what it's all about’, Cambridge Working Papers in Economics (CWPE) 1111, Faculty of Economics, University of Cambridge, January 2011. 以下でダウンロード可能. http://www.dspace.cam.ac.uk/bitstream/1810/241870/1/cwpe1111.pdf

8 これらの点についてのより詳細な考察については以下の論文を参照. A. Cobham and A. Sumner, ‘Putting the Gini back in the bottle?: “The Palma” as a policy-relevant measure of inequality’, mimeo, King's International Development Institute, King's College London, March 2013. 以下でダウンロードできる. http://www.kcl.ac.uk/aboutkings/worldwide/initiatives/global/intdev/people/Sumner/Cobham-Sumner-15March2013.pdf. より使いやすいバージョンは，http://www.washingtonpost.com/blogs/worldviews/wp/2013/09/27/map-how-the-worlds-countries-compare-on-income-inequality-the-u-s-ranks-below-nigeria/

9 OECD, *Divided We Stand: Why Inequality Keeps Rising* (Paris: Organization for Economic Cooperation and Development, 2011),と ILO, *World of Work 2012* (Geneva: International Labour Organization, 2012) を参照.

10 以下のジニ係数データは2010年時のもので出典はILO, *World of Work 2012*, p. 15, figure 1.9. ボツワナとナミビアについては，より古い出典によるもの.

11 興味深いことに，この境目はウィルキンソンとピケットの『平等社会』に対する好意的な評者が，これを超えると悪しき社会的結果を生じるとする格差水準とほぼ同じである．

12 UNCTAD, *Trade and Development Report 2012* (Geneva: United Nations Conference

on Trade and Development, 2012), Chapter 3, p. 66, chart 3.6. 調査対象の15カ国は，オーストラリア，カナダ，チリ，中国，ドイツ，インド，インドネシア，イタリア，日本，韓国，ニュージーランド，ノルウェー，タイ，英国，米国．用いられたデータは1988年（韓国）から2008年（英国）まで時期のばらつきがあり，富の分配についてのデータ収集の難しさを物語っている．

13　両国の所得格差は0.3を下回るが富裕格差は0.7を超える．両国の所得格差はもっと所得不平等の著しい国のそれを超える．例えばタイ（富裕格差0.6強，所得格差0.5強），中国（富裕格差0.55，所得格差0.5）などである．

14　詳細は*Trade and Development Report 2012* 参照．特にChapter 3.

15　A. Atkinson, T. Piketty and E. Saez, 'Top incomes in the long run of history', *Journal of Economic Literature*, vol. 49, no. 1 (2011), p. 7, figure 2.

16　同上, p. 8, figure 3.

17　F. Bourguignon and C. Morrisson, 'The size distribution of income among world citizens, 1820–1990', *American Economic Review*, vol. 92, no. 4 (2002).

18　UNCTAD, *Trade and Development Report 2012*. より慎重なデータ分析は，Milanovic, *The Haves and the Have-Nots*, Chapter 3を参照．

第10章　働くことの経済学――仕事と失業

1　J. Garraty and M. Carnes, *The American Nation: A History of the United States*, 10th edition (New York: Addison Wesley Longman, 2000), p. 607.

2　ILOでは，データの質的問題のため国別の強制労働の内訳は公表していない．

3　労働時間については他のデータもあるが筆者は最も包括的なILOデータを用いている．富裕国については，ILOデータが得られない際にはOECDデータを用いている．

4　オランダの年間労働時間は1382時間，ドイツは1406時間，ノルウェーは1421時間，フランスは1482時間．

5　韓国の年間労働時間は2090時間，ギリシャは2039時間，米国は1787時間，イタリアは1772時間．

6　韓国は実際，2007年までOECD（メキシコを含む）中もっとも労働時間が長かった．

7　より詳細な考察は拙著，*Bad Samaritans*, Chapter 9 ('Lazy Japanese and thieving Germans') また *23 Things They Don't Tell You about Capitalism* (London: Allen Lane, 2010, 邦訳『世界経済を破綻させる23の嘘』田村源二訳，徳間書店，2010年), 'Thing 3' (Chapter 3) を参照．

8　米国，英国，ドイツ，オーストラリアの調査機関によるコンソーシアムが実施した国際

社会調査プログラム（International Social Survey Programme）によれば，富裕国の労働者が仕事について最も重視する属性は職の安定で，その他の属性（例えば賃金，仕事の面白さ，社会に役立っていること）に優先する．

9　スウェーデンとフィンランドのいわゆる「アクティブ・レイバー・マーケット・プログラム（ALMP）」は，失業者の職業訓練と再就職戦略の立案及び実行を手助けすることで，こうした問題を大きく軽減している．Basu and Stuckler, *The Body Economic*, Chapter 7を参照．

10　多くの国で労働許可年齢未満の児童が大ぜい働いている．こうした雇用は，公式な就業／失業データにはえてして捕捉されていない．

11　求職意欲喪失者が作り出す問題の対処として，労働力率を用いることもある．これは生産年齢人口に対する労働力人口（就業人口と公式な失業人口）の割合を求めるものである．この率が急減したら，求職意欲喪失者が増加した可能性がある．彼らはもはや公式な失業者として数えられないからである．

第11章　全体主義、それとも哲人王？――国家の役割

1　筆者自身を含むエコノミストのなかには，この点をさらに推し進めて，生産性増大のために巨額の資本投下を要する産業（製鉄や自動車製造など）においては，寡占的企業による「反競争的」な協定，例えばカルテルなどが社会的に有益なことさえあると主張する向きもある．こうした産業では，無制限の価格競争は企業の利潤をあまりに減らしてしまって十分な投資ができなくなり，長期的な成長を阻害する．こうした競争のあげく倒産する企業が出たら，その会社の生産設備や社員は容易に他産業に転じられず，社会的な損失になりかねない．H.-J. Chang, *The Political Economy of Industrial Policy* (Basingstoke: Macmillan Press, 1994), Chapter 3 およびA. Amsden and A. Singh, 'The optimal degree of competition and dynamic efficiency in Japan and Korea', *European Economic Review*, vol. 38, nos. 3/4 (1994) 参照．

2　金融業界出身の財務長官には，ドナルド・リーガン（1981年1月～1985年2月），ニコラス・ブレイディ（1988年9月～1993年1月），ロイド・ベンツェン（1993年1月～1994年12月），ロバート・ルービン（1995年1月～1999年7月），ヘンリー・ポールソン（2006年7月～2009年1月），ティム・ガイトナー　(2009年1月～2013年1月）らがいる．

3　今日の富裕国の腐敗他の公務に関する病理については，Chang, *Kicking Away the Ladder*（邦訳『はしごを外せ』），Chapter 3, とりわけ pp. 71-81およびChang, *Bad Samaritans*, Chapter 8 を参照．

4　World Bank, *World Development Report 1991* (Washington, DC: The World Bank,

1991), p. 139, table 7.4.

5 OECD, *Government at a Glance, 2011* (Paris: OECD, 2011).

第12章　万物があふれる世界――国際貿易の拡大

1 乾隆帝がジョージ三世に宛てた親書の全文は以下で見ることができる．http://www.history.ucsb.edu/faculty/marcuse/classes/2c/texts/1792QianlongLetterGeorgeIII.htm

2 本章では論じていないが，HOSにはこの他にも，それを疑えば「自由貿易こそ最善」という結論を揺るがせる問題がある．その一つは完全競争（すなわちマーケット・パワーが存在しない状態）の衰えがポール・クルーグマンの言ういわゆる「新貿易理論」を生んだこと，もう一つは外部性をないものとしていることである（外部性の定義については第4章参照）．

3 リカード派は国によって生産能力は異なると考えるが，こうした違いは変えようとして変えられるものではないともする．

4 より詳しくは，次の対論を参照．H.-J. Chang and J. Lin, 'Should industrial policy in developing countries conform to comparative advantage or defy it?: A debate between Justin Lin and Ha-Joon Chang', *Development Policy Review*, vol. 27, no. 5 (2009).

5 ここから数パラグラフの貿易データ出典はWorld Bank data set, World Development Indicators 2013.

6 データ出典はWTO.

7 United Nations, *International Trade Statistics, 1900–1960* (New York: United Nations, 1962).

8 この数値は輸出統計を基にしている．1980年代までは輸出・輸入データの乖離は非常に大きく，1960年代には50%～58%，1970年代には54%～61%ほどだった．

9 貿易全体（一次産品，製造物，サービス）に占める比率では，製造物のシェアは1980年～1982年の47%から1998年～2000年の63%へと伸び，2009年～2011年には55%で一定している．

10 1984年～1986年の平均は8.8%だったのに対し，2009年～2011年は27.8%.

11 より詳細な定義は以下を参照．UNCTAD (United Nations Conference on Trade and Development), http://unctad.org/en/Pages/DIAE/Foreign-Direct-Investment-(FDI).aspx

12 リベリアは63%，ハイチが50%，コソボが42%，モルドバが39%.

13 以下のFDI額データはすべて流入ベース．理論的には世界のFDIの流入額と流出額の

それぞれの総計は一致するはずだが，実際には常に差異がある.

14 世界銀行データを基に計算.

15 この点のエビデンスについての素晴らしい検証に以下がある．R. Kozul-Wright and P. Rayment, *The Resistible Rise of Market Fundamentalism: Rethinking Development Policy in an Unbalanced World* (London: Zed Books and Third World Network, 2007), Chapter 4.

16 タックス・ヘイブンについては以下を参照. N. Shaxson, *Treasure Islands: Tax Havens and the Men Who Stole the World* (London: Vintage, 2012, 邦題『タックスヘイブンの闇』藤井清美訳，朝日新聞出版社，2012年). 他にTax Justice Networkのウェブサイト http://www.taxjustice.net. 本書執筆時点（2013年秋）でタックスヘイブンに対する断固たる取り締まりについての議論は，特にG20で喧しいが，これといった具体的な行動は取られていない.

17 Christian Aid, 'The shirts off their backs: how tax policies fleece the poor', September 2005. 以下でダウンロード可能．http://www.christianaid.org.uk/images/the_shirts_off_their_backs.pdf

18 この失敗の顛末についての詳細はChang, *Bad Samaritans*, Chapter 1 ('The Lexus and the Olive Tree revisited') を参照.

19 こうした方策についての詳細な議論はN. Kumar, 'Performance requirement as tools of development policy: lessons from developed and developing countries', in K. Gallagher (ed.), *Putting Development First* (London: Zed Books, 2005). よりとっつきやすい議論についてはChang, *Bad Samaritans*, Chapter 4 ('The Finn and the elephant') を参照.

20 こうしたルールが経済開発にどのように有害かはH.-J. Chang and D. Green, *The Northern WTO Agenda on Investment: Do as We Say, Not as We Did* (Geneva: South Centre, and London: CAFOD (Catholic Agency for Overseas Development), 2003), 及び R. Thrasher and K. Gallagher, '21st century trade agreements: implications for development sovereignty', The Pardee Papers no. 2, The Frederick S. Pardee Center for the Study of the Longer-Range Future, Boston University, September 2008を参照. この論文は以下でダウンロードできる．http://www.ase.tufts.edu/gdae/Pubs/rp/KGPardeePolSpaceSep08.pdf

21 アイルランドのケースの詳細についてはChang and Green, *The Northern WTO Agenda*を参照.

22 単年度のデータではなく期間平均データを用いているのは，FDIフローは年次変動が

大きいからである.

23　米国はこの期間の世界GDPの23.1%を担いながらFDI流入額では15.0%しか受けていない. フランスの両数値は3.0%と4.3%で, ブラジルでは2.8%と3.0%である. FDIを過分に受けている国はベルギーと香港で, ベルギーの両データは0.8%と6%, 香港は0.4%と4.1%である. 英国も4.0%と6.8%と過分なFDIを受け入れており, それに中国が次ぐ(8.5%と11.0%).

24　中国, ブラジル, メキシコ, ロシア, インド, ハンガリー, アルゼンチン, チリ, タイ, トルコである.

25　ブラウンフィールドFDI(国際間M&A)とFDI全般のデータは直接的に比較できるものではない. これにはさまざまな理由があり, その一つは, 国際M&Aの資金の一部は地域的に調達されているかもしれないことだ. 他に, 国際M&Aの買収額は単年度ではなく多年度にわたって払い込まれるかもしれないこともある.

26　P. Nolan, J. Zhang and C. Liu, 'The global business revolution, the cascade effect, and the challenge for firms from developing countries', *Cambridge Journal of Economics*, vol. 32, no. 1 (2008).

27　*Immigrants: Your Country Needs Them*の著者Philippe Legrainは, 非常に自由化された移民(とはいえ完全自由ではないが)を真剣に主唱する数少ない自由市場主義エコノミストの一人である.

28　移民の労働者としての権利については, M. Ruhs, *The Price of Rights: Regulating International Labour Migration* (Princeton: Princeton University Press, 2013)を参照.

29　もちろん, これは避難移民すなわち内戦や自然災害による隣国からの難民を除く.

30　労働力不足の定義を巡る議論については以下を参照. M. Ruhs and B. Anderson (eds.), *Who Needs Migrant Workers?: Labour Shortages, Immigration, and Public Policy* (Oxford: Oxford University Press, 2012), Chapter 1.

31　例として以下を参照. C. Dustmann and T. Frattini, 'The fiscal effects of immigration to the UK', Discussion Paper no. 22/13 (London: CReAM [Centre for Research and Analysis of Migration], University College of London, 2013).

32　例えばG. Ottaviano and G. Peri, 'Rethinking the gains of immigration on wages', NBER Working Paper no. 12497 (Cambridge, MA: NBER [National Bureau of Economic Research], 2006); 以下でダウンロード可能. http://www.nber.org/papers/w12497

33　送金の影響についての包括的な議論については, 以下を参照. I. Grabel, 'The political economy of remittances: What do we know? What do we need to know?', PERI

Working Paper Series no. 184 (Amherst, MA: PERI [Political Economy Research Institute], University of Massachusetts, 2008); このワーキング・ペーパーは以下でダウンロードできる. http://www.peri.umass.edu/fileadmin/pdf/working_papers/working_papers_151-200/WP184.pdf

34 メキシコでは政府が国際送金と同額を公的助成金によってこうした公共投資に向けていたが，このスキームはすでに中止された.

35 当該箇所および次のパラグラフ内の移民データ出典は世界銀行のWorld Development Indicators databaseによる.

36 当該箇所および次のパラグラフ内の国際送金データ出典は世界銀行のMigration and Remittances Statisticsによる.

おわりに——経済をよりよくするために経済学をどう活かす？

1 J. W. von Goethe, *Sämtliche Werke*, Part 1: *Maximen und Reflexionen, Schriften zur Naturwissenschaft*, Jubiläumsausgabe xxxix, 72, ただしA. Gerschenkron, *Continuity in History and Other Essays* (Cambridge, MA: Harvard University Press, 1968, 邦訳『後発工業国の経済史』絵所秀紀ほか訳，ミネルヴァ書房，2005年), Chapter 2, p. 43からの孫引き.

2 科学史の泰斗セオドア・ポーターは，数多くの科学的データさえ政治的，社会的重圧のあげくに生み出されたとしている．彼の著書*Trust in Numbers: The Pursuit of Objectivity in Science and Public Life* (Princeton: Princeton University Press, 1995, 邦訳『数値と客観性』藤垣裕子訳，みすず書房，2013年）を参照.

3 この引用を指摘してくれたディアドラ・マクロスキーに感謝する.